本书为国家社会科学基金重大项目"国家文化软实力建设研究"（2015MZD044）成果

GZC 高校主题出版
2018 GAOXIAO ZHUTI CHUBAN

中华民族伟大复兴的文化支撑

The Cultural Motivation of the Great Rejuvenation of the Chinese Nation

夏云 颜旭◎著

暨南大学出版社
JINAN UNIVERSITY PRESS

中国·广州

图书在版编目（CIP）数据

中华民族伟大复兴的文化支撑/夏云，颜旭著．—广州：暨南大学出版社，2018.10
  ISBN 978 - 7 - 5668 - 2504 - 9

  Ⅰ.①中… Ⅱ.①夏…②颜… Ⅲ.①社会主义—文化事业—研究—中国 Ⅳ.①G12

中国版本图书馆 CIP 数据核字（2018）第 221310 号

中华民族伟大复兴的文化支撑
ZHONGHUA MINZU WEIDA FUXING DE WENHUA ZHICHENG
著 者：夏 云 颜 旭

出 版 人：徐义雄
责任编辑：陈绪泉
责任校对：傅 迪
责任印制：汤慧君 周一丹

出版发行：暨南大学出版社（510630）
电 话：总编室（8620）85221601
          营销部（8620）85225284 85228291 85228292（邮购）
传 真：（8620）85221583（办公室） 85223774（营销部）
网 址：http://www.jnupress.com
排 版：广州市天河星辰文化发展部照排中心
印 刷：佛山市浩文彩色印刷有限公司
开 本：787mm×960mm 1/16
印 张：17
字 数：278 千
版 次：2018 年 10 月第 1 版
印 次：2018 年 10 月第 1 次
定 价：58.00 元

（暨大版图书如有印装质量问题，请与出版社总编室联系调换）

前 言

　　一部人类社会发展史，是人类繁衍生命、创造财富的物质文明发展史，更是人类文化积累、文明传承的精神文明发展史。人类社会每一次跃进，人类文明每一次升华，无不镌刻着文化进步的烙印。当今时代，不同文化的交流、交融、交锋比以往任何时候都更加频繁，文化在综合国力竞争中的地位日益凸显。"一个国家、一个民族的强盛，总是以文化兴盛为支撑的，中华民族伟大复兴要以中华文化发展繁荣为条件。"① 能不能建成文化上的强国，已经成为关系中华民族复兴能不能顺利实现的重要问题。

一、文化与中国特色社会主义文化

　　文化是一个十分复杂的范畴，具有多重含义。美国文化人类学家克罗伯和克拉克洪在其著作《文化：一个概念定义的考评》中收集、考察的文化定义达 160 多种，"文化理解"的多样性、复杂性可见一斑。我国学者对文化也持多种见解，莫衷一是。目前使用较多的主要有以下几种：

　　第一，文化是指人类社会发展过程中所创造的一切文明成果，是人类社会所创造的物质财富与精神财富的总和，包括物质文化、制度文化、行为文化以及精神文化等。从本源意义上说，有人才有文化。文化是人的活动的产物，是人类社会特有的现象。在有人之前，整个世界是自然的，动物是自然界的一部分，根本不存在什么文化。从本性意义上说，文化是人的内在规定性。凡是有人的地方就有文化，凡是人触及的东西都是文化。

　　第二，文化是指相对于人类所创造的物质财富之外的精神财富，是社会生活的重要组成部分。在这种文化观的文化结构内，也包含三个层次：

---

　　① 中共中央文献研究室编：《习近平关于社会主义文化建设论述摘编》，北京：中央文献出版社 2017 年版，第 3－4 页。

第一个层次是哲学、宗教，这是社会的最高指导思想；第二个层次是文学、艺术、科学、技术等；第三个层次是社会心理，其中包括风俗习惯以及一般人的思想意识。

第三，文化是与政治、经济、科技相对应的一个概念，主要指哲学、社会科学、文学艺术和宗教等。在这里，文化主要是指观念体系和思想体系，科学与技术被排除在外。我们讲的"新民主主义文化"和"中国特色社会主义文化"中的"文化"就是从这个意义上讲的。

关于文化定义的讨论是沉闷和极端抽象的。可是，在研究中，没有严格的定义就无法进行深入的研究。从客观实际和研究需要出发，本书涉及的文化是从第三种意义上讲的，即它是指相对于政治、经济、科技而言的哲学、社会科学、文学艺术、宗教以及蕴含其中的思想观念、意识形态。在此基础上，我们所理解的中国特色社会主义文化是植根于中国特色社会主义伟大实践的观念体系和思想体系，包括源于中华民族五千多年文明历史所孕育的中华优秀传统文化，熔铸于党领导人民在革命、建设、改革中创造的革命文化和社会主义先进文化，是中华优秀传统文化、革命文化、社会主义先进文化的"集合体"。发展中国特色社会主义文化，就是以马克思主义为指导，坚守中华文化立场，立足当代中国现实，结合当今时代条件，发展面向现代化、面向世界、面向未来的，民族的科学的大众的社会主义文化。

二、文化强则民族强

人类发展史和大国兴衰史无不深刻说明，一个国家、一个民族的强大，没有强大的经济实力是万万不能的，但只有经济实力是远远不够的。党的十九大报告提出的到21世纪中叶把我国建设成社会主义现代化强国的目标，是经济、政治、文化、社会、生态文明全面发展的目标。这个目标把物质文明、政治文明、精神文明、社会文明、生态文明摆在同等重要位置，突出强调了文化发展既是建成社会主义现代化强国的战略支撑，也是建成社会主义现代化强国的应有之义。

文化对经济的影响越来越深入。20世纪90年代以来，信息和通信技术的飞速发展，改变了传统的商品生产要素和服务条件，催生了新的产业和组织形式，使经济竞争越来越倚重于知识、无形价值和创新能力，推动了经济文化化、文化经济化、文化经济一体化的深入发展。一方面，经济较量中的文化因素在凸显，经济活动凝结着文化形式和内涵，经济发展越来越依赖于文化支撑。另一方面，文化发展中的经济因素在增长，文化产业作为一个新兴产业已经成为国民经济的支柱性产业，在国际竞争中走向前台。"经济的背后是文化，文化的背后是经济"，"经济的一半是文化，文化的一半是经济"，越来越成为人们的共识。随着文化经济一体化发展，被誉为"20世纪最后一桶金"的文化产业，在21世纪使世界财富得到充分涌流。

据有关资料统计，美国文化产业的年产值已占到整个GDP的21%，是增长最快的产业之一，其视听读文化产品的出口已超过传统的航空航天工业，成为第一大出口行业。也正因为美国以文化产业为核心的"软力量"拥有了与航空航天工业的"硬力量"相当的水平，这才使得美国拥有强大的文化影响力和渗透力。正是看到了文化的巨大经济效应，发达国家、新兴工业化国家和地区纷纷调整文化政策，制定国家文化发展战略，在"文化经济高地"展开了新一轮竞争与博弈。

文化对政治的影响越来越广泛。文化具有鲜明的民族性特征，不同文化体系的矛盾冲突由来已久，尤其是作为文化理论层面和心理层面的政治文化、价值观念、哲学思想、文学艺术、风俗习惯、宗教信仰、道德伦理等，一直是影响国际政治的深层因素。20世纪80年代末以来，随着东欧剧变、苏联解体和冷战的结束，约瑟夫·奈、塞缪尔·亨廷顿、萨义德、约翰·米尔斯海默等一大批学者通过研究得出结论，文化在国际政治中的作用、在综合国力竞争和较量中的作用，由"无足轻重"变得"举足轻重"，由"一时重要"变得"日益重要"。

约瑟夫·奈在《美国霸权的困惑：为什么美国不能独断专行》一书中提出，在当前美国独大的情况下，为避免由于单边主义、傲慢及偏狭丧失领导地位和感召力，美国应更多地依赖文化、价值与制度所产生的"软性国力"。这种"软性国力"本身就体现出了文化对政治的影响。在"软性国力"运用中，文化则直接成为政治手段。美国克林顿政府认为，美国的政治和经济联系由于美国文化对世界的吸引力而得到补充，这是一种新的可以利用的"软力量"，在国外促进民主与人权不仅是一种道义上需要迫切履行的义务，而且是一种支持美国国家安全战略的可靠战略方式。此外，随着信息时代的到来，信息、人才、教育三位一体，将构成国家权力资源的重要组成部分。在这种情况下，文化力量的结构直接成为国际政治斗争中的一个重要因素，对于能否在斗争中争得主动具有极其重要的意义。

文化对军事的影响越来越明显。在冷兵器战争时代，军事与文化的相互作用经历了几千年时间，过程持久，效果显现缓慢。在热兵器战争、机械化战争时代，这一过程虽大大缩短，但仍经历了百年之久。随着信息化战争时代的到来，这种状况发生了极大的变化，作用过程极大缩短，文化作用极大增强。文化全面而深刻地影响着军事变革的各个方面及其发展进程，成为推动军事发展的强大动力。文化对军事活动的作用效果得到全面而突出的显现。一方面，科学知识创新在发明新的技术及新的武器装备方面发挥着基础性、关键性作用，科学发现成为推动高技术发明的主导因素；另一方面，科学知识为军事新观点、新思想的形成与发展提供了大量的新范畴、新观点、新内容，在军事理论创新方面发挥着越来越重要的作用。

文化是衡量社会幸福指数的重要指标。经过 40 年的改革开放，人民群众的物质生活水平有了很大提高，到 2017 年中国的恩格尔系数已经降到 0.3 以下，人民群众精神文化需求快速增长，文化消费能力大大增强。展望未来 30 年，在社会主义现代化强国目标建成之日，中国人对自身文化权益的要求、丰富精神文化生活的期待必然更高、更加多样化，而文化繁荣发展作为建成社会主义现代化强国奋斗的重要目标，也将成为衡量社会幸福指数的重要指标。习近平指出："实现中华民族伟大复兴梦，物质财富要极大丰富，精神财富也要极大丰富。"① 社会主义现代化强国既要满足人民群众的物质需求，更要满足人民群众的精神文化需求，既要有经济的健康发展，也要有人的全面发展。而这一切都有赖于和要求文化的高度繁荣和发展。

---

① 中共中央文献研究室编：《习近平关于社会主义文化建设论述摘编》，北京：中央文献出版社 2017 年版，第 10 页。

三、文化强国的根本在于文化自强

在国际社会中，像中国这样一个发展中大国，要掌握自己的前途命运，就必须有自己的文化设计，有强大的文化力量。中华民族在漫长的历史长河中通过保持自己、吸纳外来，形成了独具特色、辉煌灿烂的中华文明，彰显出强大的文化力量。然而，近代以来的民族兴衰、国运沉浮也对中华文化的发展产生了消极影响。尽管中国共产党成立以来，不仅注重解放和发展生产力，也高度重视文化建设，带领全国各族人民在取得巨大经济成就的同时，也促进了社会主义文化的大发展、大繁荣。但我们仍必须承认我国是一个文化资源大国，离文化强国还有一段距离。当前，中国作为一个在国际舞台日益发挥重要作用的发展中大国，文化软实力在同世界互动中的作用更直接、更现实。而西方敌对势力西化、分化的威胁仍然存在，西强我弱的国际舆论格局短期内难以改变，我们的国际传播能力和文化软实力与我国日益提高的国际地位还不相适应。提出建设社会主义文化强国，就是适应这一要求，进一步增强忧患意识和责任意识，充分掌握文化发展主动权，加快形成自己的文化优势，在激烈的国际竞争中维护我国的文化安全。社会主义文化强国的建成，有赖于以下四个举措。

第一，着力推动中国特色社会主义文化深入人心。文化涉及人们的情感记忆、思维习惯、精神感悟，涉及人们的历史认知、观念认同、理想追求。文化建设的一个重要方面就是要推进这些情感、习惯、精神等，经过时间的淘洗、实践的锤炼、长期的孕育，逐渐深入人心。因此，文化的发展是一个不断积累、日益积淀的过程。我们党倡导发展面向现代化、面向世界、面向未来的，民族的科学的大众的社会主义文化。建设社会主义文化强国，首先要推动中国特色社会主义文化所包含的科学理想、价值观念、历史认知、精神价值等深入人心。

第二，推动社会主义物质文明和精神文明全面发展。一个文明进步的社会必然是物质财富和精神文化共同进步的社会。坚持社会主义物质文明和精神文明一起抓，是我们的基本方针。社会主义的优越性不仅表现在经济政治方面，表现在能够创造出高度的物质文明上，而且表现在思想文化方面，表现在能够创造出高度的精神文明上。"两个文明都搞好才是中国特色社会主义。"① 建设社会主义文化强国，既要致力于发展生产力，把物质文明建设好，也要把社会主义精神文明建设提到更加突出的地位，始终不渝地坚持两手抓，两手都要硬。

第三，开创社会主义文化发展的新局面。社会主义文化强国是一个综合的文化建设体系，建设社会主义文化强国就是要不断开创社会主义先进文化发展的新局面。改革开放特别是党的十八大以来，按照党中央关于文化建设的一系列部署，我国思想文化建设取得重大进展，主旋律更加响亮，正能量更加强劲，文化自信得到彰显，国家文化软实力和中华文化国际影响力大幅提升。着眼实现社会主义文化强国的战略目标，需要我们不断开创社会主义文化发展的新局面，即不断开创全民族文化创造活力持续迸发、社会文化生活更加丰富多彩、人民基本文化权益得到更好保障、人民思想道德素质和科学文化素质全面提高的新局面。

第四，建设中华民族共有精神家园。文化是民族的血脉，是人民的精神家园。建设中华民族共有精神家园，就是要打牢全党全国各族人民团结奋斗的共同思想基础，引导人民为中华民族伟大复兴的宏伟目标而奋斗，这是文化工作的神圣使命，是建设社会主义文化强国的重要要求。我们要坚持以民族优秀传统文化为根基，以中国特色社会主义文化为主体，以外来健康有益的文化为补充，大力弘扬具有中国风格、中国气派的优秀文化，不断增强中华文化的民族性、包容性和时代性，努力把全国各族人民紧紧团结和凝聚在中华文化的旗帜下。

---

① 中共中央文献研究室编：《习近平关于社会主义文化建设论述摘编》，北京：中央文献出版社 2017 年版，第 9 页。

目　录

第一章　文化兴盛与民族复兴

一个民族的复兴需要强大的物质力量，也需要强大的精神力量。中华民族伟大复兴需要以中华文化发展繁荣为条件。习近平指出："没有高度的文化自信，没有文化的繁荣兴盛，就没有中华民族伟大复兴。要坚持中国特色社会主义文化发展道路，激发全民族文化创新创造活力，建设社会主义文化强国。"[①] 这是历史的总结，也是时代的要求。在当今中国，坚定文化自信、建设文化强国，绝不仅仅是文化领域的事情，更是事关民族复兴的战略性事业。

一、国家强盛的战略支撑

2013 年 11 月，习近平在山东考察时指出："一个国家、一个民族的强盛，总是以文化兴盛为支撑的，中华民族伟大复兴需要以中华文化发展繁荣为条件。"[②] 在党的十九大报告中，习近平又指出："文化是一个国家、一个民族的灵魂。文化兴国运兴，文化强民族强。"[③] 这些论断，既是对人类发展规律的科学揭示，也是对大国崛起经验的历史总结，更是对中国未来发展的战略要求。

[①] 习近平：《决胜全面建成小康社会　夺取新时代中国特色社会主义伟大胜利——在中国共产党第十九次全国代表大会上的报告》，北京：人民出版社 2017 年版，第 41 页。

[②] 中共中央文献研究室编：《习近平关于社会主义文化建设论述摘编》，北京：中央文献出版社 2017 年版，第 3 页。

[③] 习近平：《决胜全面建成小康社会　夺取新时代中国特色社会主义伟大胜利——在中国共产党第十九次全国代表大会上的报告》，北京：人民出版社 2017 年版，第 40 - 41 页。

（一）文化软实力集中体现了一个国家的国际影响力

"文化软实力集中体现了一个国家基于文化而具有的凝聚力和生命力，以及由此产生的吸引力和影响力。"① 文化软实力的强弱在一定程度上关系到一个国家的国际竞争力，关系到一个国家实现自己战略目标的能力，是衡量一个国家国际地位和国际影响力的重要指标。一种文明的兴旺发达，一个民族的自立自强，背后往往充盈着一种深厚的思想和文化力量。正是这种力量的累积，拓展了一个国家新的发展视域，开辟了一个民族新的发展空间。

历史地看，在长期的占主导地位的国际战略理论中，评估一个国家实力强大与否的指标主要是经济和军事。虽然在中外战略思想史上，如中国的战略家孙子早就发现了文化作为一种国家力量在克敌制胜中的作用，并提出了"不战而屈人之兵"的大战略理论，但是把文化作为综合国力的一个重要组成部分，把它看作是一种影响国家盛衰和国际战略格局的重要力量，还是 20 世纪 90 年代以后的事情。较早研究大国兴衰规律的保罗·肯尼迪认为，考察 1500—2000 年这五百年间大国兴衰的历史可以发现："在这一时期，任何大国的胜利或崩溃，一般都是其武装部队长期作战的结果；同时，它也是各国在作战时能否有效地利用本国可以用于生产的经济资源的结果。进一步说，从历史背景来看，它也是由于在实际冲突发生前数十年间，这个国家的经济力量与其他一流国家相比是上升还是下降所致。"② 应该说，肯尼迪的这一论点是符合历史唯物主义基本观点的，即物质条件在社会发展中起到决定性的作用，但它并不全面。所以肯尼迪这本书 1987 年一出版，就在学术界引起了巨大反响和争议。其中最具代表性的人物是约瑟夫·奈和塞缪尔·亨廷顿。

约瑟夫·奈在 1990 年出版的《美国定能领导世界吗》一书中第一次提出了"软实力"（soft power）概念，他认为"传统的经济手段和军事资源已经不足以解释当下的种种现象了。它们虽然有助于理解强迫和收买是

---

① 中共中央文献研究室编：《习近平关于社会主义文化建设论述摘编》，北京：中央文献出版社 2017 年版，第 198 页。

② 保罗·肯尼迪著，王保存等译：《大国的兴衰——1500—2000 年的经济变革与军事冲突》，北京：中信出版社 2013 年版，前言第 1 页。

如何发挥作用的,却无法解释吸引和说服的威力所在"①。"软实力"理论的提出,为我们认识世界、认识大国兴衰提供了一个崭新的视角。王沪宁在 1994 年写的《文化扩张与文化主权:对主权观念的挑战》一文中对约瑟夫·奈的"软实力"理论进行了评价:"'软实力'理论是对文化在国际关系中地位上升的一种反应。"并指出:"在冷战结束后的国际社会中,国际关系的基本要素发生了重要的变化,其中之一就是文化的地位上升。在当今的国际关系中,文化问题的敏感性大大加强,引起了国际关系中的一些重要的变革。"②

"文明冲突论"的提出者塞缪尔·亨廷顿对肯尼迪的认识也提出了不同看法,他认为,随着冷战的结束,人们需要一个新的框架来理解世界政治,而"文明冲突"模式似乎满足了这一需要,"这一模式强调文化在塑造全球政治中的主要作用,它唤起了人们对文化因素的注意,而文化因素长期以来一直为西方的国际关系学者所忽视"。"在未来的岁月里,世界上将不会出现一个单一的普世文化,而是将有许多不同的文化和文明相互并存。那些最大的文明也拥有世界上的主要权力,它们的领导国家或是核心国家——美国、欧盟、中国、俄罗斯、日本和印度,将来可能还有巴西和南非,或许再加上某个伊斯兰国家,将是世界舞台的主要活动者。"③塞缪尔·亨廷顿的"文明冲突论"无疑夸大了文化差异所带来的消极后果,但他对文化在塑造国际关系中地位和作用的认识无疑具有积极的启发意义。

(二) 大国崛起总是以文化兴盛为支撑的

"大国"特别是"全球性大国"在当今世界是个极具存在感的称号,但这个称号不是自我加封的。历史地看,一个国家要成为"全球性大国"必须具备一些基本的条件:一是实力强,包括强大的政治、经济、文化、军事实力等;二是影响力大,即具备影响、引导、掌控世界事务的能力。

---

① 约瑟夫·奈著,马娟娟译:《软实力》,北京:中信出版社 2013 年版,中文版序第Ⅶ页。

② 王沪宁:《文化扩张与文化主权:对主权观念的挑战》,《复旦学报》1994 年第 3 期。

③ 塞缪尔·亨廷顿著,周琪、刘绯、张立平、王圆译:《文明的冲突与世界秩序的重建》,北京:新华出版社 2010 年版,序言第 1 页。

而要满足"实力强""影响力大"的大国条件要求，都离不开文化的支撑。"一个没有精神力量的民族难以自立自强，一项没有文化支撑的事业难以持续长久。"① "古往今来，任何一个大国的发展进程，既是经济总量、军事力量等硬实力提高的进程，也是价值观念、思想文化等软实力提高的进程。"② 回顾 16 世纪以来世界大国的演变史，我们可以清晰地看到，在大国崛起的过程中，经济、军事等硬实力因素在永恒地发挥作用的同时，技术、文化、观念等软实力因素在"主要资源"中的比重越来越高，并最终成为大国崛起必需的战略支撑。

表 1 - 1　近代以来世界强国的力量来源

时　期	国　家	主要资源
16 世纪	西班牙	黄金、殖民地、雇佣军、王朝纽带
17 世纪	荷兰	贸易、资本市场、海军
18 世纪	法国	人口、农业、公共管理、军队、文化
19 世纪	英国	工业、政治凝聚力、金融和信贷、海军、自由准则、岛屿位置（易于防守）
20 世纪	美国	经济规模、科技领先地位、地理位置、军事力量和盟国、普及的文化和自由的国际机制
21 世纪	美国	技术领先地位、军事和经济规模、软实力、跨国通信的中心

（来源：约瑟夫·奈：《处于十字路口的美国巨人》，转引自胡鞍钢、门洪华主编：《解读美国大战略》，杭州：浙江人民出版社 2003 年版，第 47 页。）

18 世纪的法国是世界上首屈一指的强国，而成就法国大国地位离不开它所拥有的强大的经济、军事实力，也离不开繁荣发展的法国文化。2014 年 3 月 27 日，习近平在巴黎举行的中法建交 50 周年纪念大会上发表演讲，他说："我青年时代就对法国文化抱有浓厚兴趣，法国的历史、哲学、文

---

① 中共中央文献研究室编：《习近平关于社会主义文化建设论述摘编》，北京：中央文献出版社 2017 年版，第 3 页。

② 中共中央文献研究室编：《习近平关于社会主义文化建设论述摘编》，北京：中央文献出版社 2017 年版，第 198 页。

学、艺术深深吸引着我。读法国近现代史特别是法国大革命史的书籍,让我丰富了对人类社会政治演进规律的思考。读孟德斯鸠、伏尔泰、卢梭、狄德罗、圣西门、傅立叶、萨特等人的著作,让我加深了对思想进步对人类社会进步作用的认识。"① 习近平在演讲中所列举的七个人中有六个人生活在 18 世纪(孟德斯鸠(1689—1755)、伏尔泰(1694—1778)、卢梭(1712—1778)、狄德罗(1713—1784)、圣西门(1760—1825)、傅立叶(1768—1830))。正是这些被恩格斯称为"为行将到来的革命启发过人们头脑的那些伟大人物"② 的存在,才使得法国成为当时世界文化的中心、欧洲启蒙运动的中心。勒费弗尔在《法国革命史》一书中曾这样评价法国启蒙运动,"启蒙时代的欧洲是法国的欧洲"。18 世纪法国的启蒙运动对法国的发展发挥了两个革命性作用:一是在生产关系方面,它为法国大革命、推翻封建专制奠定了思想基础;二是在生产力方面,它为法国资本主义的发展、工业革命的推进提供了精神和智力支持。可以说,法国的文化催生了法国的"革命",法国的"革命"也带来了整个法国社会的飞跃发展。没有 18 世纪法国文化的大发展,就没有 18 世纪法国的大国地位。

进入 20 世纪,美国凭借自身的快速发展和两次世界大战的东风一跃成为世界第一大国。历史地看,美国在当今世界的地位,离不开美元和美军的支撑,但也离不开美国文化的支撑。《美国经济中的版权产业(2014)》报告显示,2013 年,美国总体版权产业增加值为 1.921 7 万亿美元,占美国 GDP 的 11.44%。而且美国的版权产业出口额已经超过了飞机制造、汽车及配件、农业等产业,成为出口大项,如表 1 - 2 所示。德国《时代周刊》主编约瑟夫·约弗曾经评论说,美国的软实力远远超出其经济和军事资产的规模,"美国文化,无论雅俗,其对外传播的力度是自罗马帝国以来从未有过的,况且其中还颇有新意。罗马和苏联的文化影响止步于军事边界,而美国软实力统治着整个世界"③。大国崛起、民族复兴不仅是经济现象,也是文化现象。

---

① 习近平:《在中法建交 50 周年纪念大会上的讲话》,《人民日报》,2014 年 3 月 29 日。

② 《马克思恩格斯文集》(第 9 卷),北京:人民出版社 2009 年版,第 19 页。

③ 约瑟夫·约弗:《谁害怕"大块头先生"》,《国家利益》2001 年夏季刊。

表 1-2　美国部分行业的海外销售与出口情况（2014—2015）

（单位：亿美元）

类别	2014	2015
录制音乐产品；电影、电视和视频作品；软件；报纸、书籍及期刊	1 644	1 770
化学产业（不包括制药业和药品）	1 459	1 358
航空航天产品和零部件	1 290	1 346
农产品	729	629
电器设备，家电及零部件	606	603
制药业和药品	545	583

（来源：IIPA. Copyright industries in the U. S economy：the 2016 report［EB/OL］. http：//iipawebsite. com/whatanew. html，2016 - 12 - 06.）

（三）中华民族伟大复兴需要文化的发展繁荣

中国作为一个大国，既有以往的文化盛世，也有今天更多的文化诉求。它是一个拥有五千多年历史的文明大国，是一个曾在近代饱受帝国主义欺凌的东方大国，是一个坚持以马克思主义为指导的社会主义大国。这些"身份"使得中国的崛起，同历史上曾崛起的大国相比，天然地包含有更多的文化意蕴，也更需要文化的繁荣发展。"没有文明的继承和发展，没有文化的弘扬和繁荣，就没有中国梦的实现。"[1] "中华民族伟大复兴需要以中华文化发展繁荣为条件。"[2]

中国是一个具有五千多年历史的文明大国，文化昌明是它的精神品质。对内，"支撑我们这个古老民族走到今天的，支撑五千多年中华文明延绵至今的，是植根于中华民族血脉深处的文化基因"[3]。对外，"古往今来，中华民族之所以在世界有地位、有影响，不是靠穷兵黩武，不是靠对

---

① 中共中央文献研究室编：《习近平关于社会主义文化建设论述摘编》，北京：中央文献出版社 2017 年版，第 5 页。
② 中共中央文献研究室编：《习近平关于社会主义文化建设论述摘编》，北京：中央文献出版社 2017 年版，第 3 - 4 页。
③ 习近平：《携手建设更加美好的世界——在中国共产党与世界政党高层对话上的主旨讲话》，北京：人民出版社 2017 年版，第 3 页。

外扩张，而是靠中华文化的强大感召力和吸引力"①。在"贞观之治"和"开元盛世"的大唐时期，"万国来朝""丝绸之路"的盛景蔚为壮观，大唐帝国也成为当时世人最向往的国度。而这一切靠的不是武力的征服，更多的是文化的吸引。"从任何观点来看，很显然唐宋时期以至马可·波罗时代的中国就其幅员和成就而言都比同一历史时期中世纪的欧洲要文明得多。作为一个标志，可以看出在长期的历史发展过程中有多少主要的成果从中国传入欧洲，而不是从欧洲传入中国：首先是经过中亚直到罗马的丝绸贸易；其次是来自中国的一大批发明——传播文化的纸和印刷术、便于保持清洁的瓷器、汉代军队所用的弓箭、铸铁、运河的闸门、手推车、在海上行船的舵、航海用的罗盘……总之，欧洲人的扩张不仅反映了他们的贪婪、好奇、热情和爱国心，而且在某些方面反映了他们的落后。"② 也正是因为这样，1922 年罗素到中国访学时做出了这样的评价：中国与其说是一个政治实体，还不如说是一个文明实体——一个唯一幸存至今的文明。可以说，是强大的中华文化成就了古代中国的大国地位，而中华文化也成为古代中国大国地位的最重要标志；中华民族的伟大复兴，必须蕴含着中华文化的复兴。

中国又是一个在近代遭受过巨大屈辱的大国，恢复文化盛世是它的历史夙愿。在人类发展史上，可能没有一个民族有中华民族那样跌宕起伏的历史经历。它曾经登上过人类文明发展的最高峰而"一览众山小"，但也曾经跌落到发展的最低谷而饱受欺凌。近代中国的落后是全方位的，近代中国所遭受的侵略也是全领域的，政治上丧权辱国，经济上洋货遍市，文化上西学盛行。瞿秋白当年将帝国主义的侵华活动概括为四个方面：一是强辟市场，二是垄断原料，三是移植资本，四是文化侵略。曾经深受中华文化影响的日本，在侵华期间也大搞文化侵略活动。邓小平在一二九师当政委时曾经说过，日本帝国主义"文化工作方针是实行奴化政策，以奴化活动和奴化教育来腐蚀我们的民族意识，消灭民族爱国思想，摧残民族气节。他们毁灭中国的文化机关，焚毁中国的民族典籍，屠杀和监禁爱国的

---

① 中共中央文献研究室编：《习近平关于社会主义文化建设论述摘编》，北京：中央文献出版社 2017 年版，第 6 页。

② 费正清、赖肖尔著，陈仲丹等译：《中国：传统与变革》，南京：江苏人民出版社 1992 年版，第 199 页。

文化人、知识分子和青年学生，建立汉奸文化机关，豢养一批汉奸文人，鼓吹东洋文化，灌输'中日亲善''共存共荣''东亚新秩序'等奴化思想，培养奴化人才"①。对于一个民族来说，文化是决定其存在合理性与合法性的基础，文化的摧毁就意味着一个民族的消亡。面对亡国灭种的现实危险，毛泽东说："我们不但要把一个政治上受压迫、经济上受剥削的中国，变为一个政治上自由和经济上繁荣的中国，而且要把一个被旧文化统治因而愚昧落后的中国，变为一个被新文化统治因而文明先进的中国。"②在中国共产党的领导下，在马克思主义指导下，中华文化焕然一新。全新的主义、全新的文化，使得中国人爆发出了世所罕见的力量。习近平曾深有感触地指出："在几千年的历史流变中，中华民族从来不是一帆风顺的，遇到了无数艰难困苦，但我们都挺过来、走过来了，其中一个很重要的原因就是世世代代的中华儿女培育和发展了独具特色、博大精深的中华文化，为中华民族克服困难、生生不息提供了强大精神支撑。"③今天的中国已经进入社会主义发展新时代，前进的路上仍然会面临诸多挑战，而克服这些挑战仍然需要发挥文化的力量。

中国是一个社会主义大国，实现文明进步、文化繁荣是它的价值追求。同历史上崛起的所有大国都不同，今日中国的崛起不仅意味着一个文明古国的崛起，更意味着一个社会主义国家的崛起。在社会主义中国崛起的过程中，文化的发展有着更大的意义，它不仅关乎现代化的目标能否完成，更关乎社会主义的价值追求能否实现。1894年，有人请恩格斯找一段话概括马克思主义的基本思想，恩格斯找到了如下的著名论述："代替那存在着阶级和阶级对立的资产阶级旧社会的，将是这样一个联合体，在那里，每个人的自由发展是一切人的自由发展的条件。"④这段出自《共产党宣言》的著名论述，揭示出了社会主义的本质是实现人的自由而全面的发展。"国民之魂，文以化之；国家之魂，文以铸之。"文化发展是人类历史发展和人自身发展的产物，同时也是人进一步发展的前提条件。没有文化

---

①　《邓小平文选》（第一卷），北京：人民出版社1994年版，第22-23页。

②　《毛泽东选集》（第二卷），北京：人民出版社1991年版，第663页。

③　中共中央文献研究室编：《习近平关于社会主义文化建设论述摘编》，北京：中央文献出版社2017年版，第6页。

④　《马克思恩格斯文集》（第10卷），北京：人民出版社2009年版，第666页。

的发展，没有文明的进步，一个人是不可能实现全面发展的，一个国家也是不可能建立起真正的社会主义。所以习近平多次强调："中国特色社会主义是物质文明和精神文明全面发展的社会主义。"① 只有两个文明都搞好，才是有中国特色的社会主义。邓小平早就告诫我们："风气如果坏下去，经济搞成功又有什么意义？会在另一方面变质，反过来影响整个经济变质，发展下去会形成贪污、盗窃，贿赂横行的世界。"② 国家的衰落，必然伴随着文化的衰落；一个文明大国、一个社会主义大国的崛起，必然包含着文化的崛起。

二、重塑世界文化格局的战略举措

所谓世界文化格局，一般是指在一定历史时期内，世界上若干主要的、影响力较大的文化体系之间的力量分布与对比的结构状态。世界文化格局是国际战略格局的重要组成部分，它的形成无疑要受制于世界经济、政治、军事等力量的对比，但更要受制于文化软实力的对比。习近平指出："提高国家文化软实力，不仅关系我国在世界文化格局中的定位，而且关系我国国际地位和国际影响力，关系'两个一百年'奋斗目标和中华民族伟大复兴中国梦的实现。"③ 伴随着国际战略格局的深度调整和国家文化软实力的此消彼长，当今世界文化格局也迎来了大变革大调整时期。在这个大变革大调整时期，中国要占领世界文化格局的制高点，必须推动文化的大繁荣大发展，着力提高国家文化软实力。

（一）世界文化格局正处于深度调整之中

在人类历史上，1640 年爆发的英国资产阶级革命可以看作是一道分水岭，它不仅带来了资本主义生产关系的历史性变革和生产力的革命性发

---

① 中共中央文献研究室编：《习近平关于社会主义文化建设论述摘编》，北京：中央文献出版社 2017 年版，第 3 页。

② 中共中央文献研究室编：《习近平关于社会主义文化建设论述摘编》，北京：中央文献出版社 2017 年版，第 9 页。

③ 中共中央文献研究室编：《习近平关于社会主义文化建设论述摘编》，北京：中央文献出版社 2017 年版，第 148 页。

展，也催生了西方列强的崛起，从而奠定了近代以来世界政治、经济、文化战略格局。从 16 世纪的西班牙、17 世纪的荷兰、18 世纪的法国、19 世纪的英国，到 20 世纪的美国，虽然世界霸主的"接力棒"不断被更替，但世界战略格局的主导权始终掌握在西方国家的手中。21 世纪以来，国际体系进入加速演变和深度调整时期，一些西方国家长期以来在国际事务中的主导优势逐渐丧失，在世界上地位下降的趋势已经是"无可奈何花落去"。新兴市场国家和发展中大国总体保持上升势头，特别是我国综合国力快速上升，推动国际力量对比更趋平衡。国际战略格局的调整是全方位的，既包括政治、经济、军事战略格局的调整，也包括文化战略格局的调整。

一方面，是西方文化的影响力和吸引力正呈现出下降的态势。21 世纪以来，以美国为首的西方国家以"推进民主""维护人权"为幌子，到处兜售西方价值观，先后在中亚、西亚、北非地区策动了"颜色革命"。西方媒体曾一度欣喜狂呼：独联体地区的"民主浪潮"已经形成，这个地区人民将在"第三次欧洲解放浪潮"中最终获得民主和自由。但当回顾这段历史时，我们会发现一个残酷的现实：西方国家强加的"民主之花"，不仅没有给中亚、西亚、北非地区带来理想中的清明政治，反而造成了政治乱局和社会倒退。"橙色革命"前的乌克兰，经济以 5% 的速度增长，而"革命"后的 2009 年，经济萎缩了 15%，国家债务缠身，甚至面临破产。而在西亚、北非地区，被"阿拉伯之春"蛊惑而走上街头的普通民众，现在不仅面临着生存的困境，更面临着因恐怖主义泛滥而生命无法保障的危险。在残酷的现实面前，西方一直引以为豪的所谓"普世价值观"正遭受前所未有的怀疑。

而 2017 年以来，包括美国在内的西方政治大选中频频出现的"黑天鹅"事件，更是反映了西方普通民众对西方政治制度的怀疑。西方之所以频发"黑天鹅"事件，是因为民众的心态变了，民众不再信任所谓"主流政治家""体制内政治集团"，已经厌倦了党派无休止的政治斗争，甚至对西方政治体制产生了很大怀疑，结果是"城头变幻大王旗"，让很多人大跌眼镜。而美国特朗普政府提出"美国第一""先看利益，再顾价值"的外交政策，以及退出巴黎气候协定和联合国教科文组织的决定，与其说是美国"自私自利"的表现，不如说是美国实力下降大背景下的无奈之举。

另一方面，则是以中国为代表的新兴市场国家和发展中大国的文化影响力呈现上升的态势。这种上升的态势首先是由经济的快速发展带来的。到 2017 年，中国的 GDP 总量达到了 12.25 万亿美元、印度达到了 2.54 万亿美元、巴西达到了 2.05 万亿美元、俄罗斯达到了 1.58 万亿美元、南非达到了 0.35 万亿美元。金砖五国的 GDP 总量占全球 GDP 总量的 23.68%。大国崛起的历史表明，经济发展、国富民强代表的不仅是"硬实力"的提升，也是"软实力"的提升。中国现在已经成为世界第二大经济体、第二大投资国，对世界经济增长的贡献率保持在 30% 以上。中国在国际货币基金组织中的份额从第六位跃居第三位，人民币被纳入国际货币基金组织特别提款权货币篮子，国际话语权和影响力得到显著提升。而中国发起筹建的亚洲基础设施投资银行、提出的命运共同体新理念、发出的"一带一路"倡议，以及以负责任大国形象积极参与全球治理变革、为世界提供更多公共产品的行为等，无不在世界得到积极响应。实际上，无论是"北京共识"的形成，还是"中国模式"的提出，本身就意味着中国文化软实力的极大提升。而这也应了美国学者迈克尔·巴尔曾说过的一句话："中国崛起不仅是一个经济事件，还是一个文化事件，影响着我们的身份认同。"[1]

当然，文化影响力提升的直接动力源还是文化实力的增强。据有关资料统计，2016 年，中国文化产业增加值首次突破 3 万亿元，占 GDP 的比重首次突破 4%。中华文化走出去步伐不断加快，2016 年文化产品出口额为 786.6 亿美元，文化体育和娱乐业对外直接投资 39.2 亿美元，较 2012 年增长 18.6 倍；图书版权输出 1 万种，输出和引进品种比例由 2012 年的 1∶1.9 提高到 2016 年的 1∶1.6。《习近平谈治国理政》被译成 22 个语种、25 个版本，在海内外已经发行了 625 万余册。中国理念、中国制度、中国方案得到越来越多国家和地区的理解和认可。

（二）"西强东弱"的世界文化格局仍未发生根本性变化

历史地看，古老的中华文明曾经长期居于世界文化发展的最顶层，并

---

[1]　迈克尔·巴尔著，石竹芳译：《中国软实力：谁在害怕中国》，北京：中信出版社 2013 年版，前言。

成为世界文化格局中的重要一极，只是这个"一极"随着西方工业革命的发生和近代中国的整体性衰败而变得虚弱起来。而与此同时，西方文化伴随着西方现代化的推进而迅速成为现代世界文化版图中最为重要的一极，整个世界文化格局呈现出"西强东弱"的态势。新中国的成立，解决了一直制约中国发展的国家主权问题，但客观而言，此时的中国只是一个政治大国，无论是从经济、军事上讲，还是从文化上讲，还都不能说是大国。正如毛泽东当时的一个判断：中国是一个经济文化落后、"一穷二白"的大国。毛泽东在《论十大关系》中对"一穷二白"做了诠释："我曾经说过，我们一为'穷'，二为'白'。'穷'，就是没有多少工业，农业也不发达。'白'，就是一张白纸，文化水平、科学水平都不高。"[①] 经过60多年特别是改革开放以来40年的发展，中国文化建设取得了重大进展，国家文化软实力和中华文化影响力大幅提升，中国在世界文化格局中的权重不断增加。但我们也必须看到，近代以来形成的"西强东弱"的世界文化格局仍未发生根本性变化。同重塑世界文化格局的要求相比，同西方文化产业能力、文化创新能力相比，中国文化建设仍任重而道远。

客观而言，中华文化国际影响力的提升虽然离不开文化本身的繁荣发展，但更多的还是依靠中国经济快速崛起所带来的溢出效应，文化自身的发展仍然任重而道远。与此同时，我们也要看到，中西文化的差距显然不是文化内容上的差距，而主要是文化产业能力和文化创新力上的差距。这两方面的差距，不仅制约了我国文化软实力的提升，也在一定程度上影响了中国对世界文化格局的再塑。一是中西文化产业能力差距仍然比较大。文化产业是现代工业文明的产物，同其他产业相比，文化产业既具有经济属性，又具有意识形态属性。在全球化背景下，文化产业的竞争，已经成为国家文化软实力竞争的核心内容。美国文化霸权的形成，离不开美国经济的支撑，但更离不开美国文化产业的支撑。据韩国文化产业振兴院估算，2017年世界文化产业市场规模为2.863万亿美元。其中，北美地区占34.5%的市场份额，欧洲、中东及非洲占到30.2%，亚洲和太平洋地区占28.6%，中南美洲占6.7%。美国和欧洲的文化产业规模，远远领先其他

---

① 《建国以来毛泽东文稿》（第6册），北京：中央文献出版社1992年版，第104页。

地区。

"西强东弱"的世界文化格局，使得以美国为首的西方国家在控制世界文化话语权的基础上，可以利用所拥有的话语优势、舆论优势不断对中国国际形象进行"妖魔化"渲染，并通过这种"妖魔化"打压中国的国际发展空间，这在一定程度上对中国的现代化建设产生了干扰。文化力量是中国冲破西方大国干扰的有效力量。思想文化的扩张是任何力量都阻挡不住的，只要中国的价值观念不断为世界所认同、中国文化产业不断发展壮大、中国文化创新创造活力不断增强，就没有一个国家能够阻挡中国崛起的步伐和限制中国文化力量的增长。在今后相当长的一个时期内，我们都应当牢固树立文化软实力发展理念，把民族文化精神重铸、国家信仰体系建设、文化事业和文化产业发展、文化创新创造活力提升作为文化建设的基本内容，大力推进文化强国建设，从而为重塑世界文化格局奠定最为厚实的力量基础。

总之，伴随着以中国为代表的新兴市场国家和发展中大国在世界文化格局中地位和影响的持续上升，和以美国为首的西方发达国家在世界文化格局中地位和影响的相对下降，今后一段时期，世界文化格局将继续呈现"西降东升"的态势。但我们也必须看到，如同国际战略格局的演变进程一样，世界文化格局的变化也将是一个复杂和漫长的过程，未来一段时期，美国仍将保持唯一超级大国地位，世界文化格局仍将是"西强东弱"。对此，我们必须要有清醒的认识。

三、维护国家安全的战略保障

在当代，国家安全是一个涉及方方面面的复杂系统，包括政治安全、国土安全、军事安全、经济安全、文化安全、社会安全、科技安全、信息安全、生态安全、资源安全、核安全等。在这些安全要素当中，文化安全同军事安全、社会安全共同构成了国家总体安全的重要保障，"必须坚持以经济安全为基础，以军事、文化、社会安全为保障，以促进国际安全为依托，走出一条中国特色国家安全道路"①。维护国家安全，必须发挥文化安全的保障作用。

（一）国家安全内涵由传统安全领域向非传统安全领域扩张

对于任何一个国家来说，维护国家安全都是永恒的话题，但国家安全的内涵和外延并不是固定的。同 20 世纪的冷战时期相比，"当前我国国家安全内涵和外延比历史上任何时候都要丰富，时空领域比历史上任何时候都要宽广，内外因素比历史上任何时候都要复杂"②。

在传统国家安全领域，受民族国家产生与国际关系体系形成基础的影响，国家安全一直被理解为军事安全、领土安全。20 世纪 70 年代以后，伴随着全球化的发展和能源资源、生态环境、互联网等新问题的出现，人们对国家安全的认识逐渐突破军事领域，由军事安全扩大到经济安全、网络安全、文化安全、生态安全、信息安全、资源安全等非传统安全领域。1992 年 1 月联合国安理会在一份文件中指出，经济、社会、人道主义和生态领域中的一些非军事性的不稳定因素构成了对和平与安全的威胁。这标志着"非传统安全"这一新的安全范式的形成。"9·11"事件后，美国成立了负责美国本土安全的国土安全部，在国土安全部内部又专门成立了国土安全文化局。之所以要成立此局，用国土安全部首任部长汤姆·瑞奇的话说就是：在文化领域，安全问题十分重要，我们必须从另外一个角度思考安全问题，恐怖分子不仅是怀揣炸弹的人，思想和文字同样会对我们的安全造成严重影响。

非传统国家安全观的提出，也极大地拓宽了中国对国家安全认识的视野。2002 年 9 月 13 日，时任中国外交部部长的唐家璇在第 57 届联合国大会上发表讲话，他在讲话中指出："当前国际形势正在发生深刻的变化，安全的内涵不断扩大，安全问题不再是单纯的军事问题，已经涉及政治、

---

① 习近平：《坚持总体国家安全观　走中国特色国家安全道路》，《人民日报》，2014 年 4 月 16 日。

② 习近平：《坚持总体国家安全观　走中国特色国家安全道路》，《人民日报》，2014 年 4 月 16 日。

经济、金融、科技、文化等诸多领域。"① 这是中国政府首次在国际会议上提出非传统国家安全观。党的十六届四中全会首次提出"文化安全"概念："增强国家安全意识，完善国家安全战略，健全科学、协调、高效的工作机制，有效应对各种传统安全威胁和非传统安全威胁，严厉打击境内外敌对势力的渗透、颠覆、破坏活动，确保国家政治安全、经济安全、文化安全、信息安全。"② 在党的十七大、十八大、十九大报告中，我们党对文化安全都给予了高度关注。

党的十八大以来，习近平对于文化安全特别是意识形态安全更是给予了高度重视，多次指出我们在意识形态和文化安全领域始终面临着十分严峻的挑战。"当前，各种敌对势力一直企图在我国制造'颜色革命'，妄图颠覆中国共产党领导和我国社会主义制度。这是我国政权安全面临的现实危险。他们选中的一个突破口就是意识形态领域，企图把人们思想搞乱，然后浑水摸鱼、乱中取胜。新形势下，意识形态领域斗争复杂尖锐。"③ 特别是互联网的发展，不仅推动了国家安全由传统安全领域向非传统安全领域扩张的速度，更是加剧了文化和意识形态领域斗争的复杂程度。习近平指出，互联网已经成为舆论斗争的主战场，是我们面临的最大变量，搞不好会成为心头之患，"西方反华势力一直妄图利用互联网'扳倒中国'，多年前有西方政要就声称'有了互联网，对付中国就有了办法'，'社会主义国家投入西方怀抱，将从互联网开始'"④。从"维基解密事件""斯诺登事件"看，西方国家的互联网活动能量和规模远远超出了世人想象。"在互联网这个战场上，我们能否顶得住、打得赢，直接关系我国意识形态安全和政权安全。"⑤ 对此，我们必须保持清醒头脑，切实增强忧患意识。

---

① 《唐家璇呼吁国际社会树立新安全观》，人民网，http://www.people.com.cn/GB/shizheng/3586/20020914/822502.html.

② 本书编写组：《中共中央关于构建社会主义和谐社会若干重大问题的决定》，北京：人民出版社 2006 年版，第 30 页。

③ 中共中央文献研究室编：《习近平关于社会主义文化建设论述摘编》，北京：中央文献出版社 2017 年版，第 37 页。

④ 中共中央文献研究室编：《习近平关于社会主义文化建设论述摘编》，北京：中央文献出版社 2017 年版，第 28 - 29 页。

⑤ 中共中央文献研究室编：《习近平关于社会主义文化建设论述摘编》，北京：中央文献出版社 2017 年版，第 29 页。

（二）影响国家安全因素由物质冲突向文化冲突拓展

在农业社会，土地、人口是财富之母，影响国家安全的因素主要是土地和人口。国与国之间为了争夺土地、人口，可以不惜发动战争。所以，美国学者爱德华·麦克诺尔·伯恩斯认为："有史以来，征服领土的欲望一直是使用武力的最强烈的动因。经济与安全上的考虑是推动各国政府捍卫领土的主要原因。工业革命前，进行领土扩张，意味着控制更多的人力和资源。"[①] 在工业社会，对于一个国家而言，最重要的已经不是人口和土地，而是原料资源和商品销售，所以，争夺原料资源产地、销售产地就成为引发国家之间冲突的主要因素。马克思、恩格斯在《共产党宣言》中曾深刻地指出："不断扩大产品销路的需要，驱使资产阶级奔走于全球各地。它必须到处落户，到处开发，到处建立联系。"[②] 可以看出，无论在农业社会还是工业社会，物质性利益冲突是引发国家冲突的主要因素。

而在当今时代，伴随着文化经济化、经济文化化的凸显，文化冲突也逐渐成为引发国家冲突的重要因素。"文明冲突论"的提出者亨廷顿强调，在后冷战时期，"最普遍、重要的和危险的冲突不是社会阶级之间、富人和穷人之间，或其他以经济来划分的集团之间的冲突，而是属于不同文化实体的人民之间的冲突"[③]。美国卡特政府的国家安全事务助理布热津斯基在《大失控与大混乱》中指明："动员人们采取政治行动并从而塑造世界的正是思想。""我们正处在全球政治觉醒的时代，因此，政治思想大概会越来越重要，它要么成为精神凝聚力的源泉，要么就是混乱之源；要么成为达成政治共识的基础，要么就是冲突的祸根。"[④] 这些观点虽然呈现出一定程度的"文化决定论"倾向，但也反映了冷战结束以后世界安全局势发展的基本走向。西亚、北非为什么这么乱？原因有很多，但西方强行推进

---

① 爱德华·麦克诺尔·伯恩斯等著，罗经国、赵树濂等译：《世界文明史》（第三卷），北京：商务印书馆 1990 年版，第 237 页。

② 《马克思恩格斯文集》（第 2 卷），北京：人民出版社 2009 年版，第 35 页。

③ 塞缪尔·亨廷顿著，周琪、刘绯、张立平、王圆译：《文明的冲突与世界秩序的重建》，北京：新华出版社 2010 年版，第 5 页。

④ 布热津斯基著，潘嘉玢、刘瑞祥译：《大失控与大混乱》，北京：中国社会科学出版社 1995 年版，序言第 2 页。

的"民主进程"和该地区固有的宗教冲突绝对是个深层原因。

伴随着冷战的结束，军事冷战、政治冷战已逐渐成为历史，但文化冷战并没有结束，反而逐渐变成了文化热战。西方国家虽然在军事上打的是局部战争，但在思想文化上打的则是全面战争。邓小平对此很清醒，1989年11月，他指出："我希望冷战结束，但现在我感到失望。可能是一个冷战结束了，另外两个冷战又已经开始。一个是针对整个南方、第三世界的，另一个是针对社会主义的。西方国家正在打一场没有硝烟的第三次世界大战。所谓没有硝烟，就是要社会主义国家和平演变。"[①] 尤其需要指出的是，对于当今的中国来说，伴随着经济实力和军事实力的快速发展，任何国家都不敢轻易在传统安全领域对中国进行威胁，文化领域也因此愈加成为西方敌对势力进行渗透和破坏的主要领域。2016年5月25日，美国前国防部长卡特在海军战争学院发表演讲时，仍把美国对中国的战略态势比喻成"宛如与苏联持续50年的冷战对峙"，认为这将是坚决、温和但强有力的长期对抗，很可能会持续好些年，直到中国的内部逻辑与社会发生改变。

现在美国之所以不断推动所谓"亚太再平衡""印太战略"，不停鼓噪周边国家与我国的矛盾，除了守成大国与崛起大国之间不可避免的摩擦这个客观原因之外，还有一个重要的原因就是中国与美国在文化上特别是意识形态上的差异。我们在社会制度、意识形态等方面都与西方国家完全不同，这就决定了我们同西方国家的斗争和较量是不可调和的，因而必然是长期的、复杂的，有时甚至是十分尖锐的。西方国家不论从国际战略格局上，还是从意识形态上，都决不希望看到中国这样一个社会主义大国顺利实现和平发展。我们越是发展壮大，他们就会越焦虑，就越要加大对我国实施西化、分化的战略力度，他们的目的就是要搞垮我们党的领导，颠覆我国社会主义制度。可以说，同冷战时期相比，现在意识形态斗争有所弱化，但并没有结束。只要社会主义和资本主义这两种社会制度同时存在，文化领域、意识形态领域的斗争就不会终结。习近平多次提到"我们正在进行具有许多新的历史特点的伟大斗争"，这个斗争理所当然地包括文化领域和意识形态领域的斗争。

---

① 《邓小平文选》（第三卷），北京：人民出版社1993年版，第344页。

（三）维护国家安全力量由硬实力向软实力延伸

在人类已有的绝大部分历史进程中，军事力量、政治力量等"硬实力"都是维护国家的主要力量。历史也确实如此。19世纪的英国以仅占世界一小部分的人口统治着全球四分之一的领土，靠的就是工业革命所带来的军事和经济力量的快速增长。但随着各地民族主义的高涨，殖民统治的代价日益高昂，大英帝国最终被拖垮。

今天，伴随着全球化的发展以及随之而来的国与国之间联系的增多，作为维护国家安全重要手段的军事手段在运用上受到的约束越来越多。特别是随着核武器的出现，有核武器国家之间爆发战争的可能性越来越微乎其微，即使是无核武器国家之间爆发战争的可能性也越来越小。这一方面归结于现代战争的强大破坏性和高消耗性；另一方面也归结于人们对战争的批评性态度。在越南战争时期，策划一场反战活动需要耗时数周甚至数月准备宣传册、海报以及打电话等，抗议集会的规模花了四年时间才从2.5万人增加到1969年的50万人。相比之下，2003年2月伊拉克战争前，仅一个周末的时间，美国和欧洲就分别聚集起80万人和150万人规模的抗议集会。约瑟夫·奈在《软实力》一书中说："后工业时代的民主国家看重的是福祉，而非荣誉，更不喜欢高伤亡率……现代民主国家不崇尚武士道精神，这意味着动用武力前他们需要煞费苦心地从道义上找个理由以取得民意支持，除非这个国家已经到了生死存亡的紧要关头。对于发达民主国家来说，虽然仍存在发动战争的可能性，但较之一个或半个世纪之前，这种可能性已经大大降低。最强大的几个国家几乎丧失了征服的欲望。"[1]

军事的安全效能在相对下降，其大多时候是作为维护国家安全的威慑手段和保底手段运用的，而与此同时，非军事手段特别是文化的安全效能则在不断提升。1992年，美国时任总统布什在《美国复兴日程》中明确强调，美国的安全由于美国文化对全世界的吸引力而得到补充，这是一种新的可以利用的软力量。1994年，克林顿政府在《美国国家安全战略》中提出了冷战后美国国家安全的三大支柱：一是维持超级经济大国的地位，以

---

[1] 约瑟夫·奈著，马娟娟译：《软实力》，北京：中信出版社2013年版，第26页。

求霸权永续；二是在全球拓展美国式民主，强行推行美国的意识形态；三是出于自身的安全考虑，制定国家导弹防御系统。这里就把在全球推行美国意识形态视为其维护国家安全的三大支柱之一。美国奥巴马政府2015年2月公布的《美国国家安全战略》，更是将推广"普世价值观"列为美国国家核心利益，并特别指出：我们的价值观是力量和安全的源泉，要在一个经历重大政治变革的世界发挥有效的领导作用，美国必须在国内维护自身的价值观，同时在国外推广普世价值观。而约瑟夫·奈则联系美国发动的伊拉克战争特别强调，要"把软力量看作是实施新的国家安全战争所能够运用的最重要的工具和手段，因此，决不能低估软力量在国际机制和维护国家安全方面的作用"[1]。2017年12月，特朗普政府公布的《美国国家安全》指出：一个支持美国利益、反映美国价值观的世界，可以使美国更加安全、更加繁荣。从这个意义上来讲，文化已经不仅仅是创造国家财富的崭新形态，更是平衡国际力量对比的重要因素和维护国家安全的重要保障。

通过以上的分析，我们不难发现，国家安全从内涵到外延、从维护的力量到维护的要求，都在不断发生变化，而这些变化都表现出一个共同的特征，即软化和泛化的特征，并有一个共同的指向——文化因素。也正因如此，习近平在把握时代发展大势的基础上所提出的总体国家安全观和中国特色国家安全道路，都将文化安全同社会安全、军事安全放在一起，视之为国家安全的重要保障。

---

① 约瑟夫·奈：《伊拉克战争之后的美国霸权与战略》，《参考消息》，2003年9月8日。

第二章　中华文化与中国道路

　　每个国家和民族的历史传统、文化积淀、基本国情不同，其发展道路必然有着自己的特色。强调"以民为本"、推崇"天下为公"、追求"大同社会"的中华文化，注定了中国必然要走一条不同于西方的现代化道路。独特的文化传统，不仅塑造了中国道路独特的精神品格，也赋予了中国道路深厚的历史合理性和文化合法性。

一、中国道路的文化基因

　　一个国家选择什么样的发展道路，受各种因素影响，但历史文化的影响最为深厚。习近平指出："每个国家和民族的历史传统、文化积淀、基本国情不同，其发展道路必然有着自己的特色。"[①] 人类文化多样性，决定着各民族发展道路的多样性；多样性的发展道路，也映衬着多样性的文化基因。中国道路的选择，是马克思主义指导的结果，是借鉴世界文明成果的结果，也是传承中国优秀传统文化的结果。在今天，从传统文化的角度审视中国道路，不仅可以深化对中国道路的认识和认同，也有助于进一步探索和拓展中国道路。

（一）中国传统文化与中国道路的开辟和拓展

　　中国道路是中国共产党在马克思主义指导下探索现代化目标的革命、建设、改革和发展之路。中国道路萌芽、形成和发展历程，既展现了中国人民政治、经济、社会进步和发展的前进脚步，也彰显了中国传统文化的精神育化和马克思主义的引领。

---

　　① 习近平：《胸怀大局把握大势着眼大事　努力把宣传思想工作做得更好》，《人民日报》，2013 年 8 月 21 日。

近代中国，伴随着国运衰落和主权沦丧，作为国家精神支柱的传统文化特别是儒家文化遭遇到前所未有的怀疑。五四新文化运动更是将这种怀疑推到了最高点，"打倒孔家店"成为当时最为响亮的口号。主导文化的危机为马克思主义的传入提供了生存发展的空间，而"救亡图存"压倒"思想启蒙"的社会现实需求，则为十月革命所展现的"武装夺取政权"理论提供了社会土壤。然而，无论是作为西方文化的马克思主义，还是发生在俄国的十月革命，要在中国开花结果都不得不面临着巨大的文化"排斥"问题。因为近代以来，西学虽曾几度东进，但都因东方文化体系中缺乏认同机制而屡被拒之门外。马克思主义作为一种全新的外来文化，尽管具有无与伦比的渗透力，但仍需经过相互冲撞、认同、融合和改铸后，其积极的文化作用才会得到体现。也就是说，马克思主义如果不为我们民族传统文化所认同、吸收和同化，并转化为新的民族意识，即使有中国共产党的大力宣传和倡导，在中国这样一个文化历史格外厚重的国度也是很难生根的，更不要说成为指导理论了。所以，毛泽东在提出马克思主义中国化命题时，首先提出马克思主义必须同"中国的特点""中国的特性"结合起来，并强调在中国革命道路探索过程中，"把国际主义的内容和民族形式分离开来，是一点也不懂国际主义的人们的做法，我们则要把二者紧密结合起来"[1]。也正因如此，俄国十月革命所经历的"从城市到农村"的武装夺取政权路径，到中国以后则变成了"农村包围城市"的革命道路。

新中国成立后，如何在一个经济文化相对落后的东方大国建设社会主义，成为摆在我们党面前的全新课题。自身经验的缺乏和同为社会主义制度的渊源，使得我们党历史地选择了以苏联模式为版本的发展道路。但随着实践的发展，苏联模式的发展道路和体制的弊端也开始在中国显现。从1956年初起，毛泽东进行了大量的调查研究，开始了对苏联模式的深刻反思，反思的结果就是，"应当更加强调从中国的国情出发，强调开动脑筋，强调创造性，在结合上下功夫，努力找出在中国这块大地上建设社会主义的具体道路"[2]。遗憾的是，由于客观环境的影响和对资本主义价值的误判，毛泽东后来中断了先前对中国现代化道路的有益探索，把国家工作重

---

① 《毛泽东选集》（第二卷），北京：人民出版社1991年版，第534页。

② 吴冷西：《十年论战》（上），北京：中央文献出版社1999年版，第22 - 24页。

心逐渐从现代化建设转向"以阶级斗争为纲领",试图继续以"革命"和"斗争"的形式实现中国的现代化。为了迎合阶级斗争的需要,也是为了纯洁社会主义意识形态、维护马克思主义的一元指导地位,我们党开始对传统文化进行了持续批判,从1966年开始的"破四旧"到1974年的"批孔"运动无不如此。在这一系列"反传统"的文化运动中,中国现代化道路探索也进入了一个曲折时期。在现代化的过程中,文化可以帮助一个民族理解现代化规律,在结合自身特色的基础上加以利用和再创造,使其转化为适合国情的现代化发展模式。就此而言,中国现代化的曲折历程和中国传统文化的历史遭遇不能说不具有某种内在联系。

20世纪中后期,世界形势发生了重大变化,发展经济、改善民生、增强国力成为世界各国的当务之急。面对转换了的时代主题,面对奔涌的世界现代化潮流,中国实施改革开放,打开了面向世界的大门。毫无疑问,在工业革命基础上又经历第三次科技革命浪潮洗礼的西方,在现代化程度上已经远远走在了中国的前面。实现现代化,必须学习西方;保持中国特色社会主义方向,必须在坚持马克思主义的指导地位的基础上扎根中国传统文化,这是改革开放后中国共产党人的基本共识。如果说,马克思主义决定了中国特色社会主义道路的"社会主义"性质,中国传统文化则决定了中国特色社会主义道路的"中国特色"。正如美国学者戴维·张在评价邓小平开辟的"有中国特色的社会主义"时所言,中国传统文化影响深远,即使是当代中国的改革似乎也不能在本质上改变中国的传统文化,过去的许多政治思想仍作为中华文明整体的一部分而存在着,这个事实也许是邓小平坚持"有中国特色的社会主义"的原因所在。[①]毫无疑问,江泽民、胡锦涛、习近平都继承了邓小平的这个思想,他们都把继承和弘扬优秀传统文化作为拓展"中国道路"、保持"中国特色"的重要依据。习近平更是在前人的基础上,更加强调中国道路的中国传统文化基因,展现了更为宽阔的文化视野。对此,熊玠在《习近平时代》中指出,对于传统文化,他并未止步于在文化态度上的致敬,在其执政实践中,更是自觉地把中华历史文化精华与中国特色社会主义紧密对接,在"中国梦"以及内政

① 马启民主编:《国外邓小平理论研究评析》,济南:山东人民出版社1999年版,第206页。

外交的各个方面，都将传统文化当作"根"和"魂"。

（二）中华文化塑造了中国道路的独特气质

在生物学上，基因是有遗传效应的 DNA 片段，是控制生物性状的基本遗传单位。文化基因则是人类文化系统的遗传密码，文化基因的不同使得各民族文化呈现出巨大差异。在人类发展道路的图谱上，文化基因起着关键性的影响作用。同重利轻义、重私轻公的西方文化相比，中华文化强调的是"以民为本"、推崇的是"天下为公"、追求的是"大同社会"。这些独特的价值追求，使得社会主义道路在中国可以获得最为深厚的文化支撑。也正是在此意义上，习近平指出："独特的文化传统，独特的历史命运，独特的国情，注定了中国必然走适合自己特点的发展道路。"①

在政治领域，传承以民本、统一、德治为主要内容的传统政治文化，始终坚持中国特色政治发展道路。提出"政治文化"概念的阿尔蒙德认为，研究任何一种政治体系，都应详尽了解和分析它的心理方面——政治文化。政治文化不同，政治发展道路就不同。西方传统政治文化从根本上讲是一种诞生在商业经济之上的以个体主义为指导，以正义、法治、分权、自由为主要内容的政治文化；而中国传统政治文化则是一种诞生在农业经济之上的以王权主义为核心，以民本、统一、德治为主要内容的政治文化。三权分立、宪政民主在西方具有深厚的文化土壤，而在中国则行不通，这已为近代中国的政治实践所证明。对此，孙中山就指出："中国几千年以来社会上的民情风俗习惯和欧美大不相同。中国的社会既然是和欧美不同，所以管理社会的政治自然也是和欧美不同"，"不能完全仿效欧美"。② 今日中国同孙中山所生活的旧中国相比，已经发生了翻天覆地的变化，但作为最深沉、最稳定的部分，文化包括传统政治文化并没有发生断裂式的改变，它正在以民族政治心理、政治态度、政治情感等方式影响着人们对现有政治发展道路的评价和认同。今天，我们党在政治实践中探索出的以党的领导、人民当家作主、依法治国为关键的中国特色政治发展道路，既是马克思主义政治思想指导的结果，也是中国传统政治文化现代转

---

① 习近平：《习近平谈治国理政》，北京：外文出版社 2014 年版，第 156 页。
② 《孙中山选集》（下），北京：人民出版社 2011 年版，第 793 页。

换的结果。

在经济领域，传承"不患寡而患不均"的价值取向，始终坚持"共同富裕"的中国特色社会主义根本原则。纵览世界历史发展，一个国家与阶级的堕落乃至毁灭，往往是因为社会财富的分配不均，从而使得两极分化的矛盾日趋凸显，这几乎是奴隶社会、封建社会与资本主义社会的一个共性。基于对世界历史发展教训的反思和社会主义的本质要求，新中国成立以来，我们党一直将共同富裕视为社会主义和资本主义的根本界限，将实现共同富裕视为中国社会主义的根本目标和根本任务。历史学家克罗齐认为，历史与政治的分野，"不在于两者之间存在分歧或外在性，而在于一种角色对另一种角色的相对封闭性"①。对于政治政策的解读，缺乏历史的角度无疑是极其狭隘的。共同富裕作为新时期国家建设的"中心课题"，本身便是历史与政治的共同选择，既体现了中国共产党人对中国特色经济社会发展必由之路的高瞻远瞩，也体现了对几千年来中华文明"不患寡而患不均"的社会价值目标的传承。出自《论语·季氏》的"不患寡而患不均"，经过人们口口相传，在中国传统价值体系中已经不仅仅是一种经典的表达，更成为中国人的一种社会价值追求和衡量社会发展的重要标尺。我们剔除"不患寡而患不均"消极的一面之后，可以看到其中渗透着一种对未来社会发展目标的期待。而当中国走上社会主义道路之后，这种古老价值追求也就获得了政治实践的土壤。

在社会领域，传承中华和谐文化，始终坚持社会和谐的中国特色社会主义的本质属性。和谐文化在中华民族文化遗产中占有重要的位置，"和而不同""和为贵""厚德载物，天人合一"等许多人所熟知的成语，都有和合、和谐、协调的含义。当然，西方人也讲和谐，但与东方文化相比，其在立意和主旨上都存在很大不同。西方文化讲的"和谐"是对立基础上的和谐，对立是第一位的，无论是赫拉克利特提出的"对立和谐说"，还是莱布尼茨提出的"前定和谐论"都是如此；而中国传统文化虽然也讲"不同"，但目的是为了和谐，和谐是第一位的，无论是儒家所主张的"和而不同""和为贵"，还是墨家提出的"兼相爱"无不如此。作为一种国

---

① 克罗齐著，田时纲译：《作为思想与行动的历史》，北京：中国社会科学出版社 2005 年版，第 152 页。

家的宏观战略选择，当代中国"和谐社会建设"的提出，并不是哪一个或哪一届领导人心血来潮的偶然，而是改革开放进入新的时期后形成的一种全新的国家治理共识。我们党在过去很长一段时间，主要强调"斗争哲学"，现在之所以强调建设"和谐社会"，这同党对我国国情、社会主要矛盾的判断密切联系，也同历史地延续了中国古人对社会建设的美好要求有关。对此，胡锦涛就认为，"我国历史上就产生过不少有关社会和谐的思想"，"这些思想虽然带有不同时代和提出者阶级地位的烙印，但都在一定程度上反映了广大人民群众对美好生活的向往"。①

在国际政治领域，秉持"协和万邦"的和平文化传统，始终坚持和平发展道路。在处理国家与国家关系的基本价值取向上，中国道路的基本特点是把和睦相处、和平发展放在首位，这与西方"国强必霸"的思维模式有很大的不同。今天的中国已经成为世界第二大经济体，前所未有地接近世界舞台中心。面对中国的快速发展，一些西方国家在"国强必霸"西方思维的驱动下不断鼓噪"中国威胁论"。对于"中国威胁论"，习近平指出："中国走和平发展道路，不是权宜之计，更不是外交辞令，而是从历史、现实、未来的客观判断中得出的结论。"② 同崇尚竞争和丛林法则的西方文化不同，中华传统文化是一种和平文化，追求的是"协和万邦"。马克斯·韦伯就曾指出，以儒家为主导的中华文化是"和平主义性格"的，它与西方新教的扩张性性格截然不同。历史也确实如此，自西罗马帝国崩溃后的1 500多年里，中国在大多数时间内都是世界上最强大的国家，但中国几乎没有对世界和平形成威胁。中国人民在厚重的和平文化的影响下，对内重视道德教化，主张各族人民和谐相处；对外重视睦邻友好，主张各国和平共处。今天，中国坚定不移地走和平发展道路，来源于对实现自身发展目标条件的认知，来源于对世界发展大势的把握，也来源于中华文明的深厚渊源。用"国强必霸"的历史思维定性中华民族的复兴，不仅是对中国道路的刻意歪曲，更是对中华传统文化的无知。

总之，蕴含于中国革命、建设和改革开放伟大实践进程中的中国道

---

① 中共中央文献研究室编：《十六大以来重要文献选编》（中），北京：中央文献出版社2006年版，第701页。

② 习近平：《在德国科尔伯基金会的演讲》，《人民日报》，2014年3月30日。

路,是中国共产党在遵循人类社会发展一般与特殊规律基础上,充分整合"中西马"三种文化形态而不断实践生成的一种新型现代化之路。它因始终坚持马克思主义的指导地位而更具有先进性和科学性,也因借鉴、超越西方文化而更具有开放性和世界性,也因植根中华优秀传统文化更具有深厚性和民族性。

(三) 以坚定文化自信拓展中国道路

习近平在庆祝中国共产党成立 95 周年大会上指出,相对于道路自信、制度自信、理论自信,文化自信是更基础、更广泛、更深厚的自信。对于中国道路来说,中华传统文化是一座取之不竭的宝藏,它不仅可以为中国道路的选择提供最为深厚的文化支撑,也可以为中国道路的进一步拓展提供不竭的精神动力和智力源泉。坚定文化自信,就是坚定道路自信。

第一,强化文化认同。认同是自信的前提,没有文化认同,也就没有文化自信。现在,我们在文化建设方面存在一个亟须解决的问题:对内讲马克思主义、社会主义文化,对外则讲中国传统文化。世界认识了中国传统文化,而中国却忽略了自己的文化。这种现象背后显示的是对民族文化认同的缺乏。鸦片战争后的一百年时间里,伴随着国家的积贫积弱,中国人的精神也垮了,始终对自己的民族文化缺乏认同感。再加上数次"反传统"运动,使得传统文化在主流话语体系中总是处于边缘化的状态。改革开放以后,这种状况虽有很大缓解,但中华传统文化同中国特色社会主义的关系仍然没有得到明确的回答,我们对传统文化始终缺乏一个科学的定位。十八大以后,习近平站在实现民族复兴的高度,历史性地诠释了马克思主义、中国传统文化和中国特色社会主义的关系,强调中国优秀传统文化既是中国特色社会主义道路的历史文化渊源、社会主义核心价值观的根和本,也是中国特色国家治理体系形成和发展的基础、中国特色哲学社会科学成长发展的深厚基础。当然,同政治认同相比,文化认同是一件更精心的事,它需要一个更长的过程。从理论上讲,能否形成文化认同,要受两个因素的制约,一是文化自身的价值和生命力如何;二是人们对文化价值和生命力如何认识评价。没有生命力的文化,是无法承载人们精神信念寄托的,也是无法得到人们肯定的;缺乏理性、科学的认识和评价,或妄自菲薄,或妄自尊大,也是不能让人真正感受文化内在价值和生命力的。

对于中国传统文化来说，其生命力和价值如何，已为五千多年的中华文明史所证明，而作为主观认识的评价态度才是问题的关键。就此而言，无论是妄自菲薄、数典忘祖的文化虚无主义，还是目光狭隘、妄自尊大的文化保守主义，都是影响民族文化认同的极大障碍，必须摒弃。

第二，形成内在约束。实践已经充分证明，中国道路是能够引领中华民族实现复兴的唯一道路，但也要看到，坚持和拓展中国道路始终面临着各种风险挑战。保证中国道路沿着正确的方向前进，一靠政治权力、法律法规的硬约束，二靠文化认同、价值认同的软约束，前者治标，后者治本。能否在强化民族文化认同的基础上，进一步形成文化约束、价值约束，影响着我们拓展中国道路的广度和实际成效。改革开放以来，我们找到了一条建设中国特色社会主义的正确道路，与之相随的是思想文化建设也取得了长足发展，我们党坚持解放思想，提出了一系列与社会进步和时代要求相一致的新思想、新理论。大批理论工作者、文艺工作者也感应时代的脉动，创作了大批坚守社会责任、反映改革方向、透视现实生活真谛的思想文化精品，在社会生活中发挥了积极作用。但是，必须清醒地看到，我们的思想文化建设，确实还没有完全建立起一整套与中国特色社会主义相适应的、令大多数人接受的新的思想、道德、文化体系，主流思想文化还没有完全内化、积淀为一种大众的社会心理，以此支撑我们的信仰。导致这一问题出现的原因很复杂，但传统文化的缺位是一个重要原因。相对于西方文化甚至是马克思主义，传统文化在日常生活层面对人民群众的影响更为深厚、更为深远。传统文化在主导话语体系中的缺位，客观上也影响了人民群众对主导话语体系的认同，这也是当前主导话语与群众话语相脱节的重要症结所在。这就要求我们在强调马克思主义指导地位的同时，必须不断推进马克思主义中国化的进程，让马克思主义在与中国传统文化的融合中内化为一种普遍恒久的社会心理，真正变成人民群众高度认同的内在约束力量，为中国道路的拓展保驾护航。

第三，融入政治实践。作为外来文化，马克思主义在中国之所以能够取得成功，既在于其理论的科学性、真理性、先进性，更在于其始终面向社会实践，真正转化为指导中国革命、建设和改革实践运动的指导理论。中国传统文化作为中国道路的重要历史文化渊源，要发挥其对中国道路的支撑和维护作用，必须在推动其创造性转换的基础上，积极融入政治实践。因为政治实践的发展固然需要文化的支撑，但文化的发展也需要政治实践的平台，离开政治实践，文化仅仅是一种观念的存在。然而，不无遗憾的是，虽然我们党一再强调要大力弘扬优秀传统文化、推动传统文化的创造性转换，但目前各种努力在相当大程度上仍然局限在观念文化领域自身。人们或者致力于传统文化"精华"与"糟粕"的辨别与分析，以期实现"取其精华，去其糟粕"的批判性继承；或者致力于传统典籍的现代诠释，运用传统文化精神去医治现代化给人所带来的各种"精神疾病"；或者以简单的政治化倾向图解传统文化，使传统文化沦为缺乏论述力的、粗陋的辩护工具。于是，同弘扬传统文化的强大社会诉求相比，人们在现实生活中所深切感受到的仍是大量传统文化的糟粕性内容在市场机制的诱发下迅猛滋长、泛滥。旧的思想观念与行为习惯导致一系列现代性制度扭曲变形，而传统的阐释者弘扬、允诺的极具救世意义的优秀文化传统却依然难觅其踪迹。相对于观念解构，政治实践具有更为强大的解构力。历史地看，政治实践可以瓦解传统文化生存、发展以及支配人生活秩序的制度支撑；现实地看，它又会以社会物质生活实践的现实力量，对传统文化进行不断的解组与重组，最终使传统文化中那些具有现代性的文化质素，被组合到新的理论体系、新的社会制度之中，并以此作为它在现代社会发挥新的社会功能的前提。因此，要解决优秀传统文化在现实生活中难觅踪迹的尴尬局面，就必须走出传统文化与现实政治相脱节的现状，将传统文化创造性转换的视线更多转向现实的政治实践特别是社会制度建构方面，让优秀传统文化基因真正渗透到中国特色社会主义制度之中。

二、中华文化与中国道路对西方现代化道路的历史超越

在中国话语中，所谓"超越"，既有战胜、超过的意思，也有传承、扬弃的意思。中国道路的开辟肇始于鸦片战争，在其后一百多年时间里，先进的中国人为了实现现代化之梦，进行了不懈的探索。面对西方列强的入侵和国内军阀割据、官僚资本猖獗的现实，中国共产党带领中国人民毅然选择了社会主义道路。任何一项伟大事业的背后，一定有支撑这一事业的文化精神。今天，我们审视19世纪末以来中国波澜壮阔的现代化历史，可以看到，在纷繁复杂的历史表象背后，既涌动着马克思主义的光辉，也

浸透着中华文化的力量。历史也证明，中华文化与现代化并非完全对立，而是可以互相融合的，中国传统社会也存在着有助于推动现代化的文化基因。

（一）资本主义精神与西方的现代化

现代化反映了人类社会从农业社会向工业社会转变所经历的历史巨变。就现代化的历史进程而言，其始于西欧，后扩张到北美和欧洲其余地区，然后蔓延至世界各地。现代化的曙光为何最先出现在西方？这是历史之问，也是文化之问。

纵观世界现代化历史进程，现代化之路总体上可以分为两种类型：一类是内源式现代化，这是由社会自身力量产生的内部创新，经历漫长过程的社会变革的道路，其外来的影响居于次要地位；另一类是外源式现代化，这是在国际环境影响下，社会受外部冲击而引起内部的思想和政治变革并进而推动经济变革的道路，其内部创新居于次要地位。[1] 最早进入现代化门槛的西方国家，其现代化显然是一个自我发展或内源式现代化，而亚洲、拉丁美洲国家的现代化大都是在西方冲击下发生的，属于外源式现代化。但问题在于，现代化的曙光为何最早在西方而不是在东方照亮？要知道，从某种意义上可以说，东方具有比西方更容易进入现代化的条件，因为在农业文明时代，东方是"发达"地区，西方则是"欠发达"地区，在发展水平上东方可是走在西方前列的。

对于这一现象，罗荣渠认为："在东方特别是东亚，社会发展具有较多的统一性、长期连续性、渐进性；而在西方则具有较多的分散性、多变性、突发性。正是这种西方式的发展范式较易形成内源性现代化所需的物质技术条件和推动创新的机制。"[2] 谁先具有现代化所需的物质技术条件和推动创新的机制，谁就可能率先迈进现代化的门槛。在世界现代化历史上，英国是工业革命的爆发地，也是最早迈进现代化门槛的国家。这种结果不是偶然的，而是必然的，因为在蕴含推动现代变革的潜在要素的西欧

---

① 罗荣渠：《现代化新论——中国的现代化之路》（增订本），上海：华东师范大学出版社 2013 年版，第 101 页。

② 罗荣渠：《现代化新论——中国的现代化之路》（增订本），上海：华东师范大学出版社 2013 年版，第 106 页。

各国中，只有英国首先具备了启动这一大变革的物质技术条件和社会前提：①内战后国家政治稳定，行政统一，社会协调，是欧洲最大的国内自由贸易区；②农业革命先行；③得天独厚，早期工业革命所需的煤、铁资源丰富；④传统政治结构多元化，土地贵族权势衰落，王权经历资产阶级革命而受到限制；⑤社会分化程度较高，市民阶级兴起，社会内部未出现大分裂；⑥宗教世俗化较早，清教主义的神祷理性与谋利精神；⑦科技革命先行；⑧国家脱离罗马教廷而独立自主，在经济上不依赖外国，并拥有海峡的独特战略性地位。① 这八个方面，涉及经济、政治、文化、资源、科技、社会、地缘等多个层面的内容，构成了一个国家要实现突破式发展所必需的一切因素。而在这之中，独特的文化因素、精神因素也构成了英国率先进入现代化重要原因之一。在这一点上，德国社会学家马克斯·韦伯在《新教伦理与资本主义精神》这部经典著作中进行了更深入的分析。

在马克斯·韦伯看来，资本主义工业发展的一个关键因素是企业活动的合理组织，并以此保持稳定的利润和资本积累。虽然合理的经济行为无疑将带来更大的利润，但是挣钱并不是刺激这种行为的主要因素。单纯挣钱的动机转变为从事大规模企业活动的动机，需要一种特别的活力，也就是所谓的合理化"资本主义精神"。韦伯引用本杰明·富兰克林的话将资本主义精神概括为珍惜时间、讲究信用、用钱生钱、勤劳、节俭、守时、公正、谨慎、诚实等，并强调这些品质绝不单纯是立身处世的手段，而是一种独特的伦理，这种伦理将挣钱视为人生的唯一目的，但挣钱方式必须是合理的。"在现代经济秩序中，只要干得合法，赚钱就是职业美德和能力的结果与表现。"② 而促使西方资本主义精神产生的一个重要因素不是经济，而是宗教。"上层劳动阶层，特别是在技术上或商业上受过高等教育的培训者，全部带有非常浓重的基督新教的色彩。"③ 正是由于新教伦理在西方的传播，产生了与这一伦理相适应的资本主义精神。"现代资本主

---

① 罗荣渠：《现代化新论——中国的现代化之路》（增订本），上海：华东师范大学出版社 2013 年版，第 107 页。

② 马克斯·韦伯著，彭强、黄晓京译：《新教伦理与资本主义精神》，西安：陕西师范大学出版社 2002 年版，第 26 页。

③ 马克斯·韦伯著，彭强、黄晓京译：《新教伦理与资本主义精神》，西安：陕西师范大学出版社 2002 年版，第 9 页。

精神，以及全部现代文化的一个根本要素，即以天职思想为基础的合理行为，产生于基督教禁欲主义。"① 新教伦理与资本主义精神的结合带来了现代资本主义在西方的发展。

韦伯是从新教伦理对物质生产方式产生作用的角度研究资本主义及西方现代化的。尽管这位伟大的思想家自己认为，这种研究只是认识和揭示历史真理的一个方面，他不能够代替也不能够否定其他人的不同研究，然而韦伯独特的观点，以及建立在大量史实材料基础上的雄辩论证，还是能够帮助我们认识资本主义产生的历史条件和西方现代化的内在原因。而在这一点上，与罗荣渠的认识也不谋而合。在罗荣渠看来，"内源性的现代化，是在西方基督教文明的历史背景和传统下孕育起来的，它的原动力即现代生产力是内部孕育成长起来的，具有较强的自我发挥能力"②。

在人类社会发展史上，资本主义的出现毫无疑问具有世界历史性意义。对此，马克思主义经典作家们曾给予了积极肯定。对于现代化的起源地——西欧来说，现代化不仅带来了西方社会的辉煌，也最终促使了资本主义生产方式的全球扩张。正如马克思、恩格斯在《共产党宣言》中所指出的那样："不断扩大产品销路的需要，驱使资产阶级奔走于全球各地。它必须到处落户，到处开发，到处建立联系。资产阶级，由于开拓了世界市场，使一切国家的生产和消费都成为世界性的了。"③ 它"使城市人口比农村人口大大增加起来，因而它使很大一部分居民脱离了农村生活的愚昧状态。正像它使乡村从属于城市一样，它使未开化和半开化的国家从属于文明的国家，使农民的民族从属于资产阶级的民族，使东方从属于西方"④。显然，"未开化的和半开化的国家从属于文明的国家""东方从属于西方"的依赖从属关系就是建立在现代化基础之上的资本主义生产方式向全世界扩张的结果。正因为世界现代化潮流的形成和现代社会的建立是和资产阶级紧密联系在一起的，所以马克思、恩格斯才客观地指出："资产阶级在历史上

---

① 马克斯·韦伯著，彭强、黄晓京译：《新教伦理与资本主义精神》，西安：陕西师范大学出版社 2002 年版，第 174 页。
② 罗荣渠：《现代化新论——中国的现代化之路》（增订本），上海：华东师范大学出版社 2013 年版，第 102 页。
③ 《马克思恩格斯选集》（第一卷），北京：人民出版社 2012 年版，第 404 页。
④ 《马克思恩格斯选集》（第一卷），北京：人民出版社 2012 年版，第 405 页。

曾经起过非常革命的作用。"① 但与此同时，马克思、恩格斯也深刻指出，资产阶级开创世界历史的过程，也是一部充满血腥的野蛮的侵略史、掠夺史。"它无情地斩断了把人们束缚于天然尊长的形形色色的封建羁绊，它使人和人之间除了赤裸裸的利害关系，除了冷酷无情的'现金交易'，就再也没有任何别的联系了。"② 可以说，西方的现代化史，既是一部不断创造历史的历史，也是一部不断向外野蛮扩张的历史，而这一历史性结果与资本主义精神的内在缺陷有着深刻的内在联系。这个缺陷，就是资本主义精神中的价值理性缺失。

西方资本主义价值理性缺失集中表现在对"权力"的尊崇和运用上。在西方文化的视野中，利用"权力"获得"利益"具有天然的"合理性"。纵览西方文明发展史，我们不难发现，"权力"手段的介入使得西方文明温情脉脉面纱下面沾染了太多的鲜血，特别是资本主义现代化更是建立在对亚洲、非洲、美洲血腥掠夺基础上的。虽然在西方文化中，也曾经出现过理想主义的光芒，但总体而言，"权力优先于正义"思维模式一直是西方处理不同文明之间关系的基本准则。

价值理性缺失所产生的影响是复杂的。一方面，它使西方的现代化不会像中华文明那样背负着沉重的道德"十字架"前行，这也是西方之所以能够最早走出封建主义泥沼、发生工业革命的重要原因；另一方面，价值理性的缺失，打破了工具理性和价值理性的平衡，使西方文明在其现代化的过程中始终缺乏最基本的道义意识，"强权即正义"成为被西方社会普遍认可的生存法则，战争和暴力被认为是最有效的利益工具。无节制的对外扩张和无原则的暴力运用必然带来世界范围内的价值冲突。正如亨廷顿所叙述的那样："15 世纪结束时摩尔人最终重新征服了伊比利亚半岛，葡萄牙人开始了对亚洲的渗透，西班牙人开始了对美洲的渗透。在其后的250 年间，整个西半球和亚洲的重要部分都被置于欧洲的统治和控制之下。"③ 到 19 世纪中后叶，西方文明最终确立了其在世界政治经济格局中的主导地位。当然，"西方赢得世界，并不是通过其思想、价值或宗教的

① 《马克思恩格斯选集》（第一卷），北京：人民出版社 2012 年版，第 402 页。
② 《马克思恩格斯选集》（第一卷），北京：人民出版社 2012 年版，第 403 页。
③ 塞缪尔·亨廷顿著，周琪、刘绯、张立平、王圆译：《文明的冲突与世界秩序的重建》，北京：新华出版社 2002 年版，第 36 页。

优势（其他文明中几乎没有多少人皈依它们），而是通过它运用有组织的暴力方面的优势"①。这是任何曾经遭到西方势力侵略的美洲、亚洲和非洲各民族的共同感受和认识。

（二）中国现代化道路的文化论争与中国共产党的选择

在思考现代化的问题上，西方与历史传统是不能回避的两个因素。在西方现代化理论中，历史传统和现代化之间是一种对立关系，非西方国家要实现自身的现代化，只能西方化。这也是马克斯·韦伯得出东方社会无法建设现代社会结论的原因所在。然而，理性和实践又在不断地提醒我们，建设现代化特别是在东方文明古国——中国，建设现代化真的能抛开历史传统吗？

在特定时代，当整个社会进入非常规期和变革期时，最先感受到危机的常常是敏锐的知识分子，特别是人文知识分子。在近代中国，如果说对于朝廷和政府而言，政治和主权的沦丧是最为痛苦的；对于工商业者而言，西方产品的输入是最痛苦的；那么对于知识分子而言，由西方文化冲击所产生的文化反思是最为痛苦的。所以，罗荣渠说："对于像中国这样一个历史悠久的东亚文明传播中心来说，西方冲击在传统知识分子思想中激起的最大的回应是文化回应，即东西两种不同文化体系的冲突。"② 东西文化的碰撞，表面上是文化观点之争，实质上是现代化道路方向之争。

同西方内源式现代化道路不同，近代中国的现代化是在西方列强的炮声中被迫打开了。"要救国，只有维新，要维新，只有学国外。"③ 这是近代中国知识分子在思考现代化问题时的最初回应，也可以说是一种本能回应。因为对于任何一个落后民族来说，学习对手、超越对手、战胜对手都是一种正常的逻辑选择，但问题的关键是，在学习西方的同时如何看待中国自己的传统？这不仅是一个文化选择，也是一个政治选择。统治阶级精英包括一部分保守知识分子着眼于保种、保教、保国、保民，提出了"中

---

① 塞缪尔·亨廷顿著，周琪、刘绯、张立平、王圆译：《文明的冲突与世界秩序的重建》，北京：新华出版社 2002 年版，第 27 页。

② 罗荣渠主编：《从"西化"到现代化——五四以来有关中国的文化趋向和发展道路论争文选》（上），合肥：黄山书社 2008 年版，第 3 页。

③ 《毛泽东选集》（第四卷），北京：人民出版社 1991 年版，第 1470 页。

学为体，西学为用"这一近代中国最早的现代化口号。从本质上讲，"中体西用"语境下的现代化既是一种"防御式现代化"，也是一种"折衷式现代化"。用中国传统文化的范畴将中学与西学称为"体"与"用"的关系，从哲学上看无疑具有荒谬性，这也是后人对"中体西用"颇多责难的一个原因。但如果我们以历史的眼光看待"中体西用"式的现代化，它的提出和实践又具有某种历史进步性。首先，它承认"中学"是不完美的，是需要完善补充的；其次，它为后来洋务运动、维新运动的展开奠定了理论基础。虽然历史证明，洋务运动、维新运动都无法实现中国的现代化，但我们不能以此"后果"来彻底否定"中体西用"对推动中国现代化的积极作用。如果我们把晚清政府所主导的现代化尝试的失败，完全归结于"中体西用论"，实际上就把复杂的历史问题简单化了。中国第一次现代化尝试的失败，是多重原因造成的结果，统治阶级的腐朽、政治制度的落后都是重要原因。

当然，伴随着洋务运动、维新运动的失败，人们必然对其理论基础"中体西用"论提出怀疑，并逐渐认识到"中体"不变，再好的"西用"也解决不了中国的问题。在这样的背景下，"全盘西化"解决"中体"问题就成为首选，章太炎、陈独秀、胡适则是这种思想的代表。章太炎在"戊戌变法"失败后对传统文化进行了深刻的反思。他得出结论，改造中国社会，不能像康有为期望的那样借助于中国封建传统文化的权威来进行，而只能"驰骋欧美""兼容并包"，吸收外来文化，创造一种全新的文化意识来代替传统文化。陈独秀则以绝不调和的立场来对待中西文明的冲突，旗帜鲜明地主张要用"全盘西化"否定"中学西用"。他在《宪法与孔教》里写道："欧洲输入之文化与吾华固有之文化，其根本性质极端相反"，因此，"吾人倘以新输入之欧化为是，则不得不以旧有之孔教为非；倘以旧有之孔教为是，则不得不以输入之欧化为非，新旧之间绝无调和两存之余地"。① 胡适则进一步提出要打破那种认为东方文明是"精神文明"，而西洋文明是"物质文明"的成见，认为西洋文明不仅是"物质"的，也是"精神"的。在《我们对于西洋近代文明的态度》一文中，胡适

---

① 罗荣渠主编：《从"西化"到现代化——五四以来有关中国的文化趋向和发展道路论争文选》（上），合肥：黄山书社 2008 年版，第 5—6 页。

认为，"神圣的不知足是一切革新一切进化的动力"，而"这样充分运用人的聪明智慧来寻求真理以解放人的心灵，来制服天行以供人用，来改造物质的环境，来改造社会政治制度，来谋人类最大多数的最大幸福——这样的文明应该能满足人类精神上的要求；这样的文明是精神的文明"①。胡适的这个认识应该说突破了当时很多人将西方文明仅仅界定为"物质文明"的局限，从而为全面学习西方而不再仅仅局限于器物层面奠定了理论基础。

历史地看，有关中国如何跟上世界发展潮流、实现现代化的文化论争在五四运动前后进行了几十年，至于到底产生了多大的政治效果，则是一个仁者见仁、智者见智的问题，但就文化层面而言，其对近代中国各种新思潮的兴起无疑产生了极大的推动作用。也正是在这样的背景下，马克思主义连同诸多西方社会思潮一并涌入中国，并逐渐扎下根来。但西方列强在中国的暴行以及西方文明固有的历史局限性，使得西方文明及其所蕴含的西方现代化之路在中国的实践中不断遭到怀疑。曾经鼓吹西方民主自由的陈独秀，后来逐渐从西欧文明转向俄国社会主义文明，曾经大声讴歌过西方文明的梁启超在游历欧洲后，也对西方文明丧失了信心。

对于近代蜂拥而至的西方思潮，毛泽东曾深有体会地指出："在一个很长的时期内，即从一八四〇年的鸦片战争到一九一九年的五四运动的前夜，共计七十多年中，中国人没有什么思想武器可以抵御帝国主义。旧的顽固的封建主义的思想武器打了败仗了，抵不住，宣告破产了。不得已，中国人被迫从帝国主义的老家即西方资产阶级革命时代的武器库中学来了进化论、天赋人权论和资产阶级共和国等思想武器和政治方案，组织过政党，举行过革命，以为可以抵御列强，内建民国。但是这些东西也和封建主义的思想武器一样，软弱得很，又是抵不住，败阵下来，宣告破产了。"② 李大钊在经过一番比较和对现实失望之后，也深刻指出："由今言之，东洋文明既衰颓于静止之中，而西洋文明又疲命于物质之下。"③ 因此两种文化都不可取。

正是在这种情况下，人们期待并呼唤着能克服这两种文化弊端的又兼

① 罗荣渠主编：《从"西化"到现代化——五四以来有关中国的文化趋向和发展道路论争文选》（上），合肥：黄山书社 2008 年版，第 7 页。

② 《毛泽东选集》（第四卷），北京：人民出版社 1991 年版，第 1513–1514 页。

③ 《李大钊文集》（第二卷），北京：人民出版社 1999 年版，第 205 页。

有两种文化特质的新文化，"为救世界之危机，非有第三新文明之崛起"①。"第三种文明"遂成为当时先进中国人寻求救亡图存之路的目标指向。而此时发生的俄国十月革命及其强大的示范效应，使中国先进知识分子不由自主把目光聚焦在指导十月革命取得胜利的马克思主义身上。正如毛泽东所说："十月革命一声炮响，给我们送来了马克思列宁主义。十月革命帮助了全世界的也帮助了中国的先进分子，用无产阶级的宇宙观作为观察国家命运的工具，重新考虑自己的问题，走俄国的路——这就是结论。"② 经过短短的几年时间，在通过对各种社会主义学说的比较、鉴别，特别是在同各种反马克思主义思潮的斗争后，马克思主义迅速从众多的西方思潮中脱颖而出并逐渐赢得了先进知识分子和中国人民的认同。

众多西方思潮之所以湮没在历史发展的车轮下，根本原因就在于当它们与解决中国现实的危机相联系时，几乎所有的思潮都不能为近代中国摆脱被侵凌地位、实现救亡图存的社会目标提供理论指导。而对于近代中国而言，救亡图存是压倒一切的社会实践需要，能否实现救亡图存的目标就成为各种文化思潮能否最终生存的生死检测器。马克思曾提出："理论在一个国家实现的程度，总是取决于理论满足这个国家的需要的程度。"③ 马克思主义所具有的批判性、科学性和实践性特征，特别是其对资本主义文明体系的全面扬弃，正好融释了中国知识分子对西方文化的矛盾心理，满足了他们试图从西方文化中寻找超越资本主义文明的救国良方的希望。这也正如毛泽东所指出的那样，"马克思列宁主义来到中国之所以发生这样大的作用，是因为中国的社会条件有了这种需要，是因为同中国人民革命的实践发生了联系，是因为被中国人民掌握了。任何思想，如果不和客观的实际的事物相联系，如果没有客观存在的需要，如果不为人民群众所掌握，即使是最好的东西，即使是马克思列宁主义，也是不起作用的"④。而这也恰恰是马克思主义在众多西方思潮中脱颖而出并不断扩大影响的根本原因。

---

① 《李大钊文集》（第二卷），北京：人民出版社 1999 年版，第 205 页
② 《毛泽东选集》（第四卷），北京：人民出版社 1991 年版，第 1471 页。
③ 《马克思恩格斯选集》（第一卷），北京：人民出版社 2012 年版，第 11 页。
④ 《毛泽东选集》（第四卷），北京：人民出版社 1991 年版，第 1515 页。

（三）马克思主义与中华文化：中国现代化道路选择的两个"文化基点"

世界进入近代以来，东西方社会都发生了巨大的变化，西方通过资产阶级革命和工业革命率先迈入了现代化的门槛，但在东方特别是经历两千多年漫长封建统治的中国仍然在现代化的门槛之外踟蹰徘徊。中国迫切需要一场来自内部的革命以革除一切阻碍自身走向现代化的障碍，从而实现中国社会的创新发展。在这个过程中，马克思主义起到了重要作用。马克思主义是中国革命和实践大浪淘沙的结果，是近代中国历史选择的结果，也是中国文化选择的结果。

作为一种崭新的无产阶级文化，马克思主义是在西方特有的社会历史条件下形成的，它对于中国传统文化以及深受这种文化熏陶的中华民族来说，确确实实是一种异质文化。任何文化都存在可传播性和可交流性，但任何文化体系的外传，都必须有其文化契合点，即文化的共通性。只有具备内在的契合点，一种文化才能被另一种异质文化认同，并在此基础上重构为新的文化形态。

作为一种科学的理论体系，马克思主义在中国得以被接受、传播并逐步中国化，是其倡导的革命精神与中华民族文明主体的生存境遇悲惨甚烈有关，但更重要的是其社会价值观与中国传统文化有深层次的契合之处。对于马克思主义与传统文化的内在契合点，当代知识分子从不同的角度给予了分析。张岱年、程宜山认为："中国人接受马克思主义，与中国传统文化有密切关系。中国文化中本有悠久的唯物论、无神论、辩证法的传统，有民主主义、人道主义思想的传统，有许多历史唯物主义的思想因素，有大同的社会理想，如此等等，因而马克思主义很容易在中国的土壤里生根。"[①] 汪澍白认为："我国传统文化具有一些与马克思主义相同或相近的先天素质。诸如辩证的思维方式，实用理性的致思路线，以群体为本位的价值取向，'治国平天下'的忧患意识，追求均等与'大同'的社会理想等，这些先天素质，正是促使知识分子在十月革命以后迅速地选择了

---

① 张岱年、程宜山：《中国文化与文化论争》，北京：中国人民大学出版社 1990年版，第 190 页。

马克思主义的文化原因。"①

如果说文化是一个民族精神的沉淀，社会理想则是民族文化精神的核心，是引导人们奋斗的目标，也集中反映了一个民族对现实及历史的态度。从服务于"救亡图存"这个时代主题出发，马克思主义与中国传统文化最重要、最根本的契合点是在社会理想的追求上。对于马克思主义而言，无论是作为一种崇高的信仰追求，还是作为一种新型的文化，资本主义必然灭亡、共产主义必然取代资本主义是首要的也是最基本的命题。马克思主义的整个体系都是为论证这一理想社会而服务的。

对于中国传统文化而言，对美好社会的向往则始终是其内在价值追求。《礼记·礼运》篇中描绘的大同世界和小康社会，成为影响中国社会几千年的社会理想的范本，近代康有为的《大同书》则是将几千年来中国人对大同世界的追求做了详细的规划和设计。虽然中国传统文化中的"大同世界"与马克思的"共产主义"之间有着质的区别，但无论是共产主义还是大同世界，都是对私有制的否定、对剥削制度的否定，都充满着对平等的向往。因此，在生产关系方面，在终极关怀方面，两者是一致的。正是这种一致性大大地缩短了马克思主义与中国传统文化的距离，削弱了先进知识分子接受马克思主义的认知障碍，奠定了他们接受认同马克思主义的心理基础。曾经自称为社会主义者的梁启超就把"社会主义"同古代"大同"混为一谈。梁启超说："中国古代井田制，与近代社会主义，同一立足点。"② 孙中山也强调共产主义与中国"大同"理想的契合："井田之制，即均产主义之滥觞，而累世而居，又共产主义之矣。足见我国人民之脑际，久蕴蓄社会主义之精神。"③ 李大钊则从社会发展的伦理要求出发，强调从"大同"理想发展至社会主义是伦理必然性，他说："一切形式的社会主义的根萌，都纯粹是伦理的。协合的友谊就是人类社会生活的普遍法则。"④ 可以说，正是马克思主义和中国传统文化在社会理想上的内在契合，才使得马克思主义在中国能够获得普遍的文化认同和文化共鸣，从而

---

① 汪澍白：《二十世纪中国文化史论》，北京：中国青年出版社 1999 年版，第 212 - 213 页。

② 梁启超：《饮冰室合集》（下册），北京：北京大学出版社 2005 年版，第 134 页。

③ 《孙中山全集》（第一卷），北京：中华书局 1981 年版，第 145 页。

④ 《李大钊文集》（第二卷），北京：人民出版社 1999 年版，第 335 页。

形成知识分子、普通民众与马克思主义的和谐共振。

政治学家巴林顿·摩尔在《民主和专制的社会起源》一书中，将传统农业社会向现代工业社会的过渡归纳为三种模式：一是以英法为代表的资本主义与议会民主相结合的发展模式；二是半截子的资产阶级革命即来自上层的保守革命，也就是德国和日本的反动的资本主义和法西斯主义相结合的发展模式；三是自下而上以发动农民革命为主的道路，也就是俄国式和中国式的社会主义发展模式。对于这三种现代化模式之间的关系，巴林顿·摩尔也做了说明："对于以上三种类型——达到西式民主的资产阶级革命、来自上层的以法西斯主义为归宿的保守革命，以及导向共产主义的农民革命——它们在十分有限的范围内是可能构成多条路线与多种选择的。何况这些模式显然具有相继的历史阶段。它们本身就显示出相互间的一定联系。一个国家所选择的现代化方式，会改变下一阶段另一些国家按同一方式处理问题的程序……没有英国先行的民主方式的现代化，不大可能出现德国与日本采用的反动方式，没有资本主义的经验与反动的经验，共产主义方式纵然出现，也会全然不同。"[1] 从鸦片战争到 20 世纪中叶一百年间中国探索现代化的曲折历程，也印证了巴林顿·摩尔的观点："现代化进程以失败的农民革命为起点，在 20 世纪，它却经由成功的农民革命而进入高潮。"[2]

巴林顿·摩尔的观点是基于历史事实而得出的历史结论，但对于身处当时历史环境中的中华民族来说，以农民革命作为起点助推中国迈向现代化征程却是一个艰辛的探索过程。鸦片战争以后，中国在 19 世纪下半叶力图模仿日本、俄国走君主制的自上而下的现代化道路。洋务运动的无疾而终与维新变法的惨痛经历证明此路不通。20 世纪初，孙中山转而模仿英美模式，试图通过建立资产阶级民主制度为中国现代化另辟蹊径，并曾经乐观地估计革命后十年便可以与西方"并驾齐驱"。但袁世凯的复辟及其随后的军阀割据表明，资本主义道路在中国也走不通。中国要实现现代化，必须另辟蹊径，探索出符合中国国情的自主型发展模式。而历史表明，这

①　巴林顿·摩尔著，拓夫等译：《民主和专制的社会起源》，北京：华夏出版社1987 年版，第 335 页。

②　巴林顿·摩尔著，拓夫等译：《民主和专制的社会起源》，北京：华夏出版社1987 年版，第 368 页。

种自主型发展模式，既不能漫天空想，也不能一味模仿，而只能在总结东西方发展模式的基础上，通过东西方文明的相互作用和对话才有可能形成。马克思主义是一种西方文化，它不仅包含着对人类社会未来走向的科学预测和判断，也内在地包含着对资本主义现代化模式的深刻反思和批判，这对于身处现代化迷惘中的中华民族来说，无疑是瑰宝，绝不能放弃；而早已内涵于中华民族政治、经济、文化、日常生活等一切领域的优秀传统文化，更绝不能遭到抛弃或鄙视。中国的现代化道路只有在马克思主义指导下，充分融合中国优秀传统文化，才能真正走出历史的泥沼。

对于中国共产党来说，马克思主义的作用，既体现在为其成立奠定了思想基础，也体现在为其领导中国革命和现代化建设提供了行动指南。中国共产党之所以选择以革命的方式解决现代化所遇到的阻滞和障碍，主要得益于马克思主义的指导。对此，毛泽东曾深有体会地指出："从马克思主义关于国家学说的观点看来，军队是国家政权的主要组成部分。谁想夺取国家政权，并想保持它，谁就应有强大的军队。……俄国共产党的枪杆子造了一个社会主义。我们要造一个民主共和国。帝国主义时代的阶级斗争的经验告诉我们：工人阶级和劳动群众，只有用枪杆子的力量才能战胜武装的资产阶级和地主；在这个意义上，我们可以说，整个世界只有用枪杆子才可能改造。我们是战争消灭者，我们是不要战争的；但是只能经过战争去消灭战争，不要枪杆子必须拿起枪杆子。"① 可以说，马克思主义的"革命理论""斗争理论"，解决了中国共产党成立初期党内存在的"要不要武装斗争"的争论，为中国共产党武装反抗国民党统治、进行新民主主义革命提供了科学的理论指导。

要不要进行武装斗争的问题已经解决，但怎么进行武装斗争的问题接踵而来。谁才是武装斗争的主要依靠力量？哪里才是武装斗争的主战场？年幼的中国共产党再次遭遇到了成长的烦恼。中国共产党成立之初，虽然多次提到工农联盟，但在俄国十月革命的影响下，工人运动始终被摆在首位，农民运动则位居次席。陈独秀就认为，农民散漫异常，文化十分落后，教育和宣传都难以产生效果，便将全部精力放在工人运动上。国民革命失败后，瞿秋白、李立三领导的中央又提出了"城市中心论"，力图通

---

① 《毛泽东选集》（第二卷），北京：人民出版社 1991 年版，第 547 页。

过工人运动，夺取大中城市，实现革命成功。而后来留苏回国的王明则更加罔顾中国国情，一味照搬俄国十月革命模式，差点葬送了中国革命。就在教条主义者们把革命胜利的希望寄托在城市工人身上、倾心于城市运动的同时，深谙中国国情和文化传统的毛泽东深刻认识到，马克思主义要扎根中国大地，就必须同中国国情相结合，必须同中国传统文化相结合；要在幅员辽阔、人口众多、经济发展落后的农业大国搞革命，占人口80%以上的农民才是革命的主力军，广大农村地区才是革命的主战场。"中国的民主主义者如不依靠三亿六千万农民群众的援助，他们就将一事无成。"①历史已经证明，毛泽东的选择无疑是正确的。就如塞缪尔·亨廷顿在《变化社会中的政治秩序》一书中所言："在西方革命中，革命者从攻取首都开始，向外扩张，夺取对农村的控制。在东方型革命中，他们在偏僻的农村打响了战争，向中心推进，最后夺取对首都的控制。因此，在西方型革命中流血战斗发生于革命者在夺取首都权力之后，而在东方型革命中，流血战斗则发生在革命者夺取首都之前。""造成东西方革命模式差异的一个主要因素乃是东西方革命前政权的性质不同。"② 告别本本主义，扎根广阔农村，以毛泽东为代表的第一代中国共产党人为探索具有中国特色的革命道路迈出了具有决定意义的一步。

当一个民族处在一个转折点时，社会发展往往显示出多种可能的途径。在这些多种可能性中，哪一种可能性能够实现，既取决于这个民族内部不同阶级或集团实践力量的对比，也取决于这个民族的自觉选择。中国共产党领导的新民主主义革命的胜利，客观上为中国现代化扫清了道路，但是，这并不意味着中国要走"回头路"，即再通过资本主义道路来实现现代化。"当人民推翻了帝国主义、封建主义和官僚资本主义的统治以后，中国要向哪里去？向资本主义，还是向社会主义？有许多人在这个问题上的思想是不清楚的。事实已经回答了这个问题：只有社会主义才能够救中国。"③ 中国共产党选择了社会主义道路，与其对历史必然性以及本民族特点的把握有着直接联系。与能够催生资产阶级、工业革命的西方文化相

① 《毛泽东选集》（第三卷），北京：人民出版社1991年版，第1078页。

② 塞缪尔·亨廷顿著，王冠华、刘为等译：《变化社会中的政治秩序》，上海：上海人民出版社2008年版，第226－227页。

③ 《毛泽东文集》（第七卷），北京：人民出版社1999年版，第214页。

比，中国文化更契合于社会主义。当然，这种契合绝不意味着中国传统文化当中就历史地包含着社会主义的因子，而是意味着这种文化经过先进文化特别是马克思主义的改造后更能激发人们对社会主义的文化认同和价值认同。实际上，中国社会主义现代化模式的开辟，既离不开中国传统文化这个历史性"基点"，也离不开马克思主义这个先进性"基点"。

现代化塑造了西方国家的历史地位，但也充分展现了西方现代化模式的弊端。近代以来先后占据世界霸主"宝座"的葡萄牙、西班牙、荷兰、英国、法国、德国、俄罗斯、美国，虽然留下了风格迥异、具有时代特征的崛起模式，维持繁荣强盛的时间长短也各不相同，但是都有一个共同的特点就是：殖民扩张、武力贸易、强权政治。相对于崇尚"权力""扩张"的西方文化，中华文化则要显得"内敛"得多。中国的现代化征程是在西方"有组织暴力"推动下才开启的。对于西方的现代化历程而言，中国无疑是后来者。然而，时代环境的变化、社会主义的性质尤其是中华文化的内在基因，决定了中国的现代化必须走自己的路，拓展出一条异于西方又超越西方的独特道路。"和平发展思想是中华文化的内在基因，讲信修睦、协和万邦是中国周边外交的基本内涵。近代以来，外敌入侵、内部战乱曾给中国人民带来巨大灾难。中国人民深知和平的宝贵，绝不会放弃维护和平的决心和愿望，绝不会把自身曾经遭遇的苦难强加于他人。"① 英国哲学家罗素甚至说，如果世界上有骄傲到不肯打仗的民族，那么这个民族就是中国。中国人天生的态度就是宽容和友好，以礼待人并希望得到回报。假如中国人愿意的话，他们的国家是最强大的国家，但他们希望的只是自由而不是支配。和平主义文化塑造了一条截然不同于西方的中国现代化之路。

实施改革开放战略后的中国在现代化的探索上无疑是成功的，这种成功对于急切想实现现代化的广大发展中国家来说无疑具有强大的示范作用。与西方热衷强行推销自己的价值观和发展模式不同，中国历来主张各国的事情由各国人民自己来决定。邓小平在 20 世纪 80 年代就劝告非洲国家领导人不要照搬"中国模式"，不要急于"搞社会主义"。即使是进入

---

① 习近平：《深化合作伙伴关系　共建亚洲美好家园——在新加坡国立大学的演讲》，《人民日报》，2015 年 11 月 8 日。

21 世纪后的第二个十年，中国仍然坚持各国要根据国情选择适合自己的发展道路。"一个国家发展道路合不合适，只有这个国家的人民才最有发言权。正像我们不能要求所有花朵都变成紫罗兰这一种花，我们也不能要求有着不同文化传统、历史遭遇、现实国情的国家都采用同一种发展模式。否则，这个世界就太单调了。"① 这些都是发自肺腑的真情告白，也是中国坚持和平发展道路的内在要求。

总之，现代化仍是当前世界大多数国家追求的一个目标，但不同的国家由于具体国情、历史背景和文化传统的不同，决定了实现现代化的路径和模式应是千差万别的。中国特色社会主义道路的最成功之处，就在于其既坚持以宽广的世界眼光借鉴世界各国现代化建设的经验，又始终立足于本国的文化传统和社会主义初级阶段基本国情而不盲目照搬西方现代化模式。这是对社会主义建设规律、人类社会发展规律的深刻揭示，也是对中华民族发展规律的深刻揭示。

三、新时代的文化自信与道路自信

党的十九大报告指出："文化自信是一个国家、一个民族发展中更基本、更深沉、更持久的力量。"相对于道路自信、理论自信、制度自信，文化自信是更基础、更广泛、更深厚的自信。没有文化自信作支撑，道路自信将失去最深厚的根基；而没有中国道路的不断拓展，文化自信也将失去最为有力的实践保证。坚定文化自信与坚定道路自信，相濡相融、相辅相成，共同支撑和推动着中国特色社会主义进入新时代。

（一）文化自信是更基础、更广泛、更深厚的自信

在中国的政治话语系统中，文化自信最早出现在党的十七届六中全会决定中。党的十七届六中全会决定指出："坚持中国特色社会主义文化发展道路，深化文化体制改革，推动社会主义文化大发展大繁荣，必须……发展面向现代化、面向世界、面向未来的，民族的科学的大众的社会主义

---

① 习近平：《弘扬丝路精神，深化中阿合作——在中阿合作论坛第六届部长级会议开幕式上的讲话》，《人民日报》，2014 年 6 月 6 日。

文化，培养高度的文化自觉和文化自信，提高全民族文明素质，增强国家文化软实力，弘扬中华文化，努力建设社会主义文化强国。"① 可以看出，在十七届六中全会决定中，"文化自信"是作为"坚持中国特色社会主义文化发展道路""建设社会主义文化强国"的实践要求提出来的，尚没有上升到中国特色社会主义道路的高度。

党的十八大以来，在习近平反复强调下，文化自信问题越来越引起人们的关注。2014 年 2 月 24 日在中央政治局第 13 次集体学习会上，习近平第一次提到"文化自信"问题，强调"要讲清楚中华优秀传统文化的历史渊源、发展脉络、基本走向，讲清楚中华文化的独特创造、价值理念、鲜明特色，增强文化自信和价值观自信"②。2014 年 10 月 15 日，在文艺工作座谈会上，习近平再次强调指出："中华优秀传统文化是中华民族的精神命脉，是涵养社会主义核心价值观的重要源泉，也是我们在世界文化激荡中站稳脚跟的坚实根基。增强文化自觉和文化自信，是坚定道路自信、理论自信、制度自信的题中应有之义。"③ 2016 年 5 月 17 日，在哲学社会科学工作座谈会上习近平再次强调："我们说要坚定中国特色社会主义道路自信、理论自信、制度自信，说到底是要坚定文化自信。文化自信是更基本、更深沉、更持久的力量。"④ 在庆祝建党 95 周年的"七一"讲话中习近平更是强调："文化自信，是更基础、更广泛、更深厚的自信。"⑤ 2016年 11 月 30 日，在中国文联十大、中国作协九大开幕式的讲话中习近平再次指出："文化自信，是更基础、更广泛、更深厚的自信，是更基本、更深沉、更持久的力量。坚定文化自信，是事关国运兴衰、事关文化安全、

① 《中共中央关于深化文化体制改革　推动社会主义文化大发展大繁荣若干重大问题的决定》，北京：人民出版社 2011 年版，第 8 页。

② 习近平：《习近平谈治国理政》，北京：外文出版社 2014 年版，第 164 页。

③ 中共中央宣传部：《习近平总书记在文艺工作座谈会上的重要讲话学习读本》，北京：学习出版社 2015 年版，第 28 页。

④ 习近平：《在哲学社会科学工作座谈会上的讲话》，北京：人民出版社 2016 年版，第 17 页。

⑤ 习近平：《在庆祝中国共产党成立 95 周年大会上的讲话》，《人民日报》，2016年 7 月 2 日。

事关民族精神独立性的大问题。"①

　　习近平关于文化自信的一系列重要论述，深刻阐述了在世界文化交流交融交锋不断加剧、中国特色社会主义机遇与挑战并存的时代背景下，如何认识看待、怎样建设培育文化自信的一系列重大问题。理解和把握习近平有关讲话精神，至少有两点值得注意：第一，习近平不是仅仅从文化的角度谈文化自信问题的，而是主要着眼于增强道路自信、理论自信和制度自信来强调文化自信的。也就是说，文化自信，既是一个文化命题，也是一个政治命题，它既事关文化的安全与发展，也事关中国特色社会主义事业的安全和发展。第二，文化自信和道路自信、制度自信、理论自信并不处于同一个层面。习近平在讲话中用了很多词，如"基础""最根本""题中应有之义""本质""更基本、更深沉、更持久""更基础、更广泛、更深厚"等，从这些定位词中，我们不难体会到文化自信的更为基础、更为根本的地位和作用。特别值得我们注意的是，在哲学社会科学工作座谈会上，习近平是用"更基本、更深沉、更持久"来突出文化自信的地位作用的，一个多月后的"七一"讲话中，又换成了"更基础、更广泛、更深厚"。从用词变化之中，我们更能体会到文化自信对于道路自信的支撑和基础作用。

　　从理论上分析，之所以说相对于道路自信、制度自信、理论自信，文化自信是更基础、更广泛、更深厚的自信，从根本上讲是由文化的地位作用决定的。文化是人类的灵魂，是民族的血脉，是人民的精神家园。文化的影响无处不在，无时不有，既体现在个人的言行举止之间，也体现在宏大的历史发展进程之中。在习近平看来，中华文化是中国道路的历史文化渊源，"独特的文化传统，独特的历史命运，独特的国情，注定了中国必然走适合自己特点的发展道路"②。中华文化是社会主义核心价值观的根和本，"一个民族、一个国家的价值观必须同这个民族、这个国家的历史文化相契合"，"我们生而为中国人，最根本的是我们有中国人的独特精神世界，有百姓日用而不觉的价值观"③。中华文化是中国特色国家治理体系形

　　① 习近平：《在中国文联十大、中国作协九大开幕式上的讲话》，北京：人民出版社 2016 年版，第 6 页。

　　② 习近平：《在布鲁日欧洲学院的演讲》，《人民日报》，2014 年 4 月 2 日。

　　③ 习近平：《青年要自觉践行社会主义核心价值观》，《人民日报》，2014 年 5 月 5 日。

成和发展的基础，"一个国家选择什么样的治理体系，是由这个国家的历史传承、文化传统、经济社会发展水平决定的，是由这个国家的人民决定的。我国今天的国家治理体系，是在我国历史传承、文化传统、经济社会发展的基础上长期发展、渐进改进、内生性演化的结果"①。

可以说，文化自信是根植于人们内心深处的自觉认同，是浸润中国道路自信、理论自信、制度自信的土壤。如果缺乏文化自信，那么道路自信、理论自信、制度自信就很难立起来，即使立起来也会因为缺乏文化的支撑而显得脆弱。在多元文化交流交融交锋不断加剧的今天，只有坚定文化自信，才能进一步坚定道路自信、理论自信和制度自信，"四个自信"之间才能相得益彰、弥久常新。

（二）以文化自信支撑道路自信

实践已经充分证明，中国道路是能够引领中华民族实现伟大复兴的唯一道路，但也要看到，坚持和拓展中国道路始终面临着各种风险挑战，中国特色社会主义发展进程始终面临着被打断的危险。在这样的背景下，保证中国道路沿着正确的方向前进，有两个条件必不可少：一是政治权力、国家机器、法律法规的硬约束，二是文化认同、价值认同的软约束，前者治标，后者治本。坚定道路自信，必须坚定文化自信。

第一，在培育和践行社会主义核心价值观中夯实中国道路的思想基础。价值观是文化的核心与灵魂。如何在文明冲突、思想激荡、信仰缺失、价值多元的今天坚定文化自信、道路自信，最为关键的是确立当代中国的价值坐标。习近平指出："核心价值观是一个民族赖以维系的精神纽带，是一个国家共同的思想道德基础。如果没有共同的核心价值观，一个民族、一个国家就会魂无定所、行无依归。"② 传统社会主义之所以屡遭曲折并最终走进历史的死胡同，一个重要的原因是始终没有解决好社会主义核心价值观问题。20 世纪中叶的苏联理论界甚至有人提出，只能从科学角度去认识社会主义，而不能从价值角度去认识社会主义，这就主观地排除

---

① 习近平：《习近平谈治国理政》，北京：外文出版社 2014 年版，第 105 页。

② 中共中央宣传部：《习近平总书记在文艺工作座谈会上的重要讲话学习读本》，北京：学习出版社 2015 年版，第 24 - 25 页。

了社会主义的价值考量和价值追求，把社会主义的科学性和价值性对立起来，使得传统社会主义对现代化建设始终缺乏价值考量，导致人们对"什么是社会主义、怎样建设社会主义"始终缺乏全面而科学的认识。党的十八大在总结历史经验的基础上，顺应时代发展潮流，提出了以"富强、民主、文明、和谐，自由、平等、公正、法治，爱国、敬业、诚信、友善"为主要内容的社会主义核心价值观。社会主义核心价值观，把涉及国家、社会、公民的价值要求融为一体，既体现了社会主义本质要求，继承了中华优秀传统文化，也吸收了世界文明有益成果，反映了我们党高度的文化自觉和文化自信。

十八大以来，习近平反复强调要大力培育和践行社会主义核心价值观。为了推进社会主义核心价值观的培育和践行，中共中央办公厅于2013年12月下发了《培育和践行社会主义核心价值观的意见》，2016年12月又下发了《关于进一步把社会主义核心价值观融入法治建设的指导意见》，对如何培育践行社会主义核心价值观进行了规定。综合这些政策文件，有两点需要把握：一是社会主义核心价值观要内化为精神追求，就是要通过宣传、教育、践行，让广大民众认知认同社会主义核心价值观；二是社会主义核心价值观要外化于行，就是要把社会主义核心价值观融入党治国理政的方方面面和全过程。我们党只有将社会主义核心价值观内化于心、外化于行，并按照社会主义核心价值观的要求治国理政，将社会主义价值先进性真正转化为实践的先进性，中国特色社会主义才能沿着正确的方向前进，才能获得人民群众的自觉认同。

第二，在推动中华传统文化创造性转化和创新性发展中赋予中国道路更为有力的文化支撑。文化自信源于中华优秀传统文化中所蕴含的强大文化基因。中华传统文化所蕴含的"民惟邦本""天人合一""和而不同""天行健，君子以自强不息""大道之行也，天下为公""仁者爱人""协和万邦"等思想和理念，不仅赋予了中华民族鲜明的个性特色，也赋予了中华民族千百年的文化自信。也正是得益于对自身文化的高度认同，中华民族才能在人类世界文明史的大多数时间里处于领先地位。所以，习近平反复强调中华文化积淀着中华民族最深沉的精神追求，是中华民族生生不息、发展壮大的丰厚滋养，是中华民族在世界文化激荡中站稳脚跟的根基，是中国道路最深厚的文化根基。拓展中国道路，需要弘扬中国精神；

弘扬中国精神，必须传承优秀传统文化。

中国共产党是社会主义先进文化的积极倡导者，也是中华优秀传统文化的忠实传承者和弘扬者。为了深入推进传统文化的发展，2017 年 2 月，中共中央办公厅、国务院办公厅正式颁发《关于实施中华优秀传统文化传承发展工程的意见》，第一次以中央文件形式专题阐述了中华优秀传统文化传承发展工作。习近平也多次指出，要讲清楚中华优秀传统文化的历史渊源、发展脉络、基本走向，讲清楚中华文化的独特创造、价值理念、鲜明特色；要使中华优秀传统文化成为涵养社会主义核心价值观的重要源泉，正确处理好继承和创造性发展的关系，做好创造性转化和创新性发展。"两创"是我们正确对待中华传统文化的总开关。如果说在技术领域，"两创"意味着新工艺取代旧工艺、新工具取代旧工具；在科学领域，"两创"意味着新规律的发现、新原理的提出；在文化领域，"两创"则既不是取代，也不是新规律的发现，而是在继承原有文化精华基础上的创造性转化。传统文化既含有超越时空的人类共同价值，也有受时空限制的历史局限性。推动传统文化创造性转化和创新性发展，既不能搞虚无主义，也不能搞复古主义，只能坚持古为今用、推陈出新，有鉴别地加以对待，有扬弃地予以继承，使中华优秀传统文化更好地体现世界性、民族性、时代性。

第三，在提升中华文化国际影响力中赋予中国道路更多的世界话语权。伴随着中国经济持续快速发展，有关中国道路的国际讨论日益增多。在这之中，褒贬不一。如何把中国道路和中国话语相结合，将中国的发展优势转化为话语优势，成为全球化时代坚持和拓展中国道路必须面对的课题。话语优势，既来自科学运筹，更来自实力保证。习近平曾深刻指出，在国际较量中，政治运筹很重要，但说到底还是要看有没有实力、会不会运用实力；有足够的实力，政治运筹才有强大后盾，光靠三寸不烂之舌是不行的。坚定文化自信，提高中国道路的话语权，必须推动中华文化走出去，提升中华文化国际影响力。

全球化时代，文化只有不断交流，影响力才能不断扩大。封闭的文化不仅是无声的，也是无力的。在当代中国，积极构建"引进来"和"走出去"相结合的文化发展格局，已经成为党和政府的基本文化政策。十八届三中全会通过的《中共中央关于全面深化改革若干重大问题的决定》提出，要提高文化开放水平，"坚持政府主导、企业主体、市场运作、社会参与，扩大对外文化交流，加强国际传播能力和对外话语体系建设，推动中华文化走向世界。理顺内宣外宣体制，支持重点媒体面向国内国际发展。培育外向型文化企业，支持文化企业到境外开拓市场。鼓励社会组织、中资机构等参与孔子学院和海外文化中心建设，承担人文交流项目"①。十八届五中全会通过的《中共中央关于制定国民经济和社会发展第十三个五年规划的建议》提出："加强国际传播能力建设，创新对外传播、文化交流、文化贸易方式，推动中华文化走出去。"② 在这一系列政策的推动下，我国文化走出去的步伐不断加快。但我们也要看到，在文化"引进来"和"走出去"的对比上，我国仍存在着巨大的"文化逆差"。这种"逆差"，不仅表现在量上，更表现在质上。文化交流可以分为三个层次：实用文化（器）交流、艺术文化（术）交流、思想文化（道）交流。真正意义上的文化交流，应是思想上的交流。停留在实用文化和艺术文化层次的交流很难触及文明的内部神经。然而在当前，走出去的我国文化还主要集中在实用文化和艺术文化层面，思想文化层面的则很少。习近平在中央政治局第十二次集体学习时曾指出："要加强提炼和阐释，拓展对外传播平台和载体，把当代中国价值观念贯穿于国际交流和传播方方面面。"③中华文化的根是优秀传统文化，魂是社会主义文化，努力传播当代中国价值观念，说到底就是要把这两种文化都推向世界。当前，我们对于推动中华传统文化走向世界都无异议，但在社会主义文化能否"走出去"问题上，大都讳莫如深，实际上这是缺乏文化自信的表现。要全面提升中国文化国际影响力，必须敢于突破这个认知障碍。

（三）在拓展中国道路中坚定文化自信

马克思曾深刻指出："人们按照自己的物质生产方式建立相应的社会

---

① 《中共中央关于全面深化改革若干重大问题的决定》，北京：人民出版社 2013 年版，第 41 - 42 页。

② 《中共中央关于制定国民经济和社会发展第十三个五年规划的建议》，北京：人民出版社 2015 年版，第 22 页。

③ 习近平：《建设社会主义文化强国　着力提高国家文化软实力》，《人民日报》，2014 年 1 月 1 日。

关系，正是这些人又按照自己的社会关系创造了相应的原理、观念和范畴。"① 文化自信问题既是一个主观认识问题，也是客观实践问题。物质基础决定上层建筑，社会存在决定社会意识。坚定文化自信，需要主观上树立正确的文化价值观，也需要经济、政治、文化等诸方面的全面协调发展。

第一，在继续推动中国现代化进程中奠定文化自信的物质文化基础。国家的发展需要文化的繁荣，而文化的繁荣更离不开国家的发展。近代之前，中国人对自身文化充满信心，几乎没有人对中华文化产生过怀疑，这主要得益于中国经济社会发展长期走在世界的前列。但伴随着鸦片战争、甲午战争等一系列军事、外交、政治的失败，整个民族的自信心受到严重挫伤，从器物技艺到社会制度，再到民族文化，曾经支撑中华民族发展的一切要素都成了怀疑的对象，整个民族逐渐失去了自信、迷失了自我。新中国的成立，使得国人第一次在西方列强主导的国际体系下挺直了腰杆，但当时的中国还是一个贫弱的政治、经济大国，文化虽有发展但也说不上真正自信。改革开放以后，伴随着国家的快速发展，国人对自身文化评价才逐渐走出自卑的泥沼而恢复自信心态。

纵观近代以来国人所经历的文化心路，不难发现其跌宕起伏总是同国家的兴衰成败紧密联系在一起的，国家兴，则文化兴；国家衰，则文化衰。没有国家的强盛，文化自信是立不起来的。所以，习近平反复指出，我们要坚持发展是硬道理的战略思想，坚持以经济建设为中心，全面推进社会主义经济建设、政治建设、文化建设、社会建设、生态文明建设，深化改革开放，推动科学发展，不断夯实实现中国梦的物质文化基础。对于当今中国来说，现代化仍是未竟的目标。面对浩浩荡荡的时代潮流和竞争日趋激烈的世界政治、经济、文化形势，我们必须再接再厉、一往无前，继续把中国特色社会主义现代化事业推向前进。唯有如此，才能为文化自信奠定物质基础。

第二，在实施发展成果人民共享理念中坚定文化自信。一个人思想观念的形成，不仅取决于理论的支持程度，也取决于生活的支持程度。列宁

---

① 《马克思恩格斯选集》（第一卷），北京：人民出版社 2012 年版，第 222 页。

曾说："大多数人是根据实际生活得出自己信念的，他们不相信书本和空谈。"① 但在社会主义运动过程中，人民群众的现实生活却往往被遗忘掉。20 世纪 50 年代，匈牙利领导人拉科西·马加什公开宣称，改善人民生活就是牺牲我们的未来；波兰共产党总书记瓦迪斯瓦夫·哥穆尔卡号召人们要勒紧裤腰带实现社会主义工业化。由于忽视人们生活的需求，苏东国家先后爆发了"面包荒""肥皂荒""药品荒"，人民群众怨声载道。大量事实说明，忽视百姓生活，就难以有效引领大众思想观念，就难以形成文化认同。习近平也曾深刻指出，没有扎扎实实的发展成果，没有人民生活的不断改善，空谈理想信念，空谈党的领导，空谈社会主义优越性，空谈思想道德建设，最终意识形态工作也难以取得很好的成效。十八届五中全会特别提出共享发展理念，强调必须坚持发展为了人民、发展依靠人民、发展成果由人民共享，做出更有效的制度安排，使全体人民在共建共享发展中有更多获得感，增强发展动力，增进人民团结，朝着共同富裕方向稳步前进。十九大提出的"增加公共服务供给""实施脱贫攻坚工程""提高教育质量，推动义务教育均衡发展""促进就业创业，坚持就业优先战略""缩小收入差距"等，看似和文化建设无关，但从根本上决定了文化自信的程度。

第三，在推进党的建设新的伟大工程中坚定文化自信。社会主义文化能否得到人民群众认同，党员干部形象至关重要。对于普通百姓来说，他们对马克思主义、社会主义文化的了解和判断，心理上的认同，以及理想和信仰上的追随，主要是通过同党员干部接触实现的。党员干部出问题，影响的不仅是人们对党的认同，还有对文化的认同。原苏共中央委员格·阿·阿尔巴托夫在《苏联政治内幕：知情者的见证》中讲到苏共信仰危机时认为，特权腐败在苏联不仅造成国家物质上的损失，"道德上的损失就更为惨重：经常遇到磨难的大多数人对那些不仅享受福利照顾而且享有种种特权、任意攫取不义之财而又逍遥法外的'上流人物'的憎恨之情与日俱增，埋下了社会冲突的地雷，党、政府、整个领导层的威信不断下降，

---

① 《列宁全集》（第 35 卷），北京：人民出版社 1985 年版，第 374 页。

同时作为一种自然反应，右的和左的平民主义都冒出来了"①。在思想价值多元、考验多样的社会条件下，解决文化自信不足问题，必须实现两个结合：一是把文化建设和党的建设结合起来；二是把理论正义性和实践正义性结合起来。文化建设只能解决文化认知问题，解决不了文化认同问题。革命年代，人民群众之所以信马克思主义，愿意冒着杀头危险跟共产党走，既在于它有感人的社会理想，更在于有无数真诚信仰并为之奋斗牺牲的践行者。今天之所以出现文化认同问题，一个重要原因是领导干部中出现的各种消极腐败问题。我们党必须经常"注意整党整风"。必须"坚持坚持再坚持，把作风建设抓到底"，让为人民服务的根本宗旨，权为民所用、利为民所谋的执政理念，永葆先进性、纯洁性的政治追求，真正转化为我们的执政行为，让一切损害人民利益的各种行为彻底消失。唯有如此，才能提升人民群众对主导文化的认同感。

---

① 格·阿·阿尔巴托夫著，徐葵等译：《苏联政治内幕：知情者的见证》，北京：新华出版社 1998 年版，第 341 页。

第三章　中国特色社会主义文化发展道路

文化是民族的血脉，是人民的精神家园，也是政党的精神旗帜。我们党历来都高度重视文化建设工作，在领导社会主义文化建设的过程中，逐渐探索形成了一条适应中国国情的文化发展道路。十八大以来，我们党不断总结领导文化建设的历史经验和新的实践，不断深化对文化发展特点和规律的认识，在文化的地位作用、发展方向、发展目的、发展动力、发展思路、发展格局、发展战略、领导力量和依靠力量等有关文化发展的一系列方向性、根本性、战略性问题上，形成了许多新思想、新观点、新论断、新要求，开创了我国文化建设的新局面，进一步回答了坚持和发展什么样的中国特色社会主义文化、怎样坚持和发展中国特色社会主义文化的重大问题，进一步拓展了中国特色社会主义文化发展道路。实践表明，只有坚持这条道路，才能推动社会主义文化大发展大繁荣，才能实现中华文化繁荣兴盛，才能建成社会主义文化强国。

一、建设文化强国的必由之路

文化作为上层建筑的重要组成部分，是人类在漫长的文明进程中创造出的精神文明成果。它具有鲜明的民族性和地域性特征，并与一定的社会制度和社会发展阶段相联系，不同的民族和国家在文化发展实践中形成了不同的发展道路。我们党在领导文化建设的丰富实践中，始终保持高度的文化自觉，不断深化对文化发展规律的认识，不断创新文化建设的内容形式和体制机制，形成了一系列宝贵而丰富的思想成果，探索形成了一条中国特色社会主义文化发展道路。

（一）中国特色社会主义文化发展道路的深刻内涵

中国特色社会主义文化发展道路，是我们党在领导文化建设过程中探索形成的以马克思主义、毛泽东思想、邓小平理论、"三个代表"重要思想、科学发展观和习近平新时代中国特色社会主义思想为指导，以坚持和发展中国特色社会主义文化为主题，以坚定文化自信为核心要求，以建设社会主义核心价值观为根本任务，以满足人民精神文化需求为出发点和落脚点，以改革创新为根本动力，以发展面向现代化、面向世界、面向未来的，民族的科学的大众的社会主义文化为重要内容，以建设社会主义文化强国为目标的文化发展之路。

中国特色社会主义文化发展道路的指导思想和方向体现在必须坚持以马克思主义为指导，坚持社会主义先进文化前进方向。这是新时代中国特色社会主义文化发展道路的首要问题，它确定了文化的基本属性和方向。文化体现着一个民族最深层的精神积淀，反映着一个政党的理想追求。坚持什么样的指导思想、什么样的发展方向，不仅决定着文化建设的性质和发展前途，更关系着国家和民族的兴衰成败。在长期的文化建设实践中，我们党始终坚持马克思主义的指导，确保了文化的健康发展。党的十八大以来，以习近平为核心的党中央紧密结合新的时代条件和实践要求，进行艰辛理论探索，取得重大理论创新成果，形成了习近平新时代中国特色社会主义思想，开辟了马克思主义新境界、中国特色社会主义新境界、治国理政新境界、管党治党新境界，为新时代坚持和发展中国特色社会主义、推进党和国家事业提供了科学指南。确保中国特色社会主义文化发展方向，必须坚持以习近平新时代中国特色社会主义思想为指导。同时，我们党是有着崇高追求的马克思主义政党，始终坚持社会主义先进文化的前进方向，高扬社会主义的文化理想，是坚持中国特色社会主义文化发展道路的内在要求。"发展中国特色社会主义文化，就是以马克思主义为指导，坚守中华文化立场，立足当代中国现实，结合当今时代条件，发展面向现代化、面向世界、面向未来的，民族的科学的大众的社会主义文化，推动社会主义精神文明和物质文明协调发展。"① 马克思主义的指导和社会主义先进文化的前进方向，为中国特色社会主义文化发展确定了根本方向，是

---

① 习近平：《决胜全面建成小康社会　夺取新时代中国特色社会主义伟大胜利——在中国共产党第十九次全国代表大会上的报告》，北京：人民出版社 2017 年版，第 41 页。

中国特色社会主义文化发展之路区别于其他文化发展道路的主要标志。

中国特色社会主义文化发展道路坚持以满足人民精神文化需求为出发点和落脚点，以全面深化改革为根本动力。社会主义文化是人民大众的文化，必然要求人民群众共建共享。社会主义文化发展的根本目的是为了人民、依靠力量在于人民，推进社会主义文化建设必须坚持以人为本、面向群众，最大限度地满足人民群众的精神文化要求。把满足人民精神文化需求作为中国特色社会主义文化发展的根本出发点和落脚点，体现了社会主义文化的性质和我们党立党为公、执政为民的执政理念，表明我们党不仅把实现和发展好人民的经济权益、政治权益作为执政的重要责任，也把保障好人民的文化权益作为党义不容辞的责任，实现了社会主义文化发展的根本目的。改革是体制演进的方式，是社会发展的动力。随着改革开放的深入发展，我国文化赖以生存和发展的经济基础、体制环境、社会条件发生深刻变化，这种变化必然要求我们把改革作为解放和发展文化生产力的重要途径。党的十八届三中全会对全面深化文化体制改革做出了一系列部署。党的十九大又从推动社会主义文化大发展大繁荣的战略高度对文化体制改革提出新的要求，我国文化建设在改革创新中不断前进。文化领域的改革是新时代全面深化改革的重要内容。实践证明，改革不仅造就了中国特色社会主义文化建设的新局面，也以鲜活的实践丰富了我们对文化发展道路的探索。当前文化领域仍面临着旧观念的禁锢，不合理体制的障碍，要完善政策、冲破观念的束缚、打破体制的障碍，必须依靠改革，这是中国特色社会主义文化发展的根本动力所在。

中国特色社会主义文化发展道路的目标要求体现在培养高度的文化自觉和文化自信，发展面向现代化、面向世界、面向未来的，民族的科学的大众的社会主义文化，激发全民族文化创造活力，提高全民族文明素质，增强国家文化软实力，弘扬中华文化，努力建设社会主义文化强国。文化自觉和文化自信，是涉及以什么样的视角认识文化，以什么样的态度对待文化的问题。高度的文化自觉体现为对文化的地位认识上高度自觉、规律把握上高度自觉、责任担当上高度自觉；高度的文化自信体现在对自身文化价值的充分肯定，对自身文化生命力的坚定信念，做到不忘本来、吸收外来、着眼将来。文化自觉是推动文化大发展大繁荣的重要前提，文化自信是提升民族自信心的重要源泉。在国际国内形势深刻变化和中国特色社会主义进入新的历史阶段的背景下，培养高度的文化自觉和文化自信是新时代中国特色社会主义文化发展的必然要求。只有这样，才能承担起时代赋予的伟大历史使命，培养引领人民前进的旗帜所必需的精气神。中国特色社会主义文化发展道路确立了文化发展的重要内容，即发展面向现代化、面向世界、面向未来的，民族的科学的大众的社会主义文化。这就同封建主义、资本主义文化划清了界限，也同其他各种落后的思想文化划清了界限。中国特色社会主义文化发展道路还明确了文化建设的目标要求，即激发全民族文化创造活力，提高全民族文明素质，增强国家文化软实力，弘扬中华文化，努力建设社会主义文化强国。这是着眼世界的变化、中国的进步、民族的特点而提出的切实可行的奋斗目标，表达了我们党对中国文化独特优势和发展前景的美好展望。

（二）中国特色社会主义文化发展道路的主要特征

中国特色社会主义文化发展道路，是我们党基于我国国情和社会主义性质而探索出的文化发展之路。实践证明，这条道路是一条具有鲜明科学性、民族性、时代性、开放性的文化发展之路。

中国特色社会主义文化发展道路是一条科学的文化发展之路。马克思主义、毛泽东思想和中国特色社会主义理论体系特别是习近平新时代中国特色社会主义思想是这条文化发展道路的指导思想。纵观中国革命、建设和改革的奋斗历程，正是有了马克思主义的指导，我国文化建设才注入了先进的思想内涵，文化发展才获得了科学的思想武器。我们党坚持把马克思主义基本原理同中国具体实际相结合，不断推进马克思主义中国化，最终形成了毛泽东思想和中国特色社会主义理论体系这两大理论成果，也为中国文化的发展进步提供了根本指针。正是在科学理论的指导下，我们党逐步形成了新的文化发展理念，初步找到了科学的文化建设道路。

中国特色社会主义文化发展道路是一条符合我国基本国情、具有民族特色的文化发展之路。在中国特色社会主义建设的总体布局中，文化建设是同政治、经济、社会、生态文明建设相互适应、相互促进、共同发展的，文化发展道路也同一定时期的社会制度和社会发展阶段相联系。在我国，中国特色社会主义是这条文化发展道路的制度基础，社会主义市场经济体制是这条文化发展道路的经济基础，社会主义初级阶段的基本国情是这条文化发展道路的现实依据，悠久的文明和多民族文化开放、包容、融合的传统是这条文化发展道路的深厚土壤，坚持党对文化建设的领导是这条文化发展道路的政治保证。当前复杂的国际国内环境和社会主要矛盾的变化都对发展社会主义先进文化提出了更高要求，人民群众日益增长的文化需求迫切需要文化充分发挥引领社会、教育人民、促进发展的作用。推动社会主义文化大发展大繁荣，让文化发展成果惠及全体人民，是中国特色社会主义文化发展道路的重要方面。这些条件使我国文化发展道路成为一条反映我国阶段性特征、基本国情和民族特色的文化发展之路。

中国特色社会主义文化发展道路是一条体现当今时代特征的、开放的文化发展之路。实践是文化发展的重要基础，时代条件是文化发展道路之所以形成的重要方面。当今时代是以和平与发展为主题的时代，综合国力激烈竞争，科技发展日新月异。这些对文化领域的开放发展提出了更高要求。我们党积极实施文化"走出去"战略，多层次、多渠道、全方位地向世界展示中华文化的独特魅力，展示中国和平、发展、民主、文明、改革、开放的良好形象，掌握国际文化竞争和国际意识形态领域斗争主动权；充分重视科技的力量，把高新科技作为推动文化创新、提高文化传播能力的新引擎，抢占文化发展的制高点。这些含于中国特色社会主义文化发展道路之中的战略举措，使我国文化发展之路总能顺应世界文化发展大势和时代发展潮流。

二、扎根伟大实践的文化繁荣兴盛之路

中国特色社会主义文化发展道路的孕育、形成和发展，是在改革开放和社会主义现代化建设伟大实践的推动下，不断总结社会主义文化建设历史经验的基础上逐步实现的。深刻认识中国特色社会主义文化发展道路形成的实践基础，对于我们准确领会中央关于文化建设的战略部署、开创社会主义文化大发展大繁荣的新局面具有重要理论和实践意义。

（一）改革开放时代文化课题的积极回应

问题是时代的声音，问题是时代的口号。科学地回答和解决时代提出的重大课题，是推动理论和实践发展的重要前提。我们党之所以能够带领

和团结全国各族人民不断取得文化建设新成就，一个根本的原因就是科学回答和解决了改革开放时代文化发展所遇到的各种问题，并以新的理论反映新的现实、指导新的实践，把中国特色社会主义文化理论与实践推向更高阶段。

进入 20 世纪后半期，世界形势发生了重大变化，和平与发展成为不可逆转的时代潮流，发展经济、改善民生、增强国力成为世界各国的当务之急。然而，长期极"左"思潮影响使当时的中国思想严重僵化，无论是理论主张还是实践举措，稍有不慎，将导致巨大灾难。以邓小平为核心的党的第二代领导集体首先从思想文化领域入手，用实事求是的思想路线，通过真理标准问题大讨论，反思并重新确立了马克思主义的社会主义观，把中国前进的航程调整到改革开放和社会主义现代化建设的正确轨道上来。我们党在推进社会主义现代化建设的过程中，围绕"什么是社会主义文化，怎样建设社会主义文化"等问题，坚持把马克思主义文化理论运用于当代中国文化建设具体实践，从建设精神文明的视角积极探索中国特色社会主义文化发展道路，提出了社会主义物质文明和社会主义精神文明一起抓的战略构想，积极推动开展各项精神文明建设活动，并在思想领域开展关于人性、人道主义和异化问题的大讨论，同时积极推动文化事业的改革和发展。这些都是我们党在深化对社会主义本质认识的基础上，对社会主义文化建设规律的积极探索。

改革开放使中国的面貌发生了深刻变化，也为进一步推进中国特色社会主义文化建设不断提出来新的课题。20 世纪 90 年代，随着我国经济体制改革的深入进行，人们的思想观念发生深刻变化；国际经济、政治、文化联系更加紧密，西方国家加紧了对我国思想文化领域的渗透，功利主义、拜金主义和自由主义有所抬头。我国的文化建设既迎来了难得的机遇，也面临着极为严峻的考验。以江泽民为核心的党的第三代中央领导集体在科学把握国内国际形势新变化、新格局的基础上，围绕"什么是社会主义先进文化，怎样建设社会主义先进文化"等问题进行了深入思考，对文化发展和文化建设做出了新的分析、新的认识，把社会主义精神文明建设与文化建设提高到中国社会主义现代化事业的战略高度来加以重视，把发展社会主义先进文化提高到关系党的生死存亡的高度来加以强调，提出了较为完善的中国特色社会主义文化理论，发展了社会主义精神文明建设理论，创立了较为系统的中国特色社会主义文化建设理论，明确了"以德治国""科教兴国"等战略思想。这些成就标志着以江泽民为核心的中央领导集体关于中国特色社会主义文化建设理论走向更加成熟，并由此实现了我党历史上继新民主主义文化理论之后的又一次文化建设理论的新飞跃，是对马克思主义文化理论的新贡献。

新世纪、新阶段，世界多极化、经济全球化深入发展，科技进步突飞猛进，人们思想观念多元化趋势更加明显，人民的精神文化需求更加强烈，各种思想文化交流交融交锋更加频繁，文化在社会发展中的作用更加明显，在综合国力竞争中地的地位更加突出，巩固马克思主义的主导地位、维护国家文化安全任务更加艰巨，增强国家文化软实力、中华文化国际影响力要求更加紧迫。面对新的时代文化课题，以胡锦涛为总书记的党中央站在推动中华民族复兴的高度，从推动社会主义事业科学、全面、协调、可持续发展的全局出发，总结我国文化建设的丰富实践和宝贵经验，借鉴国外有益经验，适应新的时代特点，围绕"以什么样的视角认识文化、以什么样的态度对待文化、以什么样的思路发展文化"等问题，从牢牢把握先进文化的前进方向、坚持弘扬和培育民族精神、切实加强思想道德建设、大力发展教育和科学事业、积极发展文化事业文化产业和继续深化文化体制改革等方面对社会主义文化建设做出了新的战略部署，并提出了建设和谐文化、建设社会主义核心价值体系、树立社会主义荣辱观等新思想、新观念。这些认识是我们党对中国特色社会主义文化发展道路的进一步探索，反映了我们党对社会主义文化建设的认识达到了新高度。

伴随着中国经济社会的快速发展和社会主要矛盾的变化，中国特色社会主义进入了新时代，中国前所未有地接近世界舞台中心，也面临着前所未有的风险挑战。在文化领域，我国文化整体水平还不高，与中华文明伟大复兴和人民对美好生活的文化需求相比，与建设社会主义文化强国的要求相比，与急剧变化的国际形势提出的要求和日趋激烈的国际文化软实力竞争要求相比还不完全适应等矛盾日益凸显。面对文化发展中的问题挑战，以习近平为核心的党中央，先后召开了全国宣传思想工作座谈会、文艺工作座谈会、新闻舆论工作座谈会、网络安全和信息化工作座谈会、哲学社会科学工作座谈会等与思想文化有关的工作会议，围绕"新时代坚持和发展什么样的中国特色社会主义文化、怎样坚持和发展中国特色社会主义文化"这一新的时代文化问题，做出了一系列战略部署，强调必须坚定文化自信，牢牢掌握意识形态工作的领导权、管理权、话语权，积极培育和践行社会主义核心价值观，着力提高全民族思想道德水平，大力推动文化事业全面繁荣和文化产业快速发展，为在新的时代条件下推动社会主义文化繁荣兴盛、建设社会主义文化强国提供了根本遵循。这些认识和部署，表明我们党对文化发展规律的把握达到了新高度，对中国特色社会主义文化发展道路的认识更加清醒、更加成熟。

回顾中国特色社会主义文化发展道路的形成过程，可以看出，这条道路凝结了几代中国共产党人的不懈探索，反映了我们党高度的文化自觉和文化自信。中国特色社会主义文化发展道路，指明了中国文化发展的方向，明晰了中国文化发展的路径，深刻改变了中国文化发展的面貌，科技事业不断繁荣，教育事业全面进步，文学艺术硕果累累，公益文化事业生机勃勃，文化产业茁壮成长，对外文化交往日趋活跃，国家文化软实力大幅提升。中国特色社会主义文化发展道路，之所以具有蓬勃的生命力，就在于它既坚持了马克思主义文化理论的基本原理，又根据我国具体国情回答和解决了社会主义文化建设面临的一系列重大现实问题。中国特色社会主义文化发展道路从理论探索到实践探索，抓住了马克思主义中国化的本质，赋予了马克思主义文化理论以鲜明的民族特色、实践特色和时代特色，使中国特色社会主义文化建设既符合世界文化发展的一般规律，又符合中国文化发展的特殊规律。

（二）社会主义文化建设经验教训的深刻反思

纵观历史，社会主义是在经济文化落后的国家首先取得胜利的。积极探索适合本国特点的文化发展道路，是社会主义国家无产阶级政党必须解决的问题之一。在探索的过程中，社会主义国家既取得过积极的成果，积累了宝贵经验，也遭受过重大的挫折，留下了深刻教训。这些在探索社会主义文化建设道路中形成的经验和教训，使我们党对中国特色社会主义建设有了更切合实际的认识，对中国特色社会主义文化发展道路的形成产生了深刻影响。

中国特色社会主义文化发展道路充分汲取了社会主义文化建设中脱离本国实际搞建设的教训。作为一种社会实践，社会主义文化建设本质上具有一致性和共同性。但不同的国情、不同的文化传统使各国人民建设社会主义文化，又是一个独立的、具体的展开过程，不可能套用一个固定的模式和道路。邓小平曾明确指出："照抄照搬别国经验、别国模式，从来不能得到成功。这方面我们有过不少教训。把马克思主义的普遍真理同我国的具体实际结合起来，走自己的道路，建设有中国特色的社会主义，这就是我们总结长期历史经验得出的基本结论。"[①] 实践还证明，社会主义国家在文化建设中还容易犯"脱离实际、追求纯粹"的错误，单纯强调社会主义文化，而贬低民族传统文化、否定国外文化、忽视本国人民群众科学文化素质和思想道德素质的实际。这种情况不仅削弱了社会主义文化的创新力、辐射力和影响力，还在一定程度上制约了文化生产力的发展，影响了人民的基本文化需求。更为重要的是，社会主义文化的先进性无法得到发挥，人民对马克思主义、对社会主义的信仰发生动摇。以此为鉴，中国共产党在探索中国特色社会主义文化发展道路的过程中，始终以"走自己的路"为鲜明特色，坚持立足于中华民族传统文化、社会主义初级阶段的具体国情和人民群众的思想文化素质实际，指导中国的社会主义文化建设，并取得了丰硕成果。

中国特色社会主义文化发展道路充分汲取了社会主义文化建设中脱离马克思主义搞建设的教训。马克思主义深刻揭示了人类社会发展规律，坚定地维护和发展了最广大人民根本利益，是指引人民推动社会进步、创造美好生活的科学理论。建设社会主义文化，必须以马克思主义为指导。然而，在苏联和东欧社会主义国家，一些执政党在改革的过程中却把指导思想多元化奉为自己的思想纲领，有的甚至把马克思主义完全从自己的纲领中排除了出去，从而否定了马克思主义在意识形态领域的指导地位，导致思想的混乱和错误思潮的泛滥，构成了苏东剧变发生的重要文化因素。脱离马克思主义的另外一种表现是离开马克思主义的基本立场、观点和方法，对马克思主义进行了教条主义的理解，机械地照搬马克思主义去指导包括文化建设在内的各项建设。对马克思主义教条式的理解和运用，使苏东共产党逐渐丧失了理论创新的意识和勇气，丢掉了改造主客观世界的锐利思想武器，弱化了党解决重大现实问题的理论能力。社会主义大厦的崩

[①] 《邓小平文选》（第三卷），北京：人民出版社1993年版，第2-3页。

溃正是从思想理论上的贫乏开始的。正如曾担任戈尔巴乔夫助手的瓦·博尔金所言："导致党被削弱的最深刻原因是苏共和社会失去了一个全民族的伟大思想。马克思主义成为了一种教条。"① 与苏东执政党不同，中国共产党始终坚持马克思主义在社会主义现代化建设特别是文化建设中的指导地位，不断推进马克思主义中国化、时代化、大众化，坚持用党的创新理论成果武装头脑、指导实践、推动工作，从而确保了文化改革能够始终沿着正确的道路不断前进。

中国特色社会主义文化发展道路充分汲取了世界社会主义文化建设中脱离时代发展要求搞建设的教训。在马克思、恩格斯的视野中，世界历史时代的社会主义应是建立在生产力高度发展和世界普遍交往基础之上的世界历史性事业，只有世界历史性社会主义才是科学社会主义。20世纪50年代之后，国际局势出现了有利于社会主义国家加快发展的环境，苏东国家本应实行改革开放，吸收世界先进的科学技术和管理经验以发展社会主义。但苏东国家不仅没有抓住机遇，反而在以后的三十多年中不断强化与资本主义国家的绝对对立观。在文化建设领域，直到20世纪80年代，苏联仍动用各种舆论工具对西方文化，无论是精华还是糟粕，一概加以拒绝和排斥。由于同外界的隔绝，苏东国家很难从外界了解新技术革命和思想革命对社会生产力的巨大推动作用，使苏东社会主义的发展出现了明显的"温室效应"。而闭关自守的条件一旦消失，接踵而来的就是社会的解体。随着戈尔巴乔夫所谓"公开化""自由化"改革的到来，长期处于封闭状态、与"时"隔绝的苏东社会主义立即呈现瓦解态势。苏东共产党痛失发展机遇的教训，启迪着我们必须站在时代的高度，以发展的眼光看待社会主义现代化建设。与苏东共产党封闭、保守地进行文化建设不同，中国共产党坚持与时俱进，始终以高瞻的时代眼光和开阔的世界视野看待中国的社会主义文化建设，既坚持"引进来"，也强调"走出去"，既强调中华文化的根基地位，也强调外来文化的借鉴作用。可以说，当代中国社会主义文化所展现出的巨大活力，社会主义文化建设所取得的巨大成果，都是我们党与时俱进，带领和团结全国各族人民开拓创新的结果。

---

① 瓦·博尔金著，李永全等译：《戈尔巴乔夫沉浮录》，北京：中央编译出版社1996年版，第400页。

（三）人民群众文化创造活动的理论升华

人民群众是历史的创造者，人民群众的历史活动是最持久、最基本的社会实践活动。我们党在探索中国特色社会主义文化发展道路的过程中，始终坚持从群众中来、到群众中去的群众路线，尊重人民的主体地位，注重发挥人民的首创精神，善于发现并及时总结人民在文化实践活动中的新创造，并以此作为理论和实践源泉，充分反映和展示了中国特色社会主义文化发展道路源于人民、为了人民、属于人民的时代特征。

中国特色社会主义文化发展道路是源于人民之路。只有依靠人民，尊重人民的历史创造者地位，最广泛地集纳人民的智慧和力量，才能使理论不断创新发展，道路越走越宽广。人民群众是社会主义文化的生产者、传播者和享受者，在他们身上蕴藏着巨大的文化创造潜能，任何一项文化实践活动只有吸引广大人民群众参与，才能显示出巨大的生命力。我们党正是把人民群众创造出来的文化建设许多好经验、好做法，如社区文化建设、军民共建活动、道德评选活动等加以宣传推广和运用，从而有力地促进了社会主义先进文化建设。正是依靠党和政府有组织、有目的地去广泛发动群众、吸引群众、依靠群众，使他们自觉参与到兴起社会主义文化建设新高潮活动中来，最大限度地动员社会各方面力量支持参与文化建设，让一切文化创造的活力得到迸发，让一切文化创造的源泉得以涌流，才使得中国特色社会主义文化建设获得了持久的生力与活力。也正是源于此，习近平在文艺工作座谈会上深刻指出："人民是文艺创作的源头活水，一旦离开人民，文艺就会变成无根的浮萍、无病的呻吟、无魂的躯壳。"① 文艺如此，文化更如此。

中国特色社会主义文化发展道路是为了人民之路。人民是文化的创造者，也应是文化的享有者。早在 20 世纪初，列宁就强调，艺术是属于人民的。1942 年，毛泽东在著名的《在延安文艺座谈会上的讲话》中指出，我们的文艺是"为着人民大众"的。在全国文艺工作座谈会上，习近平指出："文艺要反映好人民心声，就要坚持为人民服务、为社会主义服务这

---

① 中共中央宣传部：《习近平总书记总书记在文艺工作座谈会上的重要讲话学习读本》，北京：学习出版社 2015 年版，第 17 页。

个根本方向。"① 文化建设坚持为人民服务的价值取向，就是要以满足人民群众不断增长的精神文化需求为根本目的，以发展文化事业和文化产业、提高文化产品和服务的供给能力为根本途径，建立健全面向群众、服务群众的文化体制机制，让文化发展的成果惠及全体人民。我们党深刻把握文化发展过程中出现的新情况、新问题，深刻体会人民群众对美好生活的新期待，制定了一系列有利于维护和实现广大人民文化权益的方针政策。从十二届六中全会《关于社会主义精神文明建设指导方针的决议》的出台，到十四届六中全会《中共中央关于加强社会主义精神文明建设若干重要问题的决议》的制定；从十七届六中全会《中共中央关于深化文化体制改革，推动社会主义文化大发展大繁荣若干重大问题的决定》的颁布，再到十八届三中全会对文化体制改革的部署；从推动公共文化服务服务体系构建政策的出台，到加快城乡文化一体化发展举措的推出；从推动文化产业发展的一系列法规的颁布，到加快文化事业单位体制体制改革一系列政策的出台，都充分体现了我们党全心全意为人民服务的根本宗旨，反映了中国特色社会主义文化发展道路满足人民精神文化需求的价值取向。

中国特色社会主义文化发展是属于人民之路。人是社会和文化的主体，同时又是受制于社会和文化的客体。在阶级对立的制度下，人更多地受制于自身的社会文化环境，造成了所谓的"异化"现象。不管是封建社会以纲常伦理造就的"道德人"，还是资本主义以追求剩余价值所产生的"经济人"，都是社会环境对人的异化。中国特色社会主义文化发展道路在继承社会主义文化关于实现"人的解放"思想的基础上，进一步结合时代发展要求，对当代中国特色社会主义文化的发展定位做了新的思考，提出必须把提高人民思想道德素质和科学文化素质、促进人的全面发展作为社会主义文化建设的根本目的，把是否有利于弘扬社会正气、提振士气信心、凝聚社会人心、陶冶心灵情操、沟通联络感情、增进理解融会作为检验文化建设成败的重要标准，把群众满意不满意、群众高兴不高兴、群众答应不答应作为衡量社会主义文化产品质量的根本标准，号召文化工作者应始终不渝地坚持面向人民大众，在作品的艺术上精益求精，以把最好的

---

① 中共中央宣传部：《习近平总书记在文艺工作座谈会上的重要讲话学习读本》，北京：学习出版社 2015 年版，第 15 页。

精神食粮贡献给人民大众。

总之，人民群众的文化创造活动是中国特色社会主义文化发展道路的坚实基础，而中国特色社会主义文化发展道路也在人民群众的伟大实践中充分显示了强大的生命力。

（四）文化发展规律的自觉遵循

规律反映事物本质，规律指明发展道路。中国特色社会主义文化发展道路既是对社会主义文化发展规律的正确认识，也是对世界文化发展规律的深刻把握。我们党在探索中国特色社会主义文化发展道路的过程中，坚持以文化发展规律为基本遵循，充分借鉴世界各国文化建设的经验，科学分析和及时掌握当代世界文化发展态势，极大地推动了当代中国文化的大发展大繁荣。

在经济建设与文化建设关系上，既强调经济建设的基础作用，又强调文化的反作用，在二者的紧密结合中实现协调发展。经济从根本上决定和影响着文化的形成和发展，经济的大发展必然伴随着文化的大发展；文化对经济有着巨大的反作用，文化的大繁荣必然推动经济的大繁荣。中国共产党在探索中国特色社会主义发展道路的过程中，坚持从社会主义初级阶段基本国情出发，始终强调要以经济建设为中心，大力发展生产力。中国经济建设的快速发展和取得的巨大成就，为包括文化建设在内的其他建设提供了强大的物质基础。同时，我们党在坚持以经济建设为中心的同时，又把中国的经济建设与文化的发展、人民群众文化素质的提高联系起来，深刻揭示文化发展趋势及其在经济发展中的作用，提出了科学技术是第一生产力的思想，制定了文化发展战略，把推动文化繁荣发展作为兴国之本，把提高公民的科技文化素质和思想道德素质作为推动社会主义现代化建设的重要途径和目标。通过40年的大胆探索和艰苦努力，我国的社会生产力、综合国力显著提升，经济总量从一度濒临崩溃边缘跃居世界第二，进出口总额位居世界第一；我国的文化软实力显著提高，文化的创新力、凝聚力、影响力显著增强，全民族科学文化素质有了极大提高。社会主义经济建设与文化建设相互促进、相得益彰，实现了协调、可持续发展。

在继承传统文化与构建现代文化关系上，既强调传统文化的支撑作用，又强调现代文化的导向作用，在二者的有机融合中实现创新发展。马克思曾说过："历史不外是各个时代的依次交替。每一代都利用以前各代遗留下来的材料、资金和生产力；由于这个缘故，每一代一方面在完全改变了的环境下继续从事所继承的活动，另一方面又通过完全改变了的活动来变更旧的环境。"① 对于任何一个民族来说，传统文化都是安身立命之本，是一个民族存在的重要标志。对传统文化的大力张扬，对传统文化价值的积极维护，将会使该民族的生存与发展获得更为坚实的基础。但是，继承不等于照搬，发扬不等于重复。肯定和捍卫文化传统特性，不等于退到一成不变的过去，恰恰相反，而是结合时代要求，培育一个生动的、具有现代性的新文化。诞生于封建土壤、适应小农经济的中国传统文化既塑造了醇厚中和、刚健有为的民族精神，也造就了官僚主义、等级观念、特权思想等文化糟粕。如何解决传统文化与现代文化的关系是我们党在探索中国特色社会主义文化发展道路过程中必须解决的课题。以邓小平、江泽民、胡锦涛、习近平为代表的当代中国共产党人，从不同的历史条件和时代背景出发，提出了科学的传统文化观，即"坚持创造性转化、创新性发展，不断铸就中华文化新辉煌"②。也正是由于二者的很好结合，才使得传统文化因有现代文化的引领不断焕发新的光芒，而现代文化也因有传统文化的支撑而获得普遍的认同。

在发展本土文化与借鉴外来文化关系上，既强调本土文化的根基作用，又强调外来文化的促进作用，在二者的相互包容中实现共同发展。世界文化丰富多彩，每一个国家和民族的文化都有自己的长处，不同文化之间的相互学习和借鉴是文化发展的必要条件。文化的开放兼容是全球化时代世界上所有国家和民族丰富文化内涵、提高文化发展水平、实现文化创新的必由之路，是文化发展的普遍形式和规律。但任何形式和意义上的文化引进和文化拿来，都不能代替本土文化的原始创新。一个只会运用别人构造的话语系统来进行思维，而不能用自己的独立话语系统去进行文化发现和文化创造的民族，是永远不可能实现对其他文化的创造性超越的。正是基于这样的认识，当代中国共产党人在处理本土文化与世界文化的关系

---

① 《马克思恩格斯选集》（第一卷），北京：人民出版社 1995 年版，第 88 页。

② 习近平：《决胜全面建成小康社会 夺取新时代中国特色社会主义伟大胜利——在中国共产党第十九次全国代表大会上的报告》，北京：人民出版社 2017 年版，第 41 页。

时，始终强调要坚持以我为主、为我所用原则，在坚持社会主义文化主导地位、民族文化根基作用的基础上，积极吸收借鉴国外优秀文化。同时，又科学统筹国内国际两个大局，开展多渠道、多形式、多层次对外文化交流活动，广泛参与世界文明对话，积极促进文化相互借鉴，从而增强了中华文化在世界上的感召力和影响力，共同维护了世界文化的多样性，推动了人类文明繁荣进步。

总之，中国特色社会主义文化发展道路是时代的产物、实践的产物。正是由于始终根植于 40 年改革开放和社会主义文化建设的伟大实践并以此为坚实基础，中国特色社会主义文化发展道路才得以不断发展和完善，并在文化建设不断取得新成就中展现其科学性和正确性。社会实践永无止境，文化发展也永无止境。随着我国文化体制改革的深入推进，中国特色社会主义文化发展道路必将越走越宽广。

三、坚定不移走中国特色社会主义文化发展道路

实践已经充分表明，中国特色社会主义文化发展道路，是推动社会主义文化繁荣兴盛的必由之路，是建设社会主义文化强国的必由之路。在新的时代条件下，必须树立高度文化自觉和文化自信，沿着中国特色社会主义文化发展道路，将文化建设推向新高潮。

（一）必须坚持以马克思主义为指导，坚持社会主义先进文化前进方向

"坚持以马克思主义为指导，是当代哲学社会科学区别于其他哲学社会科学的根本标志，必须旗帜鲜明地加以坚持。"① 哲学社会科学如此，文化也是如此。中国特色社会主义文化发展道路，从根本上说就是在马克思主义指导下不断开拓文化发展新思路、提升文化发展新境界之路。新中国成立后，面对满目疮痍、文化凋敝的社会状况，面对西方文化的渗透和各种旧文化的侵蚀，我们党确定了与社会主义经济基础相适应、以马克思主义为指导的社会主义文化发展方略，坚持"二为"方向和"双百"方针，

---

① 习近平：《在哲学社会科学工作座谈会上的讲话》，北京：人民出版社 2017 年版，第 8 页。

提出"百花齐放、推陈出新、古为今用、洋为中用"的原则，使新生的社会主义政权获得了有力的理论支持。改革开放特别是党的十八大以来，我们党立足新的文化实践，大力发展社会主义先进文化，坚持用社会主义核心价值观引领社会思潮，推动文化改革取得突破性进展，使中国特色社会主义事业获得了坚强思想保证和强大精神动力。

当今世界正处在大发展大变革大调整时期，不同思想文化交流交融交锋更加频繁，意识形态领域斗争更加复杂，维护国家文化安全任务更加艰巨；当代中国正在发生广泛而深刻的变革，人们思想更加多样，社会价值更加多元，社会思潮更加多变，思想文化领域噪音、杂音不绝于耳，一些反马克思主义、反社会主义的错误思潮时有出现。坚持中国特色社会主义文化发展道路，就要毫不动摇地坚持马克思主义的指导地位，坚持马克思主义基本原理与中国实际和时代特征紧密结合，大力推进马克思主义中国化、时代化、大众化，坚持用发展着的马克思主义解决文化改革发展中遇到的问题，努力在纷繁复杂的文化生态中辨析主流与支流、区分先进与落后、划清积极与消极；就要大力培育和践行社会主义核心价值观，用马克思主义中国化最新成果武装全党、教育人民，用中国特色社会主义理想凝聚力量，用以爱国主义为核心的民族精神和以改革创新为核心的时代精神鼓舞斗志，打牢全党、全国各族人民团结奋斗的共同思想道德基础。

（二）必须发挥人民群众在文化建设中的主体作用，坚持文化发展为了人民、文化发展依靠人民、文化发展成果由人民共享的价值取向

社会主义文化是人民大众的文化，发展社会主义文化，推动社会主义文化大发展大繁荣，就要把人民作为文化建设的重要依靠力量，坚持以人为本，以满足人民精神文化需求为出发点和落脚点，坚定维护广大人民群众的根本文化权益。

坚持中国特色社会主义文化发展道路，就必须牢固树立马克思主义群众观，自觉贯彻党的群众路线，坚持依靠人民群众，尊重人民群众主体地位，充分发挥人民群众在文化建设中的主体作用，做到文化发展为了人民、文化发展依靠人民、文化发展成果由人民共享。"文化发展为了人民"，要求我们在文化创造的过程中，坚持贴近实际、贴近生活、贴近群众，反映人民群众的生活，倾听人民群众的呼声，体现人民群众的愿望，

始终把人民群众是否满意作为衡量文化工作成败的根本标准，努力提高人民思想道德素质和科学文化素质，促进人的全面发展；"文化发展依靠人民"，要求我们始终尊重人民群众的历史创造者地位，充分尊重人民群众在文化建设中的首创精神，为人民群众成为社会主义文化建设者创造机会、提供舞台，让人民的文化创造潜能得到充分表现，人民的文化创造活力得到极大激发，人民的文化创造成果得到广泛认同；"文化发展成果由人民共享"，要求我们把满足人民日益增长的精神文化需求作为文化发展的根本动力，进一步加强文化基础设施建设，完善公共文化服务体系，增加农村文化服务总量，缩小区域和城乡文化差距，多提供人民群众特别是基层群众能享用得上、享用得起、享用得了的文化产品，努力让文化发展成果惠及全体人民。

（三）必须继承和发扬中华优秀传统文化，吸收外来有益文化，大力弘扬中华文化，建设中华民族共有精神家园

对于任何一个民族来说，优秀传统文化都是安身立命之本。我国是一个有着五千多年历史的文明古国，厚重的优秀传统文化源远流长、博大精深，凝聚着中华民族自强不息的精神追求和历久弥新的精神财富。作为中华民族优秀传统文化的传承者和弘扬者，我们党始终强调，优秀传统文化是发展社会主义先进文化的深厚基础，是建设中华民族共有精神家园的重要支撑，社会主义先进文化必须建立在对传统文化精华的发掘和继承之上。中国特色社会主义文化发展道路，就是高扬社会主义先进文化与传承民族优秀传统文化相结合的文化发展道路，就是植根民族历史文化土壤而又面向现代化、面向世界、面向未来的文化发展道路。只有坚定不移走这条道路，才能把坚持和发展、继承和创新统一起来，使优秀传统文化与当代社会相适应、与现代文明相协调，彰显民族性，体现时代性。

坚持中国特色社会主义文化发展道路，必须继承和发扬中华民族优秀传统文化。新中国成立特别是改革开放以来，伴随着国家各项事业的发展，人们对中华优秀传统文化价值的认识越来越清晰，越来越自信。但也要看到，一些人对传统文化缺乏客观的认识和基本的认同，鼓吹文化虚无主义，其结果就会使建设中华民族共有精神家园成为无源之水、无本之木。历史和实践反复证明，坚持中国特色社会主义文化发展道路，就要以更加理性、科学的态度，全面认识传统文化的历史意义和现实价值，取其精华、去其糟粕、古为今用、推陈出新，使优秀传统文化不断焕发新活力，成为鼓舞人民前进的精神力量；就要以对民族、历史、后人高度负责的精神，不断挖掘和保护民族优秀传统文化，做好文化典籍整理和出版工作，使中华民族优秀传统文化薪火相传、生生不息；就要广泛开展优秀传统文化教育普及活动，培养造就更多的承载者和传播者。同时，我们还要正视历史经验教训，着眼中华文化的长远发展，以更加自信的心态、更加开阔的视野，坚持"引进来"和"走出去"相结合，积极吸收借鉴国外优秀文化成果，推动中华文化走向世界。

（四）必须坚持一手抓公益性文化事业、一手抓文化产业，推动文化事业和文化产业协调发展

一方面，我国的社会主义制度、党的性质宗旨和文化产品的意识形态属性，决定了中国特色社会主义文化发展道路是一条保障人民基本文化权益的公益性文化事业发展之路；另一方面，社会主义市场经济体制，又决定了这条道路是一条需要充分发挥市场在文化资源配置中的积极作用、满足人们多样化精神文化需求的文化产业发展之路。坚持中国特色社会主义文化发展道路，必须一手抓公益性文化事业、一手抓文化产业，坚持两手抓、两加强，两轮驱动、两翼齐飞，推动社会主义文化大发展大繁荣，最大限度地满足人民日益增长的精神文化需求。

近年来，在党和政府的努力下，我国文化事业全面繁荣，人民基本文化权益保障水平大幅度提高；文化产业健康发展，文化在经济社会发展中的地位和作用大幅度提高。但也要看到，城乡、区域文化发展不平衡，公共文化产品供给不足等问题还没有得到根本解决。坚持中国特色社会主义文化发展道路，必须大力发展公益性文化事业，以政府为主导，以公共财政为支撑，以公益性文化单位为骨干，以全体人民为服务对象，以保障人民群众看电视、听广播、读书看报、进行公共文化鉴赏、参与公共文化活动等基本文化权益为主要内容，完善覆盖城乡、结构合理、功能健全、实用高效的公共文化服务体系。必须加快城乡文化一体化发展，增加农村文化服务总量，缩小城乡文化发展差距。加快发展文化产业，必须坚持社会主义先进文化前进方向，坚持把社会效益放在首位、社会效益和经济效益相统一，必须构建结构合理、门类齐全、科技含量高、富有创意、竞争力强的现代文化产业体系，进一步繁荣发展文化市场，努力满足不同地域、不同层次、不同群体、不同年龄群众、丰富多彩、健康有益的文化需求。

中国特色社会主义文化发展道路，是建设先进文化之路，是强基固本之路，是以人为本之路，是改革创新之路，是建设社会主义文化强国的必由之路。过去，我们在这条道路的指引下取得了社会主义文化建设的巨大成就；今后，只要坚定不移地沿着这条道路继续前进，就一定会实现建设社会主义文化强国的奋斗目标。

四、坚持完善和拓展中国特色国家文化安全道路

发展是安全的基础，安全是发展的保障。推动中国特色社会主义文化发展，必须探索出适应世界文化发展规律、符合中国文化国情的文化安全道路。走中国特色文化安全道路，应加强顶层设计、尽快制定国家文化安全战略，应主动作为、着力增强中国文化在世界上的认同度和影响力，应敢于斗争、坚持在包容的基础上进行文化批判，应占领主要战场、切实掌握互联网舆论主导权，应夯实根基、着力提升国家文化软实力，应树立国际视野、积极推动国际文化新秩序的构建。

（一）加强顶层设计，尽快制定国家文化安全战略

当今时代的国家安全，是由政治、军事、经济、文化、科技、信息、资源诸多因素决定的，包括文化在内的非传统安全的影响力不断上升。如果说传统的国家安全可以通过制定国际条约来实现，那么文化安全则无法通过条约规范来实现。作为国家安全的新内涵，文化安全在保障政治、经济、社会、军事等安全中都占有重要的地位。苏东剧变、西亚北非"颜色革命"就是一个典型的先例。随着经济全球化、文化多元化、科技现代化的加速发展，我国已被推到世界文化大交流、大交融、大交锋的洪流中，文化安全问题前所未有地凸显出来。如果我们不重视文化安全问题，就极有可能丧失对国家文化发展的主导权和控制权，从而最终危及国家安全。因此，维护国家文化安全，绝不仅仅是推动文化繁荣发展的策略问题，而必须上升到国家安全战略层面。我们在分析国家安全形势，制定国家安全

战略时，必须高度重视文化因素对国家安全的影响，从战略的高度谋划国家文化安全问题。

就我国而言，目前我们还处于理念认同和战略构建的过渡期。一方面，我们已经充分认识到维护国家文化安全的重要性和紧迫性，并提出了总体国家安全观的新理念，这为我们制定国家文化安全战略奠定了最为重要的思想基础。但理念认同毕竟不等于战略构建，也不等于战略实施。客观而言，到目前为止，我国还没有制定出科学完善、切实可行的国家文化安全战略。这就使得我们在应对文化安全所面临的威胁和挑战时，总是处于一种"头痛医头、脚痛医脚"的非制度化状态。为了及时有效地应对各种文化安全威胁，我们应加快制定国家文化安全战略。在战略目标的设定上，应在强调文化产业安全、文化遗产资源安全、文化市场安全、语言文字安全的基础上，着重强调维护意识形态安全、文化主权安全、民族文化安全。在战略机构的设置上，可以考虑在新设立的国家安全委员会下设立文化安全委员会，负责统筹谋划国家文化安全问题，同时在党和国家相关部门设文化安全局，专门处理有关国家文化安全具体事宜。在战略举措上，应完善文化领域制度和法规建设，使维护国家文化安全的举措有法可依；应加强文化安全预警机制建设，通过对国际文化市场变化、国际文化资本走向、国际舆论动向，使我们对可能对我国文化安全产生威胁的各种因素有个基本的判断；应提高国家文化安全管理水平，切实增强政府的文化危机能力等。

（二）主动作为，积极提升中国文化在世界上的认同度和影响力

在国际文化关系中，谋求文化交往，进而达到文化认同，是增强文化影响、化解矛盾挑战、维护国家文化安全的重要手段。美国是当今世界文化安全问题的主要制造者，但这并不意味着美国不注重文化安全，只不过相对于其他国家而言，美国维护文化安全的方式有所不同罢了。如果说其他国家采取的"刺激—应对"式文化安全战略，那么美国人信奉的则是"进攻是最好的防守"战略，认为在全世界灌输美国的价值观对于美国来说是实现自身文化安全的最佳选择。作为推崇和平发展的社会主义国家，我们不能选择"扩张与渗透"的文化战略，但我们有必要在做好文化防守的同时，通过扩大文化交流，提升中国文化在世界上的影响力和认同度，

变被动防守为主动作为，从而更好地维护国家文化安全。

就提升中国文化在世界上的认同度和影响力而言，当前最需要破解的难题是文化交流层次低的问题。一般而言，文化交流可以分为三个层次：器物文化交流、艺术文化交流、思想文化交流。真正的交流，是思想上的交流。如果文化交流仅仅停留在器物和艺术层面而缺乏思想的交流，是很难深入文明内部神经的。习近平在联合国教科文组织总部的演讲中指出："对待不同文明，不能只满足于欣赏它们产生的精美物件，更应该去领略其中包含的人文精神；不能只满足于领略它们对以往人们生活的艺术表现，更应该让其中蕴藏的精神鲜活起来。"[①] 但就我国文化对外交流情况而言，目前还主要集中在器物文化和艺术文化层面，思想文化交流层面的内容还比较少。比如，孔子学院开办以来，还仅仅停留在教汉语、太极拳和讲习俗的阶段，但这些仅仅是"术"，还不是"道"。即使在思想文化交流层面，也还有一个亟须解决的问题，那就是如何看待当代中国文化走出去的问题。长期以来，受制于固有观念的束缚，我们对推动中国传统文化走向世界已经达成普遍共识，但对于当代中国文化和价值观念特别是社会主义价值观念能否走出去一直讳莫如深。习近平在中央政治局第十二次集体学习时指出："当代中国价值观念，就是中国特色社会主义价值观念，代表了中国先进文化的前进方向。我国成功走出了一条中国特色社会主义道路，实践证明我们的道路、理论体系、制度是成功的。要加强提炼和阐释，拓展对外传播平台和载体，把当代中国价值观念贯穿于国际交流和传播方方面面。"[②] 在新的历史条件下，我们要敢于突破仅仅传播中国传统文化的观念局限，树立文化自信，敢于和善于把当代中国价值观念传播到世界。唯有如此，才能真正提升中国文化在世界上的影响力和认同度，从而为维护国家文化安全提供良好的国际环境。

（三）敢于斗争，坚持在包容的基础上进行文化批判

改革开放以来，与利益主体多元化、经济成分多样化，以及人们思想

---

① 习近平：《出席第三届核安全峰会并访问欧洲四国和联合国教科文组织总部、欧盟总部时的演讲》，北京：人民出版社2014年版，第15－16页。

② 习近平：《建设社会主义文化强国　着力提高国家文化软实力》，《人民日报》，2014年1月1日。

和价值观念多样化相伴随，文化思潮也日益多样并相互激荡。对于多元文化思潮，必须坚持既包容又坚持斗争的原则。所谓包容，就是要尊重差异、包容多元文化思潮的客观存在。在当代中国多元文化思潮中，如果以文化思潮的"出生地"来划分，可以分为由国外传入的外来文化思潮和在中国本土形成发展起来的内生文化思潮两种。从功能上讲，无论是外来文化思潮，还是内生文化思潮都既有消极影响，但也有其积极意义，如外来文化思潮中新自由主义对市场经济的分析和追求，内生文化思潮中"左派"思潮对社会公平正义的价值坚守、文化保守主义对中国传统文化的崇敬和热爱，都为我国经济社会文化的发展提供了诸多启发与借鉴。

但同时，我们也必须旗帜鲜明地对这些多元文化思潮中的错误思想和倾向进行"积极斗争"。习近平曾指出："我们希望和平，但任何时候任何情况下，都决不放弃维护国家正当权益、决不牺牲国家核心利益。"[①] 在国家层面，维护国家领土主权完整是核心利益；而在文化层面，坚持马克思主义指导地位、坚持社会主义制度、坚持中国共产党的领导则是核心利益。对于任何一种思潮来说，如果其主张触及这个核心利益，我们就必须敢于斗争。如内生文化思潮中的文化保守主义推崇的"王道政治"，"左派"思潮倡导的"平均主义、阶级斗争"，民族主义思潮主张的"唯我独尊、强权暴力"，都与社会主义意识形态和核心价值相对立，与社会主义现代化建设方向相背离。对此，必须大胆批判。

对于外来文化思潮，我们则更应该提高警惕。如新自由主义张扬的"三权分立、多党制、军队非党化、军队非政治化、军队国家化"，"普世价值论"所推销的西方"民主政治""自由人权观"，这些思想观念因为与西方"和平演变战略"相结合，从而具有更为明显的政治目的——否定中国共产党的领导、否定中国特色社会主义。对此，必须坚决抵制、积极斗争。当然，大胆批判、积极斗争不等于政治批判或行政裁决。毛泽东在《关于正确处理人民内部矛盾的问题》中深刻指出："企图用行政命令的方法，用强制的方法解决思想问题、是非问题，不但没有效力，而且是有害的；凡属于思想性质的问题，凡属于人民内部的争论问题，只能用民主的

---

① 习近平：《以改革创新精神开拓国防和军队建设新局面 为实现党在新形势下的强军目标而努力奋斗》，《人民日报》，2014 年 3 月 12 日。

方法去解决，只能用讨论的方法、批评的方法、说服教育的方法去解决，而不能用强制的、压服的方法去解决。"① 毛泽东的这些思想科学而深刻，对开展新时期精神和思想领域的"积极斗争"，具有重要的方法论启示。

（四）占领主战场，切实掌握互联网舆论主导权

在当前的国际环境背景和科技发展水平条件下，互联网对文化安全的影响越来越凸显。互联网已经成为舆论斗争和文化斗争的主战场。从某种意义上甚至可以说，互联网已经成为影响我们党执政安全和国家文化安全的最大变量。2013 年发生的"斯诺登事件"，更是暴露了西方国家的互联网能量和妄图利用互联网"革命"中国的战略意图。在互联网这个新的战场上，我们能否顶得住、打得赢，直接关系到我国文化安全和政治安全。

我们必须把网络舆论工作作为维护文化安全的重中之重来抓。一是要强化阵地意识。相对于广播电视、报纸杂志，互联网是思想宣传的新阵地，对于这个阵地，如果我们不去占领，对手就要占领。为此，我们必须积极打造一批主流网站，发挥网上舆论宣传的主力军作用。二是加强平台建设。要充分利用我国日益强大的硬件设施更新能力、不断壮大的文化产业，为互联网发展奠定物质保证和基础平台。三是提高党员干部应对网络舆论的能力。应该说，经过实践的锻炼和系统的培训，大部分党员干部的网络舆论应对能力有了明显的提升，但历史的惯性和官僚思维使得仍有一些官员在面对事关文化安全的网络事件时，因缺乏认知力、敏感度和应对力而手足无措。为此，必须在强化网络舆情观念的基础上加强对党员相关能力的培训。四是讲究策略方法。网络斗争是一种新的舆论斗争形态。应在科学把握网上舆情表现新特点、深入分析网上斗争新要求的基础上，注重发挥政府网站的主导作用和商业网站的积极作用，放大党和政府的声音，壮大主流舆论。同时，对网络意见领袖、网络"大 V"，要加强教育引导，对涉及国家安全的网络谣言要坚决打击。五是拓宽视野。我们不仅要发挥本国互联网网站的积极作用，也要学会"借船出海"，善于利用国外互联网网站、国际人才资源、游戏规则，以更加灵活的手段营造有利于我国社会发展的国际舆论。

① 《毛泽东文集》（第七卷），北京：人民出版社 1999 年版，第 209 页。

（五）夯实根基，着力提升国家文化软实力

从根本上讲，实力是维护国家安全最重要、最可靠的保障。而就我国这样一个发展中的且具有复杂国情并正在崛起中的社会主义大国来讲，实力的增强不应是单项或失调的，而应是协调、有序、均衡和全面的，即必须坚持硬实力与软实力、经济与社会、经济与国防的均衡发展。维护国家文化安全，无疑要靠国家综合实力的提升。但就有效性和针对性而言，提升国家文化软实力无疑更具有根本意义。提升国家文化软实力是内容众多的系统工程，但就核心要求而言，应着重抓好以下三个方面的工作：

第一，大力发展文化产业。文化产业是现代工业文明的产物，同其他产业相比，文化产业既具有经济属性，又具有文化属性，还具有政治属性。今天，发展文化产业，不仅是满足经济文化发展的需要，更是对一种新的战略资源的掌握，对一种新的战略市场的争夺。由于这种争夺的结果将直接决定一种文化在经济全球化背景下的前途和命运。因而，文化产业也就成为当前条件下维护国家文化安全的核心选择和重要支柱。为此，我们必须按照全面协调可持续发展的要求，积极深化文化体制机制改革，不断解放和发展文化生产力，不断提高文化产业创新力、竞争力，尽快实现文化产业的跨越式发展。

第二，大力培育和践行社会主义核心价值观。习近平指出："核心价值观是文化软实力的灵魂、文化软实力建设的重点，一个国家的文化软实力，从根本上说，取决于其核心价值观的生命力、凝聚力、感召力，构建具有强大感召力的核心价值观，关系社会和谐稳定，关系国家长治久安。"[①] 为此，我们必须积极培育和践行社会主义核心价值观，通过融入思想宣传和国民教育全过程、落实到经济发展实践和社会治理中，让"富强、民主、文明、和谐，自由、平等、公正、法治，爱国、敬业、诚信、友善"的价值观得到全社会普遍认同和积极实施。

第三，增强国际话语权。全球化和信息化时代，国际话语权是一个国家文化软实力的重要组成部分。没有国际话语权，一个国家不仅难以和平

---

① 习近平：《把培育和弘扬社会主义核心价值观作为凝魂聚气强基固本的基础工程》，《人民日报》，2014 年 2 月 26 日。

崛起，甚至连维护正当利益都会非常艰难。这已为西亚、北非动荡所证明。同一些发展中国家陷入"发展中陷阱"相比，我国经济社会发展取得了举世瞩目的成就，但是，西方仍然在"唱衰"中国，而我们往往不得不面对有理说不出，或者说了传不开的窘境。对此，习近平指出："提高国家文化软实力，要努力提高国际话语权。要加强国际传播能力建设，精心构建对外话语体系，发挥好新兴媒体作用，增强对外话语的创造力、感召力、公信力，讲好中国故事，传播好中国声音，阐释好中国特色。"① 这为我们加强国际话语权建设提供了根本遵循。

（六）树立国际视野，积极推动国际文化新秩序的构建

文化安全是一个世界性问题，不仅中国有，其他国家也有；不仅发展中国家有，发达国家也有。维护国家文化安全，既需要我们通过制定国家文化安全战略、提升国家文化安全能力等措施来实现自身文化的安全，也需要我们树立国际视野，通过推动国际文化新秩序的建立，实现整个国际社会对文化安全问题的联管联控。

客观而言，在以往对国际安全因素的考察中，人们关注更多的是国际经济秩序和政治秩序，随着世界文化交流交融交锋的加剧，国际文化秩序理应纳入国家安全的考察范围。国际文化秩序是世界各国基于某种共同利益和目标，依据一定的原则、规范、规则和保障机制而形成相对稳定、有序的世界文化关系状态。历史地看，传统国际文化秩序是由西方文化主导并为其牟利的，它把占世界多数的弱势文化排斥在规则制定者和受惠者行列之外，破坏了强势文化与弱势文化之间在权利和义务上的平等原则以及在社会价值选择上的自主原则，导致强弱差别扩大化和文化冲突的普遍化，因而是不公正、不合理的。建设国际文化新秩序就是要在多元文化并存的国际社会不断强化共同认可的价值理念、加快制定具有普遍约束力的运行机制，以保证不同文化之间的平等相处、相互交流、相互借鉴。2014年3月27日，习近平在联合国教科文组织总部的演讲，为我们今天构建国际文化新秩序提供了重要的原则遵循，那就是要坚持"文明是多彩的，人

---

① 习近平：《建设社会主义文化强国　着力提高国家文化软实力》，《人民日报》，2014年1月1日。

类文明因多样才有交流互鉴的价值"，坚持"文明是平等的，人类文明因平等才有交流互鉴的前提"，坚持"文明是包容的，人类文明因包容才有交流互鉴的动力"。① 可以说，建立国际文化新秩序的核心就是构建有利于不同文化共存、交流、借鉴、发展的国际关系原则，使各种文化都能获得合理的地位和发展空间。

---

① 习近平：《在联合国教科文组织总部的演讲》，《人民日报》，2014 年 3 月 28 日。

第四章　新时代社会主要矛盾与文化发展

经过 40 年的改革开放和经济社会的快速发展，中国特色社会主义进入了新时代，我国社会主要矛盾也发生了历史性变化，已经由"人民群众日益增长的物质文化需要同落后的社会生产之间的矛盾"转化为"人民日益增长的美好生活需要和不平衡不充分发展之间的矛盾"。这个变化，既昭示了我国现代化建设取得的历史性成就，也对我国现代化建设提出了新的要求。"满足人民过上美好生活的新期待，必须提供丰富的精神食粮。"[①]破解新时代社会主要矛盾，满足人民群众美好精神文化生活需求，必须大力发展文化事业和文化产业，不断提高社会文明程度。

一、文化发展与人民日益增长的精神文化需求不相适应

我国社会主要矛盾的变化是一个全域性、整体性变化，这种变化既体现在经济、政治、社会、生态领域，也体现在文化领域。在文化领域，社会主要矛盾主要表现在人民群众对高质量文化产品越来越多的需求、对共享文化发展成果越来越强烈的诉求、对社会文明程度越来越高的要求和不平衡不充分文化发展之间的矛盾。

（一）人民群众对高质量文化产品的需求越来越多

国际经验表明，当一个国家人均 GDP 达到或超过 3 000 美元时，国民的文化消费需求将呈现快速增长甚至是井喷的态势。1970—1993 年，美国居民人均消费支出由 3 100 美元增加到 16 429 美元，增长 4.3 倍，而同期

---

① 习近平:《决胜全面建成小康社会　夺取新时代中国特色社会主义伟大胜利——在中国共产党第十九次全国代表大会上的报告》，北京：人民出版社 2017 年版，第 43 – 44 页。

娱乐人均消费支出由 115 美元增加到 887 美元，增长 6.7 倍，娱乐消费支出占比也从 3.7% 提升到 5.4%。2012 年美国娱乐消费在居民消费支出中的占比已超过 5.5%，位列食品、住房、交通类支出之后，是第四大消费支出项目。1965 年，日本居民家庭平均每户娱乐消费支出为 1 742 日元，占居民家庭消费支出的 3.5%；1993 年，日本居民家庭平均每户娱乐消费支出为 17 275 日元，比 1965 年增长近 9 倍，在居民家庭消费支出中的占比为 4.9%，比 1965 年提高 1.4%。

经过 40 年的改革开放，我国人均 GDP 已超过 9 000 美元，恩格尔系数已经降到 0.3 以下，文化消费能力大大增强，人民群众的精神文化需求前所未有地强烈。根据国家统计局的《中国住户调查年鉴（2014）》和《中国文化及相关产业统计年鉴（2014）》数据测算，截至 2013 年底，我国居民文化消费支出总量达到 13 827 亿元，比 2012 年的 11 502 亿元增长了 20%。其中农村居民文化娱乐消费总支出为 3 058 亿元，城镇居民文化娱乐消费支出为 10 769 亿元，分别比 2012 年增长了 6.89% 和 24.63%。政府文化消费支出为 2 048 亿元，比 2012 年增长了 12.9%。居民文化消费和政府文化消费支出合计达到 15 875 亿元。

同人民群众的期待要求相比，我们提供的文化产品和服务还远远不能满足城乡居民需要。这种"不能满足"不是表现在"量"上，而是主要表现在"质"上。这也是国人热衷于到国外进行文化消费，西方文化产品特别是文化奢侈品在中国销售量不断增长的重要原因。《中国文化消费需求景气评价报告（2016）》显示，在 2006 年以前，我国的文化总产值低于文化总消费，但从 2007 年开始，文化总产值开始高于文化总消费，并且二者之间的差距越拉越大（见下表）。另据图书咨询机构"开卷"发布的一份滞销书数据报告显示，从 2014 年 1 月到 2017 年 10 月，综合中国大陆实体店、网店及零售三个渠道数据，年销售数量小于 10 本的图书，占全部图书品种的 45.19%；年销售数量小于 5 本的图书，占全部图书品种的 34.5%。

2004—2014 年我国文化生产供给与城乡消费状况

（单位：亿元）

年份	2004	2005	2006	2007	2008	2009	2010	2011	2012	2013	2014
总产值	3 440	4 253	5 123	6 455	7 630	8 594	11 052	15 516	18 071	21 351	23 940
总消费	4 416	5 127	5 629	6 283	6 697	7 521	8 778	10 126	11 406	12 992	14 915

展望未来三十年，在社会主义现代化强国目标建成之日，人民群众对自身文化权益的要求、对丰富精神文化生活的期待必然更高、更加多样化，而文化繁荣发展作为建成社会主义现代化强国奋斗的重要目标，也将成为衡量社会幸福指数的重要指标。我们必须通过深化文化体制改革，激发文化创造主体积极性和主动性，推动文化事业全面繁荣和文化产业快速发展，才能提供更多更好的文化产品，以满足人民的文化生活需要。

（二）人民群众对共享文化发展成果的诉求越来越强烈

在当今时代，文化是一种创造财富的能力，是一种精神享受的境界，也是一种社会阶层分野的标志。从这个意义上讲，社会成员能否公平公正地享有社会文化资源，是社会公正与否的重要标志。历史地看，伴随着社会主义文化的大发展大繁荣，每一个社会成员所享有的文化资源都得到了提升。但横向看，由于城乡差距、收入差距的客观存在，不同社会阶层成员之间所享有的文化资源的数量和质量也存在较大的差距，越来越多的优质文化资源向城市汇聚、向精英阶层汇聚，而农民和城市低收入阶层所享有的文化资源并没有随着经济社会的快速发展而得到相应幅度的提升。据《中国文化产业发展报告（2015—2016）》的数据，2015 年城镇人均文化消费支出大致是农村人均文化消费支出的 2.45 倍。① 而在一些边远和贫困地区，经济基础薄弱，很难开展文化活动，不少地区的农民一年看不上一两次电影，当然也就更谈不上文化需求的满足了。在这样一个文化创造价值的时代，文化资源占有的巨大差距，直接后果就是进一步降低了弱势群体的竞争力，使"富二代""穷二代"现象继续蔓延下去。

满足人民共享文化发展成果的需要，既是一个"做蛋糕"的问题，更

---

① 　林楠：《解析城乡居民文化消费态势》，《中国文化报》，2017 年 3 月 1 日。

是一个"分蛋糕"的问题。而在文化领域，解决"分蛋糕"问题的关键是在推动文化事业全面繁荣和文化产业快速发展的过程中要始终不渝地坚持"公正"的价值要求。公正是人类社会文明程度的重要评价标准，也是社会主义制度的首要价值。今日中国，文化的繁荣发展为实现文化公正奠定了根本前提，但客观现实又在不断提醒我们，"应然"并不等于"实然"，实现全民公正地共享文化发展成果，我们还有很长的路要走，还有很多问题需要解决。正是鉴于这样的考虑，我们党在看待文化体制改革问题上，既强调要通过全面深化改革推动文化事业和文化产业快速发展，更强调要通过改革不断加强公共文化体系建设，促进基本公共文化服务标准化、均等化。在全国宣传思想工作会议上，习近平强调文化体制改革必须始终坚持社会主义先进文化前进方向，始终把社会效益放在第一位。在党的十八届四中全会第一次全体会议上习近平又强调，要"继续推进文化体制改革，着力建设现代公共文化服务体系和现代文化市场体系，促进文化繁荣发展。制定国家公共文化服务标准和指标体系，促进基本公共文化服务标准化、均等化。继续实施文化惠民工程，推进基层公共文化设施共建共享"①。在十八届六中全会第一次全体会议上习近平再次强调，要加快完善促进基本公共文化服务标准化、均等化等体制机制。可以说，推动基本公共文化服务标准化、均等化，让人民更好地分享文化发展成果，是坚持和发展中国特色社会主义文化的首要价值追求。

（三）人民群众对社会文明程度的要求越来越高

世界现代化的历史表明，国家越富强，人民越富足，对社会文明程度的要求也越高。改革开放以来，伴随着经济的快速发展，我国的物质文明建设取得了举世瞩目的成就，但精神文明领域却出现了"精神透支"问题。急剧的社会转型打破了原有的社会格局，利益主体和思想观念的多元化带来了发展的巨大活力，但也瓦解了传统的道德体系。在这一过程中，市场的趋利本性不断吞噬着人的精神家园，忽略内在追求的人迅速沦为物的奴隶，道德错乱、商业欺诈、诚信危机、信仰危机等现象层出不穷。

---

① 中共中央文献研究室编：《习近平关于社会主义文化建设论述摘编》，北京：中央文献出版社 2017 年版，第 188 页。

习近平在文艺工作座谈会上曾指出："改革开放以来，我国经济发展很快，人民生活水平提高也很快。同时，我国社会正处在思想大活跃、观念大碰撞、文化大交融的时代，出现了不少问题。其中比较突出的一个问题就是一些人价值观缺失，观念没有善恶，行为没有底线，什么违反党纪国法的事情都敢干，什么缺德的勾当都敢做，没有国家观念、集体观念、家庭观念，不讲对错，不问是非，不知美丑，不辨香臭，浑浑噩噩，穷奢极欲。现在社会上出现的种种问题病根都在这里。这方面的问题如果得不到有效解决，改革开放和社会主义现代化建设就难以顺利推进。"①

16世纪欧洲宗教改革的倡导人马丁·路德曾经指出：一个国家的兴盛，不在于国库的殷实、城堡的坚固或是公共设施的华丽，而根本在于公民的文明素养。公民的文明素质、社会的文明程度已经成为制约我国现代化建设的一个短板，为此我们迫切要求加快推进文化发展，进一步发挥文化建设在提高人民思想道德素质和科学文化素质中的作用，积极培育和践行社会主义核心价值观，弘扬社会正气，培育文明新风。今天的中国已经走出物质贫乏的历史，绝不能再掉进精神贫乏的陷阱。加快建设健康、向上的人民精神家园，成为必须从国家层面予以解决的重大战略问题。

二、推动文化事业全面繁荣和文化产业快速发展

总体上看，人民群众的文化需求可以分为两部分，一部分是体现人民群众文化权益的基本文化需求；另一部分是多样化、多层次、多方面的文化需求。正确区分这两种文化需求并处理好二者关系，有助于我们对文化建设中政府职责和市场功能进行科学定位，明确文化建设的基本思路，即一手抓公益性文化事业，一手抓经营性文化产业，做到两手抓、两加强、两轮驱动、两翼齐飞，推动社会主义文化大发展大繁荣，最大限度地满足人民群众日益增长的精神文化需求。

---

① 中共中央文献研究室编：《习近平关于社会主义文化建设论述摘编》，北京：中央文献出版社2017年版，第8页。

（一）大力发展公益性文化事业，保障人民基本文化权益

人民群众的基本文化需求，是社会主义制度下人民群众必须得到保障的基本文化权益。满足人民群众的基本文化需求，从根本上讲要以政府为主导，以公共财政为支撑，以公益性文化事业单位为骨干，以全民为服务对象，以基层特别是农村为重点，构建覆盖城乡的公共文化服务体系。

第一，统筹服务设施网络建设，实现公共文化设施的有效覆盖。在第二次中央新疆工作座谈会上，习近平指出："要完善公共文化服务体系，加强基层场地建设，让村村、乡乡、县县都可以广泛开展文化体育活动。"① 要努力完善国家、省、市、县、乡、村六级公共文化设施网络，统筹规划和建设基层公共文化服务设施。进一步健全以县图书馆、文化馆、乡镇（街道）文化站、村（社区）文化室为重点，以流动文化设施和数字文化阵地建设为补充的城乡基层文化设施网络。加强社区公共文化设施建设，把社区文化中心建设纳入城乡规划和设计。坚持项目建设和运行管理并重，实现资源整合、共建共事。加大对革命老区、民族地区、边疆地区、贫困地区文化服务网络建设支持和帮扶力度。完善面向妇女、未成年人、老年人、残疾人的公共文化服务设施。

第二，促进基本公共文化服务标准化、均等化。习近平指出，必须"加快构建现代公共文化服务体系，促进基本公共文化服务标准化、均等化，建立健全政府向社会力量购买公共文化服务机制，加大公共文化设施免费开放力度"②。要加强面向特定地域、特殊群体的文化关怀，保障人民群众基本文化权益。推进文化资源向农村倾斜，增加农村文化服务总量，缩小城乡文化发展差距。以农民、进城务工人员、老年人、未成年人、下岗失业人员、低收入人群、残障人群等群体为对象，采取政府采购、补贴、发放文化消费券等措施，提高公共文化供给能力。完善东部地区对西部地区、发达地区对欠发达地区、城市对农村的文化援助机制。要加快推进公共文化设施免费开放步伐，让群众广泛享有免费或优惠的基本公共文

① 中共中央文献研究室编：《习近平关于社会主义文化建设论述摘编》，北京：中央文献出版社 2017 年版，第 187 页。
② 中共中央文献研究室编：《习近平关于社会主义文化建设论述摘编》，北京：中央文献出版社 2017 年版，第 189 页。

化服务。全面推进公共图书馆、文化馆免费开放，全国所有公共图书馆、文化馆站都应实现无障碍、零门槛进入，公共设施场地全部免费开放，所提供的基本服务项目全部免费。以群众需求为导向，进一步明确服务标准，完善服务项目，改善服务效能，为城乡居民提供优质高效、普遍均等的公共文化服务。在此基础上，加快推进科技馆、工人文化宫、青少年宫、妇女儿童活动中心等公共文化设施免费开放。

第三，推动公共文化服务社会化发展。要科学引导、充分发挥社会组织和民间力量的作用，形成公共文化服务体系的多元共建共享机制，解决公共文化服务主体不明、合作乏力的问题。实践证明，代表公共利益提供公共文化产品和服务的公共机构是一个以政府为主体的多元体制，政府并不是唯一有效的提供者，大量的社会组织和民间力量的参与和支持，对于公共文化产品与服务的有效供给具有不可替代的重要作用。政府与社会、公民形成良性的"共同治理"结构更是提高公共文化服务水平、降低行政成本的必要前提。政府要科学引导、充分发挥社会组织和民间力量的作用，规范社会组织的运行，制定相应的法律法规，引导社会力量进行公共文化服务建设，形成政府主办、社会参与、功能互补、运转协调的公共文化服务组织体制和责任明确、行为规范、富有效率的运行机制。

第四，制定公共文化服务指标体系和绩效考核办法，完善公共文化服务机构评估体系。要建立好公共文化需求表达和搜集机制，并以人民的实际需要为基础制定公共文化服务指标体系和绩效考核办法，从而建立一个完善的指导和评估机制，更好地为满足人民的基本文化权益服务。制定博物馆、图书馆、文化馆、文化站、文化室设施建设和业务建设标准，就财政投入、服务设施、任务指标、服务质量等设立全面科学的评价标准，开展全国图书馆、文化馆评估定级工作，加强公共文化机构业务建设，促进管理的规范化、制度化。将公共文化建设纳入领导干部的考核指标，研究制定详细、具体的公共文化工作考评标准，加强对各级政府文化工作的考核。继续开展创建全国文化先进县活动，改进文化先进县评定表彰办法，加强文化先进县的动态管理。建立农村文化设施项目建设财政资金绩效考评制度，把文化设施建设与服务农村文化、提高农民素质紧密结合起来，发挥其应有的延伸效应、引导效应、示范效应。

第五，完善公共文化服务投入和保障机制，为公共文化服务提供有力的财政支撑。推动各级财政加大对公共文化服务体系建设的投入，确保各级财政对公益性文化事业的投入逐年增长，增长幅度要高于经常性财政支出的增长幅度。推动中央、省、市三级设立农村文化建设专项资金，保证一定数量的中央转移支付资金用于乡镇和村的文化建设。以免费开放为契机，建立基层公共文化设施的经费保障机制。中央财政重点对中西部地区公共文化设施开展服务项目所需经费予以补助。吸引、鼓励和引导社会资金以多种方式投入文化建设，逐步形成以政府投入为主、社会力量积极参与的多元化公共文化服务投入机制。

（二）加快发展文化产业，满足人民多样化文化需求

发展文化产业是社会主义市场经济条件下满足人民多样化精神文化需要的重要途径。习近平指出："文化产品只有成为广大群众的自觉消费，才能最大限度地实现文化的宣传教育功能，达到以优秀作品鼓舞人的目的，这就是大力发展文化产业的意义所在。有市场的文化不一定是先进文化，但没有市场的文化更难讲是先进文化。"[1] 在社会主义市场经济条件下，对于人民群众多样化的文化需求，应主要通过大力发展文化产业、依靠市场来满足。

第一，完善文化产业政策。文化产业政策对于文化产业的发展有着重要的推动、引导、规范和提升作用。自党的十五届五中全会第一次提出"文化产业"概念以来，有关推动文化产业发展的政策就处于不断的发展完善之中，特别是党的十八大以来，一系列有关发展文化产业的政策不断出台。中央全面深化改革领导小组审议通过《深化文化体制改革实施方案》，明确了新一轮文化体制改革的路线图、时间表、任务书。政府部门也出台了包括《关于深入推进文化金融合作的意见》《关于大力支持小微文化企业发展的实施意见》《关于推进文化创意和设计服务与相关产业融合发展的若干意见》《关于加快发展对外文化贸易的意见》《关于印发文化体制改革中经营性文化事业单位转制为企业和进一步支持文化企业发展两个规定的通知》《关于支持电影发展若干经济政策的通知》等在内的诸多好政策。但在文化产业政策不断完善的过程中，还有三个矛盾亟须解决：

---

[1]　习近平：《之江新语》，杭州：浙江人民出版社 2013 年版，第 9 页。

一是文化产业政策必须正视区域性、地方性竞争与国家统一规划之间的矛盾。现在，各个地方政府都看到了文化产业的潜力，"文化立市""文化强省"几乎成为所有地方的发展路径，一些地方政府以数量、速度为标准，一哄而上、重复建设、浪费资源。这就需要重新考虑文化产业发展中的"中央—地方"关系，合理划分中央政府与地方政府在文化产业方面的权责，在"集中—分散"中探索中国特色的文化产业发展道路。二是文化产业政策必须正视文化产业发展的融合趋势与文化政策的部门化分割的矛盾。随着信息技术的发展，文化产业的发展呈现出融合发展的趋势，但我国的文化政策制定和发布的主体，却是政府的不同部门。如果再加上地方性、区域性的组织体系，中国文化政策明显缺少统一性和严密性，其实际效能已不能适应技术融合和产业融合的趋势。三是文化产业政策必须重视文化经济发展与意识形态管理之间的矛盾。文化政策必须平衡文化产业的双重属性，不能因为文化产业的意识形态属性就缩手缩脚，也不能因为产业的盈利趋向就过度推崇文化商品化。

第二，健全现代文化市场体系。党的十九大报告指出："健全现代文化产业体系和市场体系，创新生产经营机制，完善文化经济政策，培育新型文化业态。"① 推动文化产业发展，必须建立健全现代文化市场体系。文化市场体系，是各类文化产品市场、文化服务市场以及文化要素市场相互联系的文化市场有机整体。按照统一开放、竞争有序的要求构建现代文化市场体系，对于促进文化产品、服务和要素在全国范围内流动至关重要。一是促进文化资源在全国范围内流动。建立健全现代文化市场体系，必须"完善文化市场准入和退出机制，鼓励各类市场主体公平竞争、优胜劣汰，促进文化资源在全国范围内流动"②。二是要继续深化国有文化企业改革。"继续推进国有经营性文化单位转企改制，加快公司制、股份制改造。对按规定转制的重要国有传媒企业探索实行特殊管理股制度。推动文化企业跨地区、跨行业、跨所有制兼并重组，提高文化产业规模化、集约化、专

---

① 习近平：《决胜全面建成小康社会 夺取新时代中国特色社会主义伟大胜利——在中国共产党第十九次全国代表大会上的报告》，北京：人民出版社 2017 年版，第 44 页。

② 《中共中央关于全面深化改革若干重大问题的决定》，北京：人民出版社 2013 年版，第 40 页。

业化水平。"① 三是鼓励非公有制文化企业发展。近些年来，随着非公有经济进入文化产业的步伐加快，文化产品的供给能力有了很大提高，但仍不能满足市场需求，尤其是深受市场欢迎的原创产品供给不足。针对这一情况，必须"鼓励非公有制文化企业发展，降低社会资本进入门槛，允许参与对外出版、网络出版，允许以控股形式参与国有影视制作机构、文艺院团改制经营。支持各种形式小微文化企业发展"②。四是建立多层次文化要素市场。目前的文化要素市场，相对于经济要素市场明显滞后，必须在发展资本、人才、技术等要素市场的同时，加快培育产权、版权、信息等要素市场，办好重点文化产权交易所，规范文化资产和艺术品交易，使各种文化要素都能自由流动，外来的文化要素能通过正规渠道走进来，国内的文化要素能通过正规渠道走出去。

第三，推动文化产业升级。在世界总体范围内，中国文化经济总体上处于低端产业、外围产业发展较快，而高端产业、核心产业并不理想的阶段。据新华社 2017 年深圳 5 月 14 日电，2016 年我国文化产品出口额高达786.6 亿美元，再创历史新高，为 2013 年的 3.1 倍；文化体育和娱乐对外直接投资 39.2 亿元，较 2012 年增长 18.6 倍。但同时，"中国有功夫，有熊猫，却没有'功夫熊猫'"，缺少有创意的核心产品仍是文化出口的软肋。中国文化产品确实已经走到国外，但真正为境外消费者接受和欣赏的，主要还是以传统文化为要素、风格和载体的产品，而反映当代中国生活和经验的故事、文本、影像和符号，却并未获得广泛认同，跨国之旅仍步履维艰。现实表明，推动文化产业升级、提高文化产品品质势在必行。一是推动文化产业融合创新。历史地看，作为现代工业文明的产物，文化产业其本身就是多重元素相互融合的产物，近年来的产业发展实践也说明了这一点。文化与科技、旅游、金融的结合，都为文化产业开辟了新的发展空间。当前和今后一个时期，可以以"文化＋"和"互联网＋"为着力点，推动多领域、全方位的融合，比如文化产业与文化事业的融合、文化产业不同门类的融合、文化产业与相关产业的深度融合，从而进一步拓展

---

① 《中共中央关于全面深化改革若干重大问题的决定》，北京：人民出版社 2013年版，第 40 页。

② 《中共中央关于全面深化改革若干重大问题的决定》，北京：人民出版社 2013年版，第 40 页。

文化产业发展空间。二是着力打造文化品牌。经过多年的快速发展，我国文化产业形成了一定的规模，但是难以找到具有世界知名度较高的文化品牌，更没有形成像日本动漫、美国好莱坞、韩国电视剧等规模和集群效应的文化产业群。因此，我国的文化产业现状是大而不强、全而不专。推动文化产业升级，必须着力打造世界级的文化品牌。三是增加文化产业有效供给。当前文化产业的发展还远远跟不上群众文化消费需求的个性化、多样化变化。要扩大文化消费，还得从文化产业供给侧发力，以创新供给带动需求扩展，优化文化产品和服务供给结构，提升文化产品和服务供给质量，扩大文化产品和服务的有效供给，满足人民群众日益增长、不断升级和个性化的精神文化需求。在这一过程中，既要丰富文化产品的品种，还要提高文化产品的品质，满足人民群众的多样化精神文化需求。

三、大力加强思想道德建设，提高社会文明程度

我们党无论是在革命、建设还是在改革开放的历史征程中，都高度重视社会主义精神文明建设。但与此同时，我们也要看到，同我国现代化建设水平要求相比，同广大人民群众的精神诉求相比，我国的社会文明程度还有很大的提升空间。习近平在党的十九大报告中指出："人民有信仰，国家有力量，民族有希望。要提高人民思想觉悟、道德水准、文明素养，提高全社会文明程度。"[①] 在新的时代条件下，满足人民群众美好生活的需求，必须加强思想道德建设，不断提高社会文明程度。

（一）大力挖掘中华优秀传统文化中的道德资源

在中华传统文化中，思想道德文化独树一帜，并成为中华文化的显著特征。如果说西方文化是一种求真文化，关注的重心是自然和认识问题，那么中华文化则是一种求善文化，关注的是伦理修养。虽然在中华传统文化中也有科技思想，也讲心物之辩、理气之辩、道器之辩，但其重点始终

---

① 习近平：《决胜全面建成小康社会　夺取新时代中国特色社会主义伟大胜利——在中国共产党第十九次全国代表大会上的报告》，北京：人民出版社 2017 年版，第 42 页。

是人生问题、道德问题。"中国优秀传统文化，蕴含着丰富的思想道德资源。比如，在坚守道德底线方面，强调'己所不欲，勿施于人''与人为善''以己度人''推己及人''君子忧道不忧贫'，要恪守'良知'，做到'俯仰无愧'。再比如，在树立道德理想方面，强调'大道之行也，天下为公'，人要'止于至善'，有社会责任感，追求崇高理想和完美人格，倡导'兼善天下''利益济苍生''修身齐家治国平天下''见贤思齐焉，见不贤而内自省也'，做君子、成圣贤。我们要利用好中华优秀传统文化中的这些宝贵资源，增强人们的价值判断力和道德责任感，不断提高人们道德水平，提升人们道德境界。"①

中华文化的道德取向，虽然在社会实践特别是在中国由传统社会向现代社会的转化中起到了消极阻滞作用，但也赋予了中华民族强大的自信力，极大地促进了中国社会科学尤其是伦理道德学说的发展和完善，增强了全民族的亲和力和凝聚力，为中国成为高度文明的"礼仪之邦"发挥了重要作用。"我们要继承和发扬中华优秀传统文化和传统美德，广泛开展社会主义核心价值观宣传教育，积极引导人们讲道德、尊道德、守道德，追求高尚的道德理想，不断夯实中国特色社会主义的思想道德基础。"②

"对历史文化特别是先人传承下来的价值理念和道德规范，要坚持古为今用、推陈出新，有鉴别地加以对待，有扬弃地加以继承。这就是说，我们既不要片面地讲厚古薄今，又不要片面地讲厚今薄古，而要本着科学的态度，继承和弘扬中华优秀传统文化，努力用中华民族创造的一切精神财富来以文化人、以文育人。"③ 我们要坚持马克思主义道德观、坚持社会主义道德观，在去粗取精、去伪存真的基础上，坚持古为今用、推陈出新，努力实现中华传统美德的创造性转化、创新性发展，教育引导人们向往和追求讲道德、尊道德、守道德的生活，形成向上的力量、向善的力量，让十三亿人的每一分子都成为传播中华美德、中华文化的主体。要加

---

① 中共中央文献研究室编：《习近平关于社会主义文化建设论述摘编》，北京：中央文献出版社 2017 年版，第 141 页。

② 中共中央文献研究室编：《习近平关于社会主义文化建设论述摘编》，北京：中央文献出版社 2017 年版，第 142 页。

③ 中共中央文献研究室编：《习近平关于社会主义文化建设论述摘编》，北京：中央文献出版社 2017 年版，第 140 页。

强对中华优秀传统文化的挖掘和阐发，使中华民族最基本的文化基因与当代文化相适应、与现代社会相协调，把跨越时空、超越国界、富有永恒魅力、具有当代价值的文化精神弘扬起来。要推动中华文明创造性转化、创新性发展，激活其生命力，让中华文明同各国人民创造的多彩文明一道，为人类提供正确精神指引。要围绕我国和世界发展面临的重大问题，着力提出能够体现中国立场、中国智慧、中国价值的理念、主张、方案。

（二）深入实施公民道德建设工程

党的十九大报告指出："深入实施公民道德建设工程，推进社会公德、职业道德、家庭美德、个人品德建设，激励人们向上向善、孝老爱亲，忠于祖国、忠于人民。加强和改进思想政治工作，深化群众性精神文明创建活动。弘扬科学精神，普及科学知识，开展移风易俗、弘扬时代新风行动，抵制腐朽落后文化侵蚀。推进诚信建设和志愿服务制度化，强化社会责任意识、规则意识、奉献意识。"[①] 这为新的时代条件下加强思想道德建设提供了根本遵循。

大力加强社会公德、职业道德、家庭美德、个人品德建设。社会公德建设主要包括文明礼貌、助人为乐、爱护公物、保护环境和遵纪守法等，以"礼仪"为核心；职业道德建设主要包括诚实守信、爱岗敬业、办事公道、热心服务、奉献社会等，以"诚信"为核心；家庭美德建设主要包括夫妻和睦、孝敬长辈、关爱孩子、邻里团结、勤俭持家等，以"和睦"为核心；个人品德建设主要包括友善互助、正直宽容、明礼守信、热情诚恳、自强自立等，以"友善"为核心。全面推进"四德"建设，必须坚持把培育文明道德风尚作为重要着力点，坚持正确的价值取向、舆论导向，坚持在改善社会风气的工作中发挥道德模范作用，坚持以文化人、以文育人，弘扬真善美、贬斥假恶丑，推动形成知荣辱、讲正气、做奉献、促和谐的社会风尚。

加强和改进思想政治工作，深化群众性精神文明创建活动。群众性精

---

① 习近平：《决胜全面建成小康社会　夺取新时代中国特色社会主义伟大胜利——在中国共产党第十九次全国代表大会上的报告》，北京：人民出版社 2017 年版，第 43 页。

神文明创建活动是人民群众群策群力、共建共享、改造社会、建设美好生活的创举，是提升国民素质和社会文明程度的有效途径，是把社会主义精神文明建设的任务要求落实到城乡基层的重要载体和有力抓手。习近平指出："要深入实施公民道德建设工程，深化群众性精神文明创建活动，引导广大人民群众自觉践行社会主义核心价值观，树立良好道德风尚，争做社会主义道德的示范者、良好风尚的维护者。"① 深化群众性精神文明创建活动，必须高举新时代中国特色社会主义伟大旗帜，坚持以习近平新时代中国特色社会主义思想为指导，坚持用社会主义核心价值观引领群众性精神文明创建活动，重点抓好理想信念教育、爱国主义教育、公民道德建设、弘扬中华优秀传统文化、诚信建设、建设社会主义法治文化、发挥先进典型示范引领作用等方面的工作。必须深化文明城市、文明村镇、文明单位、文明家庭、文明校园等群众性精神文明创建活动，突出思想道德内涵，坚持为民惠民，推动人们在为家庭谋幸福、为他人送温暖、为社会做贡献的过程中提高精神境界、培育文明风尚。必须提升全民科学教育文化素质和健康素质，营造精神文明建设的良好社会环境。

弘扬科学精神，抵制腐朽落后文化侵蚀。我国地广人多，各地域和群体民情差异很明显，广大农村地区的群众受到传统思想影响较深，铺张浪费、封建迷信等不良习俗和落后传统依然大行其道，讲排场、爱炫耀、要面子，红白喜事大操大办，人情消费愈演愈烈，成为比阔斗富、争强攀比的舞台，甚至冠以婚丧嫁娶、寿诞升学、参军入伍、升职乔迁等各种家宴的名义，却玩着借机敛财、暗度陈仓的把戏，将礼尚往来、热情好客的中华民族优良传统彻底恶俗化、低俗化。面对这种沉疴顽疾，应该狠下猛药，但也要注意扎扎实实教化引导，步步为营敦风化俗。要大力弘扬科学精神，广泛普及科技知识，突出大众性、贴近性，广泛组织科普宣传。在此基础上，持续开展"治陋习、树新风"风气建设主题活动，通过"美风俗"正面典型宣传，"广教化"强化核心价值观引导，"除陋习"推动群众自治，不断推动移风易俗，树立文明风尚。

推进社会诚信建设。如果说，人心治理更多地依靠伦理道德进行由内

---

① 中共中央文献研究室编：《习近平关于社会主义文化建设论述摘编》，北京：中央文献出版社 2017 年版，第 147 页。

而外的教化引导，那么行为治理则更多地依靠制度规范进行由外而内的强制约束。要完善市民公约、村规民约、学生守则、行业规范，强化规章制度实施力度，依法惩处公德失范、诚信缺失的违法行为，大力整治突破道德底线、丧失道德良知的现象，使正确行为得到鼓励、错误行为受到谴责。切实贯彻落实《社会信用体系建设规划纲要（2014—2020年）》，大力培育和践行社会主义核心价值观，切实形成诚信建设良好的社会舆论环境，着力推进诚信建设规范化、长效化，建立起全覆盖的社会信用信息记录，大力营造诚信建设有力宣传舆论声势，切实增强诚信教育实践针对性、实效性，有力营造诚信建设法治环境，建立健全激励诚信、惩戒失信长效机制。同时，进一步推进志愿服务法律建设，推进志愿服务政策建设，不断完善志愿服务制度，不断丰富志愿服务活动，不断壮大志愿服务事业。

党员干部必须在思想道德上做表率。思想道德建设，对老百姓和对共产党人，实践要求是不完全一样的。共产党人是践行社会主义核心价值观和思想道德的重要担当者，思想道德建设对共产党人必须体现更高要求。习近平指出："要加强道德教育，引导党员特别是领导干部明大德、言功德、守私德，重品行、正操守、养心性。要大力倡导社会主义核心价值观，弘扬忠诚老实、公道正派、艰苦奋斗、清正廉洁等价值观，引导党员特别是领导干部旗帜鲜明抵制和反对关系学、厚黑学、官场术、'潜规则'等庸俗腐朽的政治文化，不断培厚良好政治生态的土壤。"① 党员领导干部要不断加强思想道德修养和党性修养，常修为政之德、常思贪欲之害、常怀律己之心，自觉做到为政以德、为政以廉、为政以民。要严格按照党章规定的党员领导干部必须具备的六项基本条件，提高自身素质和能力，经常检查和弥补自身不足。特别是要在坚定理想信念、坚持实事求是、推动科学发展、密切联系群众、加强道德修养、严守党的纪律等方面为广大党员做出表率，推动社会文明不断发展进步。

（三）运用法律手段解决道德领域的突出问题

法律是底线的道德，也是道德的保障。习近平指出，坚持依法治国和

---

① 中共中央文献研究室编：《习近平关于社会主义文化建设论述摘编》，北京：中央文献出版社2017年版，第147页。

以德治国相结合，运用法治手段解决道德领域突出问题，"要加强相关立法工作，明确对失德行为的惩戒措施。要依法加强对群众反映强烈的失德行为的整治。对突出的诚信缺失问题，既要抓紧建立覆盖全社会的征信系统，又要完善守法诚信褒奖机制和违法失信惩戒机制，使人不敢失信、不能失信。对见利忘义、制假售假的违法行为，要加大执法力度，让败德违法者受到惩治、付出代价"①。面对频频失守的道德底线，运用法治这种刚性手段作用于道德领域的突出问题具有重要的现实意义。

加强相关立法工作，及时把有关道德要求上升为法律规范，引导全社会崇德向善。习近平指出："法律法规要树立鲜明道德导向，弘扬美德义行，立法、执法、司法都要体现社会主义道德要求，都要把社会主义核心价值观贯穿其中，使社会主义法治成为良法善治。要把实践中广泛认同、较为成熟、操作性强的道德要求及时上升为法律规范，引导全社会崇德向善。"②道德原则和要求对于维护经济秩序、公共秩序和生活秩序十分重要也非常必要。通过法治手段将其予以明确规定，就可以将一些最基本的道德义务转化为法律义务，这种法律义务的履行就有了道德和法律双重的约束力。例如"常回家看看"已经纳入《中华人民共和国老年人权益保障法》当中，将传统道德意识下的"尊老"正式上升到法律的高度，体现了国家对老年人精神需求的关注。同时，还要针对道德领域出现的新型问题尽快建立起适用的法律规范。在当前我国道德领域出现的问题中，既有由来已久的失德陋习，又有像网络侵权、网络谣言等新型的现代化道德失范。匿名、开放的网络行为给网络环境监管带来巨大困难，许多不法分子借助匿名身份，利用网络社交平台，进行感情欺骗甚至钱财诈骗等行为，而在传统的道德格局下并没有针对性的道德约束，因此，建立起适应时代发展、适用度高的法治体系也迫在眉睫。

加大严格执法的力度，让败德违法者受到惩治并为此付出代价。明代政治家张居正曾说过："天下之事，小难于立法，而难于法之必行。"如果法律不能在实践中得到有效实施，就会成为一纸空文，其应有的价值也就没有办法得以实现。执法活动对于深化道德建设的重要意义在于：一是同

---

① 《习近平谈治国理政》（第二卷），北京：外文出版社2017年版，第134–135页。
② 《习近平谈治国理政》（第二卷），北京：外文出版社2017年版，第134页。

时具备合法性、合理性和效率性原则的执法活动，其实质就是价值标准和伦理道德在经济社会领域中的体现；二是执法主体自身所处的比较特殊的地位决定了其本身的道德风范和境界与精神面貌，会对社会起到示范作用、发挥榜样效应。因此，要通过严格执法，利用法治具有的稳定性、普遍性、权威性和强制性保证道德建设顺利进行。认真遵守和切实执行宪法法律法规，积极倡导健康向上的道德观念，努力形成良好的道德风尚。依法加强对群众反映强烈的失德行为等热点难点问题的集中治理，特别是加大对见利忘义、制假售假等系列违法行为的打击和处罚力度，让败德违法者受到应有的法律惩治。建立健全覆盖各领域、各行业和全社会的征信系统以及守法诚信褒奖机制和违法失信惩戒机制，正确引导人们践行诚实守信的法律原则，努力解决诚信缺失等突出问题。在用法律手段惩处道德失范行为工作中，要特别突出对社会公职人员道德失范行为的处罚力度，以发挥社会公职人员在道德建设中的引领示范作用。

第五章　坚持和完善中国特色社会主义
文化制度和体制

改革开放是决定当代中国命运的关键一招。发展中国特色社会主义，不仅需要推进经济体制改革、政治体制改革，形成更加完善的中国特色社会主义经济制度、政治制度，也需要推进文化体制改革，形成更加完善的中国特色社会主义文化制度。习近平指出："我们要继续坚持走中国特色社会主义文化发展道路，推动社会主义文化大发展大繁荣，深化文化体制改革，提高国家文化软实力，加强社会主义核心价值体系建设，丰富人民群众精神文化生活，增强人民精神力量。"① 在新的历史起点上，推动社会主义文化大发展大繁荣，必须坚持和完善中国特色社会主义文化制度和体制。

一、建设社会主义文化强国的内在要求

中国特色社会主义文化制度，主要包括文化产业与产权制度、文化企事业制度、文化传播制度、文化开放制度和文化调节制度等，是中国特色社会主义制度的重要组成部分，它回答了我国社会主义文化建设中带有方向性、根本性、战略性的重大问题，规约了社会主义文化建设的前进方向和发展路径，体现了我们党对世界文化发展规律、中国特色社会主义文化建设规律的科学把握。习近平指出："要继续推进文化体制改革，推动文化事业全面繁荣和文化产业快速发展、建设社会主义文化强国。"② 在全面深化改革的历史新阶段，推动文化体制改革、完善中国特色社会主义文化

① 习近平：《全面贯彻落实党的十八大精神要突出抓好六个方面工作》，《求是》2013 年第 1 期。
② 习近平：《胸怀大局把握大势着眼大事　努力把宣传思想工作做得更好》，《人民日报》，2013 年 8 月 21 日。

制度，关系国家文化软实力的提升，关系民族凝聚力的增强，是建设社会主义文化强国的战略选择。

（一）全面深化改革的重要内容

改革开放是党在新的历史条件下领导人民进行的新的伟大革命，是决定当代中国命运的关键抉择。1978 年以来，在中国共产党的领导下，全国各族人民矢志改革开放，在不断深化经济体制改革的同时，不断深化政治体制、文化体制、社会体制、生态文明体制改革，形成和发展了符合当代中国国情、充满生机活力的新的体制机制，成功实现了从高度集中的计划经济体制到充满活力的社会主义市场经济体制的历史转折，为我国经济繁荣发展、社会和谐稳定提供了有力制度保障。

经过持续不断地推进，我国的改革取得了举世瞩目的成就，但同社会主义现代化要求相比，同人民群众期待相比，改革仍然是一个未竟的事业。改革只有进行时，没有完成时。面对复杂多变的国内外环境，面对利益固化的藩篱，面对一个个难啃的"硬骨头"，如何全面深化改革，成为摆在我们党面前必须思考和应对的时代问题。党的十八届三中全会明确提出了全面深化改革的主要任务，并分别从经济、政治、文化、社会、生态文明、国防和军队、党的建设七个方面，具体部署全面深化改革的主要任务和重大举措。这七个方面，相互协调、相互促进，缺一不可。习近平指出："全面深化改革需要加强顶层设计和整体谋划，加强各项改革的关联性、系统性、可行性研究。我们讲胆子要大、步子要稳，其中步子要稳就是要统筹考虑、全面论证、科学决策。经济、政治、文化、社会、生态文明、国防和军队各领域改革与党的建设改革紧密联系、相互交融，任何一个领域的改革都会牵动其他领域，同时也需要其他领域改革密切配合。如果各领域改革不配套，各方面改革措施相互牵扯，全面深化改革就很难推进下去，即使勉强推进，效果也会大打折扣。"① 当前的改革，既要"深化"也要"全面"，唯有通过深化经济、政治、文化、社会、生态文明等各方面的改革，才能促进现代化建设各个环节、各个方面相协调，促进生

---

① 习近平：《关于〈中共中央关于全面深化改革若干重大问题的决定〉的说明》，《人民日报》，2013 年 11 月 16 日。

产关系与生产力、上层建筑与经济基础相协调，才能最终在新的历史起点上进一步解放和发展生产力。

文化体制改革是全面深化改革的重要内容，同时又与其他改革相辅相成、相互支撑、互为条件。通过文化体制改革释放出巨大的文化力，不仅可以极大地推动经济的快速发展，而且可以为深化经济体制改革提供良好的思想解放氛围和强大精神动力。文化体制改革是推进政治体制改革、发挥政治制度优势的深厚土壤。文化具有意识形态属性，文化改革与政治改革历来息息相关。扩大社会主义民主、建设社会主义法治国家，需要在全社会树立民主法治、自由平等、公平正义的理念，培育自尊自信、理性平和、积极向上的社会心态，营造有利于政治体制改革的文化氛围。文化改革发展既是推动社会改革发展的重要手段，也是社会文明进步的重要目标。把我国建设成为一个人民享有更加充分民主权利、具有更高文明素质和精神追求的国家，必须持之以恒地发挥文化在振奋民族精神、引导教育人民、缓解社会情绪、营造稳定和谐局面中的独特作用。可以说，当今时代，文化与经济、政治、社会相互交融程度正在不断加深，文化体制改革与经济、政治、社会、生态文明体制改革相互交织。文化自觉的程度、文化体制改革的进度，深刻影响着其他改革的内涵和进程。我们必须加快推进文化改革发展，在全面深化改革的历史进程中，为继续解放思想、坚持改革开放、推动科学发展、促进社会和谐提供坚强思想保证、强大精神动力、有力舆论支持、良好文化条件。

（二）破解文化发展瓶颈的必由之路

伴随着国家各项事业的发展，我国文化建设空前发展和繁荣，取得了辉煌成就，呈现出活力迸发、硕果累累、英才辈出的崭新面貌。同时，我们也要清醒看到，伴随着世情、国情、党情的发展变化，我国文化领域正在发生广泛而深刻的变革，推动文化大发展大繁荣既具备许多有利条件，也面临一系列新情况、新问题。

第一，文化体制改革仍未到位。新中国成立以来，文化体制一直处于改革之中，但系统性的改革是从党的十六大才开始的。从 2003 年开始至2012 年，我国开始了为期十年的文化体制改革。但客观而言，文化体制改革真正进入快车道还是十八届三中全会以后的事。在十八届三中全会通过的政治决议中，专门对全面深化文化体制改革做出了部署。中央全面深化改革领导小组专门分设文化体制改革专项小组，专职负责协调文化体制改革重点工作，党和国家也制定了《深化文化体制改革实施方案》，编制了《国家"十三五"时期文化发展改革规划纲要》。截至 2017 年 7 月，党的十八届三中、四中、五中、六中全会确定的 104 项文化体制改革任务已经完成 97 项。应该说，文化体制改革成就斐然。但同全面深化文化体制的目标要求相比，还有很多问题需要解决。比如，在文艺团体改革中，就遭遇到了"上有政策、下有对策""为改革而改革"的"改革通病"，有的地区通过建立传习所、研究会等模式，建立新的文艺事业单位的壳，变相规避转制，背离了改革的初衷。

　　第二，文化管理体制仍需改进。纵览世界一些主要国家的文化管理模式，大概可以分为四类：第一种是提供便利型的文化管理模式，这种管理模式的关键是将文化归之于社会，让社会多元主体自己选择自己的文化发展方向、发展内容和发展形式，政府不直接进行文化管理，只是提供便利。这种模式的主要代表国家是美国。第二种是庇护人型的文化管理模式，这种管理模式强调的是政府坚持"一臂之距"原则不直接管理文化，而是通过中介组织来实现政府对文化的投入、引导和规范等，政府担任的是庇护人的角色。这种模式的代表是英国。第三种是建筑师型的文化管理模式，这种管理模式的关键是政府组担任建筑师的角色，参与文化政策的制定，直接介入文化发展规划和政策的制定，具体的文化规划、政策目标的制定和执行都离不开政府。这种管理模式的典型国家是法国。第四种是工程师型的文化管理模式，这种模式的核心是政府在文化发展中扮演工程师的角色，文化领域事无巨细，皆要在政府管控之下。这种模式的代表是苏联及冷战时期的东欧国家。这四种文化管理模式各有特点、各有利弊。从中我们还可以看出从提供便利型、庇护人型、建筑师型到工程师型，政府在参与、介入文化管理中扮演的角色越来越直接、越来越浓厚。相对于这四种文化管理模式，目前我国的文化管理模式与这四种文化管理模式都不完全一样，如果硬加比附，可以表述为我国的文化管理模式已从工程师型转变为建筑师型，但在具体实践中又能看到工程师型文化管理模式的影子。比如，在公共文化建设方面，政府往往是直接出资、直接管理，而在这个过程中由于缺乏民众和社会的参与以及有效监督，致使许多由政府投资的公共文化建设项目变成了"面子工程"，使用效率低下，造成巨大浪费；很多政府资助的文艺项目，由于缺乏市场导向，最后都变成了"评奖项目"，评奖完了以后就被放到仓库中了。

第三，文化法律法规仍需完善。相对于经济领域的立法进度，目前我国文化立法总体来说较为滞后，很多文化领域缺少法律规范，主要靠行政机关的行政法规、规章甚至规范性文件支撑。在十八届三中全会之前，我国公共文化领域的法律只有《文物保护法》《非物质文化遗产法》，以及与公共文化关系密切的《著作权法》，俗称"二部半"法。十八届三中全会以后，我国明显加大了文化立法的步伐。全国人大常委会先后通过了《电影产业促进法》《公共文化服务保障法》《公共图书馆法》，但大家比较关注的一些法律如《文化产业促进法》《文化社团组织法》等仍迟迟没有出台。

（三）实现中华民族伟大复兴的时代要求

中华文化是中华民族共有的精神家园，凝聚着中华民族对自然界和人类社会的历史认知和现实感受，是实现民族复兴的动力源泉和精神支撑。正如习近平所强调的，"实现中国梦，是物质文明和精神文明均衡发展、相互促进的结果。没有文明的继承和发展，没有文化的弘扬和繁荣，就没有中国梦的实现。中华民族的先人们早就向往人们的物质生活充实无忧、道德境界充分升华的大同世界。中华文明历来把人的精神生活纳入人生和社会理想之中。所以，实现中国梦，是物质文明和精神文明比翼双飞的发展过程"①。可以说，没有文化的繁荣就没有中国梦的实现。

在世界文明史中，"中华文明经历了五千多年的历史变迁，但始终一脉相承，积淀着中华民族最深层的精神追求，代表着中华民族独特的精神标识，为中华民族生生不息、发展壮大提供了丰厚滋养"②。古代中国曾有领跑世界数百年的经济盛世，更创造出熠熠生辉的灿烂文明，即使近代中国内忧外患、积贫积弱，优秀传统文化饱受风雨磨难，却依然凝聚了中华民族自强不息的精神追求和历久弥新的精神财富。在社会主义制度下，中

---

① 习近平：《在联合国教科文组织总部的演讲》，《人民日报》，2014 年 3 月 28 日。
② 习近平：《在联合国教科文组织总部的演讲》，《人民日报》，2014 年 3 月 28 日。

华文化经过改革开放伟大时代的锻造更加成熟，在与其他民族优秀文化相互交流中更加充实，呈现出与时俱进、开放包容的恢宏气度，彰显出自由平等、公平正义、民主法治的时代追求，展现出民族的魅力、时代的光芒、国际的视野，达到了前所未有的新高度。今天，我们这个底蕴深厚的文明古国已经焕然一新，中华民族伟大复兴正展现出光明前景。在这样一个历史时刻，我们党提出全面深化文化体制改革的战略要求，并做出了战略部署。这就要求我们必须加快文化体制改革步伐，坚决破除制约文化发展的体制机制障碍，吐故纳新，在弘扬优秀传统文化的基础上奋力开拓创新，创造出文化的新辉煌，永葆中华文化的生机与活力。

展望未来，人们对按期实现中华民族伟大复兴中国梦的美好愿景坚信不疑，对中华文化繁荣发展的光明未来矢志不渝。习近平指出："中国人民在实现中国梦的进程中，将按照时代的新进步，推动中华文明创造性转化和创新性发展，激活其生命力，把跨越时空、超越国度、富有永恒魅力、具有当代价值的文化精神弘扬起来，让收藏在博物馆里的文物、陈列在广阔大地上的遗产、书写在古籍里的文字都活起来，让中华文明同世界各国人民创造的丰富多彩的文明一道，为人类提供正确的精神指引和强大的精神动力。"[①] 实现中华民族伟大复兴的中国，必将是能够跻身世界民族国家之林的经济强国、教育强国、人才强国，也是能够对人类文明进步做出更大贡献的文化强国。

二、以正确的方向引领文化体制改革

在 2013 年 8 月召开的全国宣传思想工作会议上，习近平指出："关于文化体制改革，我只强调一点，就是要在继续大胆推进改革、推动文化事业全面繁荣和文化产业快速发展、建设社会主义文化强国的同时，把握好意识形态属性和产业属性、社会效益和经济效益的关系，始终坚持社会主义先进文化前进方向，始终把社会效益放在首位。无论改什么、怎么改，

---

① 习近平：《在联合国教科文组织总部的演讲》，《人民日报》，2014 年 3 月 28 日。

导向不能改，阵地不能丢。"① 推进文化体制改革，必须坚持正确的道路方向，坚持以人民为中心，坚持把社会效益放在首位、社会效益与经济效益相统一，坚持以解放和发展文化生产力为中心环节。

（一）确保文化体制改革沿着正确道路前进

历史地看，作为一种社会革命，改革总是有方向、有立场、有原则的。习近平指出："改革开放是一场深刻革命，必须坚持正确方向，沿着正确道路推进。在方向问题上，我们头脑必须十分清醒，不断推动社会主义制度自我完善和发展，坚定不移走中国特色社会主义道路。"② 文化领域的改革，事关文化生产力的解放与发展，事关人民团结奋斗共同思想道德基础的形成，事关党的执政安全，更需坚持正确的方向。同其他领域的改革一样，文化改革是不断推动社会主义文化制度自我完善的发展，而不是对社会主义文化制度的改弦易辙。世界在发展，社会在变化，不推进改革创新，文化将会变成一潭死水，但如果搞否定社会主义的文化改革，也将是死路一条。

推进文化体制改革、完善文化制度，必须坚持有利于巩固马克思主义指导地位的价值取向，必须坚持社会主义先进文化前进方向。我国的革命、建设和改革的实践表明，马克思主义从在我国开始传播到成为指导意识形态，它对经济社会发展所产生的巨大指导作用，是任何西方文化思潮都不能替代的；社会主义先进文化在中国所具有的引导力、凝聚力、感召力和生命力，是其他任何文化形态都不能比拟的。随着时代的发展，国际国内形势发生深刻变化。当今世界迎来了大发展大变革大调整时期，不同思想文化交流交融交锋将更加频繁，意识形态领域斗争更加复杂，维护国家文化安全任务将更加艰巨；当代中国正在发生广泛而深刻的变革，人们思想更加多样，社会价值更加多元，社会思潮更加多变，思想文化领域噪音、杂音时有出现，一些反马克思主义的思想意识有所增长。能否进一步巩固马克思主义在我国意识形态领域的指导地位，能否坚持社会主义先进

---

① 中共中央文献研究室编：《习近平关于社会主义文化建设论述摘编》，北京：中央文献出版社 2017 年版，第 185 页。
② 习近平：《以更大的政治勇气和智慧深化改革　朝着十八大指引的改革开放方向前进》，《人民日报》，2013 年 1 月 2 日。

文化前进方向，是对我们党执政智慧和执政能力的重大考验，也是检验文化改革发展是否成功的根本标准。

（二）坚持把社会效益放在首位，坚持社会效益和经济效益相统一

在社会主义市场经济条件下，文化产品既有引导社会、教育人民的意识形态属性，也有通过市场交换获取经济利益、实现再生产的商品属性、产业属性、经济属性。在"两种属性"中，意识形态属性是文化产品的特殊属性，商品、产业、经济属性是文化产品的一般属性。不能因为文化产品具有商品的一般属性，就忽视其意识形态的特殊属性；也不能因为文化产品具有意识形态的特殊属性，就排斥其商品的一般属性，而是要把两者统一起来。

正确把握"两种属性"的关系，要求我们在推进文化体制改革中必须正确认识和处理"两个效益"，即社会效益与经济效益的关系。不论是公益性文化事业体制机制改革，还是经营性文化产业体制机制改革，都要突出以文化人的功能。每个国家、每个民族、每个人都要有精神支撑，都需要充分发挥文化陶冶情操、凝聚力量、提振信心、鼓舞士气的功能。公益性文化事业、经营性文化产业，只是文化形式的差别、载体的不同，而承载的精神即文化的灵魂应是一致的，那就是必须以传播社会主义先进文化为己任。因此文化体制机制改革必须坚持社会主义先进文化前进方向，把社会效益摆在首位。推进公益性文化事业体制机制改革，就是要追求社会效益的最大化，不搞产业化，但也要在内部引入激励机制，改善服务。

推进经营性文化产业体制机制改革，就是坚持在把社会效益放在首位的前提下，努力实现社会效益与经济效益的有机统一，当经济效益同社会效益发生冲突时，要求经济效益要服从社会效益。在社会主义市场经济条件下，检验经营性文化产业产品和服务"两个效益"相统一的一个重要标准就是人民群众喜欢不喜欢、是否愿意花钱购买和消费。购买优秀文化产品的人越多，受教育的面就越大，经济效益越好，社会效益也就越广泛。从这个意义上说，没有经济效益，社会效益也是空的。因此，实现社会效益与经济效益相辅相成、相互促进、有机统一是经营性文化产业可持续发展的重要条件。要鼓励经营性文化单位创新体制机制，把面向群众、面向基层、面向农村与面向市场统一起来，认真做好市场调研，准确把握群众

需要，在占领市场的过程中更好地服务群众，在服务群众的过程中更多地赢得市场，努力实现社会效益与经济效益的最大化。与此相适应，各级各类评奖机制也要进一步改革，改变一些地方和部门评奖过多过滥和文化产品只面向评委而不面向群众的弊端，把群众喜欢不喜欢、满意不满意、接受不接受、认可不认可作为评价作品的最终标准，在导向正确的前提下，将发行量、演出场次、票房收入和销售额等作为衡量文化产品社会影响的客观指标，使评奖真正成为推动文化产品更好地面向群众、面向市场的重要宏观调控手段，催生更多"既叫好又叫座"的精神文化产品，而不能使评奖成为反向调控的指挥棒。

（三）推进文化生产力的解放和发展

马克思曾经指出，社会生活中存在着两种生产力——物质方面的生产力和精神方面的生产力。美国著名学者托夫勒也曾指出，哪里有文化，哪里早晚就会出现经济繁荣；而哪里出现经济繁荣，文化就更快地向那里转移。文化生产力是社会生产力在文化领域的体现。随着知识经济社会的到来，文化生产力在整个社会发展中的作用越来越重要。培养高度的文化自觉和文化自信、推动社会主义先进文化更加深入人心，最终要靠文化生产力的发展；加强社会主义精神文明建设，最终要靠文化生产力的发展；全民族文化创造活力的迸发、社会文化生活的丰富、人民群众基本文化权益的保障，最终也要靠文化生产力的发展；哲学社会科学的繁荣、科学教育文化事业的发展，人民思想道德素质和科学文化素质的全面提高，最终还要靠文化生产力的发展。解决人民日益增长的美好文化生活需求和不平衡不充分的文化发展之间的矛盾，更要靠发展文化生产力。

历史地看，我们党在领导文化建设的过程中，始终坚持以解放和发展文化生产力为中心环节推进文化体制机制改革。改革开放以来，我们党坚持解放思想、实事求是、与时俱进，不断深化文化体制改革，既强调政府在文化资源配置中的宏观指导作用，又充分发挥市场在文化资源配置中的决定作用；既不断深化国有文化单位改革，又强调要健全现代文化市场体系；既不断创新文化管理体制，又不断完善政策保障机制；既着眼于扩大文化产业的规模，又着眼于提高文化产业的效益；既注意保持文化生产的传统优势，又注意培育文化生产新的增长点；既着眼于优化国内文化发展环境，又着眼于面向世界拓展文化发展空间。正是在不断深化的文化体制改革推动下，我国的文化生产力得到了极大的解放和发展，文化产业已经成为我国新的经济增长点和经济社会发展的重要支撑点。

但与此同时，我们也要看到，我国文化产业发展的进度和程度，同经济社会发展的要求相比，同人民群众的期待相比，同世界文化强国相比，还有很大的差距。目前，世界各国文化产业总值占 GDP 总量的比重不等，美国是 25% 左右，日本是 20% 左右，欧洲国家平均在 10% ~ 15% 之间，韩国是 15% 左右，而我国刚刚突破 4%。差距既是压力，也是动力。这要求我们在推进文化体制机制改革的过程中，必须着力解决制约文化生产力解放和发展的体制性障碍，如影响文化建设的生机和活力释放的文化管理体制和运行机制问题，导致社会和民间发展文化产业积极性得不到充分发挥的政府职能越位和缺位问题，导致民营文化企业长不大、做不强的融资问题，导致公平竞争市场环境和规范市场秩序无法建立起来的文化市场监管政出多门问题，等等。

三、以体制机制创新推动文化繁荣兴盛

文化引领时代风气之先，是最需要创新的领域。在新的历史条件下建设社会主义文化强国，必须继续推进文化体制机制创新，不断完善文化管理体制，建立健全现代文化市场体系，构建现代公共文化服务体系，提高文化开放水平。

（一）完善文化管理体制

党的十八届三中全会指出："完善文化管理体制。按照政企分开、政事分开原则，推动政府部门由办文化向管文化转变，推动党政部门与其所属的文化企事业单位进一步理顺关系。"① 完善文化管理体制，关键是做好"分"和"统"工作。

所谓"分"，就是要分权，就是要实现从政府单一管理文化到多元主

---

① 中共中央文献研究室编：《十八大以来重要文献选编》（上），北京：中央文献出版社 2014 年版，第 533 页。

体共治文化的转变。这方面可以借鉴西方文化管理中的"一臂之距"管理模式，所谓"一臂之距"，原指军人在部队行军过程中彼此之间要保持等量而适当的距离。20 世纪 40 年代，英国率先将这一概念引入文化管理和发展规划工作中，以此比喻政府和各个从事具体文化事务的主体之间应保持适当的距离。综合欧洲各国的实践经验，"一臂之距"管理模式的实质在于分权管理：一是中央政府和地方政府的分权，分别享有不同的文化管理权限，各自负责法律赋予的分内事宜；二是政府和非政府性公共文化机构以及民间文化组织之间的分权，政府对文化实体有限指导和管理（主要负责宏观政策制定、立法规划、统筹经费和监督全局性文化发展走向等工作），较为具体的管理事务由包括非政府组织等形态在内的中介性文化机构来承担。"一臂之距"文化管理模式，较好地实现了政府职能的转变和"管办分离"目标，既保证了政府工作的高效运作，也保证了非政府公共文化机构的独立性和权威性，有利于文化领域的检查监督，避免腐败滋生，同时也赋予了文化企业和文化事业单位更多的自主权，从而有利于实现文化的发展和繁荣。对于我国来说，借鉴"一臂之距"的文化管理理念，就是要加速实现由现有的单纯依靠党委、政府管理文化的格局，向党委政府、社会组织、企业、公民共同参与文化管理的格局转变。

所谓"统"，就是要推动从目前实行的条块式管理到系统管理的转变。长期以来，我国从中央到地方文化行政管理机构设置一直是归口管理和条块管理相结合的体制并行，其特点是：在中央统一领导下的"条块结合，以块为主，双重领导，分级管理"。这样的一种文化管理方式就使得文化管理部门特别是基层文化管理部门既受到上级同系统部门的垂直管理，又受到本地区党委和政府的直接管理。这样的管理体制使得文化管理职能交叉、政出多门、内耗严重。更为突出的是，这种管理方式已经不适应文化发展的大融合趋势。随着信息技术特别是互联网的发展，电视、网络、报业、出版、电影等文化行业已经高度融合了，但它们的管理权限却仍分布在政府的多个部门。解决这个问题的最根本方法是继续推进大部制改革，将分散的文化管理职能集中起来。比如英国的文体部就是大部制式的管理。英国文体部除了承担我国文化部、国家广电总局、国信办、中国文联、中国作协、工信部的文化管理职责外，还承担建筑、体育、时装、园林等管理职能。文化的大部制管理已经成为世界趋势，我们要顺应这个趋势。

应该说，党和政府已经看到了改革完善文化管理体制的必要性和发展方向。2014 年 1 月 3 日，在北京举行的全国文化厅局长会上，时任文化部部长蔡武指出，要采取五个措施推进文化治理能力现代化，提升文化管理科学化水平。这五个措施包括：第一，进一步厘清政府与市场、企业、社会组织、个人的关系，进一步简政放权，把该管的事抓在手上管好，把不该管的事交给社会和企业；第二，按照服务型政府要求，充分发挥政府在公共文化资源配置、管理协调中的主导作用，在产业发展方面的引导和服务作用；第三，积极吸收借鉴世界优秀管理理念，提高规划编制、项目策划、资金和资产管理水平；第四，综合运用法律、行政、经济、科技等手段，不断提高政府效能；第五，充分调动社会力量参与文化建设，培育公益性文化类社会组织，发挥公民个人参与文化创造的积极性和创造性。应该说，这种认识很到位，也符合国家提出的推进国家治理现代化的要求。在现实中有一种现象值得注意，就是一些已被实践证明很先进的"理念"和很有效的"制度"，在实施当中却总是不那么灵光，这种现象被人称为"理念挂空"和"制度失灵"。美国社会学家英格尔斯曾经说过："如果一个国家的人民缺乏一种能赋予这些制度以真实生命力的广泛的现代心理基础，如果执行和运用这些现代制度的人，自身还没有从心理、思想、态度和行为方式上经历一个向现代化的转变，失败和畸形发展的悲剧是不可避免的。再完美的现代制度和管理方式，再先进的技术工艺，也会在一群传统人的手中变成废纸一堆。"① 推动文化体制改革，理念和制度固然很重要，但更重要的是执行这个理念和制度的人。没有现代化的人，再好的制度和体制也无法落地生根。

（二）建立健全现代文化市场体系

文化市场体系，是各类文化产品市场、文化服务市场以及文化要素市场相互联系的文化市场有机整体。按照统一开放、竞争有序的要求构建现代文化市场体系，对于促进文化产品、服务和要素在全国范围内流动至关

---

① 阿历克斯·英格尔斯著，殷陆君译：《人的现代化》，成都：四川人民出版社 1985 年版，第 4 页。

重要，是深化文化体制改革的又一重点任务。

第一，促进文化资源在全国范围内流动。十八届三中全会决定指出，建立健全现代文化市场体系，必须"完善文化市场准入和退出机制，鼓励各类市场主体公平竞争、优胜劣汰，促进文化资源在全国范围内流动"①。促进文化资源在全国范围内流动，一是要完善市场准入和退出机制，既要降低文化市场进入门槛，鼓励社会资本进入文化生产领域，也要提升文化产品质量，对于见利忘义、盗版假冒等违法行为要坚决惩处。二是要鼓励竞争、优胜劣汰。要塑造多元市场主体，让它们自由平等地参与竞争，形成优胜劣汰的机制，促使它们提高经营服务水平，降低生产销售成本，自觉维护消费者利益。三是打造开放的市场体系。要打破垄断经营、条块分割和地区封锁，形成一个没有贸易壁垒、各市场主体地位平等的全国大市场。总之，要促进文化产品、服务和要素合理流动，提高文化资源配置效率，促进文化融入经济社会，满足人们的文化需求。

第二，继续深化国有文化企业改革。搞好国有文化单位改革，对于解放和发展文化生产力，推动社会主义文化大发展大繁荣，满足人民群众不断增长的精神文化需求，具有非常重要的意义。经过近些年的文化体制改革，国有文化单位的状况发生了重大变化，出版、发行、影视业的文化单位都已转制为企业。这有力地解放和发展了文化生产力，涌现出一批总资产和总收入超过或接近百亿元的大型文化企业和企业集团。十八届三中全会根据这一实际情况指出："继续推进国有经营性文化单位转企改制，加快公司制、股份制改造。对按规定转制的重要国有传媒企业探索实行特殊管理股制度。推动文化企业跨地区、跨行业、跨所有制兼并重组，提高文化产业规模化、集约化、专业化水平。"② 深化国有文化企业改革，要大力推进国有文化企业的公司制改造，使之面向市场，增强活力，壮大实力；大力推进国有文化企业的股份制改造，实现投资主体多元化，充分发挥其经营的积极性、主动性；加快完善国有文化企业的法人治理结构，严格管理制度，改善经营方式，调整优化结构；加快建立资产经营责任制，具备

①　《中共中央关于全面深化改革若干重大问题的决定》，北京：人民出版社2013年版，第40页。

②　《中共中央关于全面深化改革若干重大问题的决定》，北京：人民出版社2013年版，第40页。

条件的可实行资产授权经营，盘活国有资源，确保保值增值。同时要积极打造一批有实力、有竞争力和影响力的国有或国有控股的文化企业和企业集团，使之成为文化市场上的主导力量和文化产业的战略投资者。

第二，鼓励非公有制文化企业发展。长期以来，我国的文化产品都由国家或国家委托的事业单位提供。近些年来，随着非公有经济进入文化产业步伐的加快，文化产品的供给能力有了很大提高，但深受市场欢迎的原创性高质量产品供给不足。针对这一情况，十八届三中全会指出："鼓励非公有制文化企业发展，降低社会资本进入门槛，允许参与对外出版、网络出版，允许以控股形式参与国有影视制作机构、文艺院团改制经营。支持各种形式小微文化企业发展。"① 要支持和引导有条件的非公有制企业以多种形式投资文化产业，参与国有经营性文化单位转企转制，参与文化产业项目实施和文化产业园建设，开拓大众性文化消费市场；要引导非公有制文化企业积极培育新兴文化业态，参与文化领域新产品、新技术的研发和相关技术标准的制定；要鼓励非公有制企业挖掘和用好当地文化资源，以文化内涵提高产品附加值，为商品核心功能增添更多人文含量和精神因素。

第三，建立多层次文化产品和要素市场。同人民快速增长的精神文化需求相比，我国文化产品的有效供给能力仍不能满足市场需求。进一步提高有效供给能力，必须以深化改革为动力，重点发展图书报刊、电子音像制品、演出娱乐、影视剧、动漫游戏等产品市场。目前的文化要素市场，相对于经济要素市场明显滞后，因而十八届三中全会决定强调要加快培育，要求在发展资本、人才、技术等要素市场的同时，尤其要加快培育产权、版权、信息等要素市场，办好重点文化产权交易所，规范文化资产和艺术品交易，使各种文化要素都能自由流动，外来的文化要素能通过正规渠道走进来，国内的文化要素能通过正规渠道走出去。

---

① 《中共中央关于全面深化改革若干重大问题的决定》，北京：人民出版社2013年版，第40页。

第六章　坚定马克思主义信仰

信仰，是人类所特有的一种精神现象，是特定族群、阶层、阶级、组织对宗教、主义、主张的极度信奉和尊崇。处在全球化快速发展与现代化加速推进双重背景下的当代中国，信仰缺失问题已经成为人们高度关注的热点问题，而在这之中，党员干部队伍中存在的马克思主义信仰缺失问题尤其如此。习近平指出："对马克思主义的信仰，对社会主义和共产主义的信念，是共产党人的政治灵魂，是共产党人经受住任何考验的精神支柱。"① 维护国家长治久安，维护党的执政安全，必须积极应对马克思主义信仰缺失问题，切实维护马克思主义在信仰体系中的主导地位。

一、马克思主义信仰是中国共产党的政治灵魂

人无信仰不立，党无信仰不兴，国无信仰不盛。梁启超说，信仰是神圣，信仰在一个人为一个人的元气，在一个社会为一个社会的元气。近代中国，魂失魄落，形神俱散。在"丛林法则"被极其推崇的近代社会，信仰的坍塌同军事的坍塌一样，都是致命的。1840 年，中国经济总量世界第一，却被 7 000 英军打破国门；1894 年，中国的经济总量数倍于日本，但北洋水师却在甲午海战中全军覆没；1900 年，中国的经济总量仍居世界第三，但首都却被不到 20 000 人的八国联军给占了。这些失败，既是国家之败，也是军队之败，但根子在文化之败、精神之败、信仰之败。皇家只顾保住帝位，官员眼里只有权钱二字，国民则"户以内即其小天地，争一钱可以殒身命"。反观对手尤其是日本，无时不在霍霍磨刀，充满杀气。战争历来都是交战双方物质力量和精神力量的综合比拼。剑不如人，剑气再

---

① 习近平：《紧紧围绕坚持和发展中国特色社会主义学习宣传贯彻党的十八大精神》，《人民日报》，2012 年 11 月 29 日。

不如人，剩下的就只能是失败了。所以，孙中山晚年在《民族主义》中无奈地指出，中国以前很强大，到了近代却落伍了，原因就在于"我们失了民族的精神"。

中国共产党要担当起"救亡图存"的历史任务，就必须首先做出全新的文化价值选择，让萎靡的心重新站立起来。"洋为中用""全盘西化"文化解放路径的失败，使得中国共产党坚信只有马克思主义才能唤醒人民，才能救中国。中国共产党坚持把马克思主义与中国国情相结合，创造了中国化的马克思主义，从根本上实现了对传统文化的超越，从而推动了"国魂"和"军魂"的再造。毛泽东说："自从中国人学会了马克思列宁主义以后，中国人在精神上就由被动转入主动。"① 信仰的支柱一旦确立，中国人在精神上便由跪拜转为独立，中国人的面貌从此焕然一新，中华民族由此开启了全新的生命历程。在马克思主义感召下，无数优秀中华儿女奋不顾身，融入奔腾不息、浩瀚壮阔的民族独立、解放、自强洪流。一批批工农群众弃家舍业，投身人民军队南征北战；一群群青年学生离开书声琅琅的课堂，走向硝烟弥漫的战场；一个个被捕的革命战士忠贞不贰，毅然走向敌人的刑场。这些都充分展现了主义和信仰的巨大力量。方志敏在被捕时，除了一块手表和一支钢笔，只有两个铜板。敌人无法相信，这位共产党的"大官"竟然如此寒酸！他在狱中用劝降的笔写下《可爱的中国》后壮烈牺牲。从1921年建党到1949年建立新中国，28年的血雨腥风中，有名可查的英烈就达到370万人之多。英烈的滴滴鲜血，最终换成了我们脚下的红色江山。我们可以淡忘战争，可以乐享太平，但我们绝不能淡忘历史和书写这段历史的人。

18世纪的德国哲学家、诗人赫尔德说：每一种文明都有自己独特的精神，这种精神创造一切，理解一切。西方人信仰宗教，在精神上强调自由；中国人信仰道德和政治，在精神上强调牺牲和奉献。信仰宗教的西方人，是读不懂中国人精神世界的。对于美国人来说，上甘岭战役是一道永远的伤痕和难以破解的"东方之谜"。朝鲜战争时担任美军第八集团军司令的陆军上将范佛里特怎么都没搞明白，上甘岭之役，两座海拔高500多米、不足4平方公里的小山包，43天动用6万多兵力，首日即发射炮弹30

---

① 《毛泽东选集》（第四卷），北京：人民出版社1991年版，第1516页。

万发、航弹 500 余枚，把上甘岭主峰足足削低 2 米，可为什么就是拿不下这个由中国士兵把守的山头。几十年后，西点军校研究人员利用电脑模拟技术，也试图破解这个"东方之谜"，同样不得结果。对于"东方之谜"的谜底，我们心里最清楚。正像秦基伟所说："上甘岭战役是一场特殊的战役。它既是敌我双方军力的较量，又是两种世界观、两种价值观、两种思想体系的较量！"[①] 什么是"两种世界观、两种价值观、两种思想体系的较量"？说到底，就是信仰的较量。有无坚定信仰是革命化的根本标准，革命化的根本要求是信仰坚如磐石。对手害怕的，就是我们必须坚持的。

在中国的历史上，中国共产党的建立是靠信仰，国民党的建立也是靠信仰。正是靠"三民主义"的口号，国民党才登上了中国历史舞台。但权和利的侵蚀，使国民党最终背离了自身所主张的信仰。对于一个政党而言，失去了信仰，也就失去了生命力。国民党背离其信仰之日，也正是人民抛弃国民党之时。蒋介石兵败台湾后，在总结失败的原因时，他得出了一个结论：国军内部腐败，无法支撑军民坚定信仰。痛定思痛，他遂要蒋经国开办政治学校，并提出要用"主义、领袖、国家、责任、荣誉"五大基本信念武装台军。苏联共产党，在有 20 万党员时获得了政权，在有 200 万党员时获得了卫国战争的胜利，但却在有 2 000 万党员时失去了政权。对于一个政党来说，人员的多少并不代表自身的强大，信仰的强大才是真正的强大。

二、马克思主义信仰缺失是当前党执政面临的首要危险

在庆祝中国共产党成立九十周年的大会上，时任总书记胡锦涛首次提出我们党执政面临的"四大危险"：精神懈怠危险，能力不足危险，脱离群众危险，消极腐败危险。十八大以后，习近平也多次强调这"四大危险"。"四大危险"之中，"精神懈怠危险"是首要危险。所谓"精神懈怠"，简言之，就是信仰缺失、精神迷惘、工作懈怠。信仰缺失，是精神懈怠的集中表现和重要根源。对于已经执政 60 多年的中国共产党来说，精神懈怠特别是信仰缺失是一个绕不过、躲不开的现实危险。

---

① 秦基伟：《秦基伟回忆录》，北京：解放军出版社 2007 年版，第 343 页。

（一）马克思主义信仰缺失的主要表现

马克思主义信仰缺失的集中表现是政治生活中的"口号化"倾向、理论研究中的"边缘化"倾向和日常生活中的"式微化"倾向。

一是政治生活中的"口号化"倾向。所谓政治生活中的"口号化"倾向，就是一些党员干部在政治生活中口头上高喊信仰马克思主义，但实际上是"不信马列信鬼神，不信真理信金钱"。在十八届中央纪律检查委员会第六次全体会议上，习近平提出了党员干部中的"两面人"现象：有的修身不真修、信仰不真信，很会伪装，喜欢表演作秀，表里不一、欺上瞒下，说一套、做一套，台上一套、台下一套，当面一套、背后一套，手腕高得很；有的公开场合要党员干部坚定理想信念，背地里自己不敬苍生敬鬼神，笃信风水、迷信"大师"。① 而据媒体披露，在落马的官员中，很多都有"不信马列信鬼神"的倾向，刘志军在办公室搞"靠山石"，郭伯雄在家里装"风水炮"，周本顺则逢庙就进香、进庙就捐钱。人类社会生活可以分为公共生活领域和私人生活领域。作为政治信仰的马克思主义，必须在中国公共生活特别是政治生活领域中居于主导地位。这种主导地位既体现在党的政策主张、路线方针、制度规范必须以马克思主义为指导，也体现在党员干部必须真诚地、坚定地把马克思主义作为唯一的信仰对象。但马克思主义信仰的"口号化"倾向，不仅违背了作为一名共产党员的信仰义务，也违背了信仰具有排他性这一信仰规律，直接后果就是导致一些党员干部缺乏对马克思主义的敬仰之心，在实际工作中缺乏用马克思主义的立场观点方法去思考问题、统筹问题的自觉。

二是理论研究中的"边缘化"倾向。所谓理论研究中的"边缘化"倾向，就是一些党的理论工作者或不关注马克思主义、故意疏远马克思主义，或是用西方的范式、晦涩的话语消解马克思主义，或是以简单的政治化倾向图解马克思主义，使马克思主义沦为缺乏论述力的粗陋的辩护工具。习近平在哲学社会科学工作座谈会上指出："有的认为马克思主义已经过时，中国现在搞的不是马克思主义；有的说马克思主义只是一种意识

---

① 习近平：《在第十八届中央纪律检查委员会第六次全体会议上的讲话》，北京：人民出版社 2016 年版，第 20 页。

形态说教，没有学术上的学理性和系统性。实际工作中，在有的领域中马克思主义被边缘化、空泛化、标签化，在一些学科中'失语'、教材中'失踪'、论坛上'失声'。"① 现在，在很多基础学科如经济学、哲学、新闻学、历史学中，西方的学说或理论已经占据主要地位，而马克思主义相关理论却处于"缺位"状态，日益被"边缘化"。马克思主义理论长期"边缘化"的后果，就是马克思主义在当代中国的理论话语中声音越来越弱，而各种非马克思主义甚至反马克思主义声音越来越高。理论和学术领域历来是各种思想观念交锋最为激烈、影响最为深远的场所，谁在这个领域拥有话语权，谁就拥有影响政策主张和引领社会大众情绪情感的主导权。马克思主义在理论研究中的"边缘化"倾向，降低的不仅是马克思主义自身的理论说服力、现实指导力，还有广大党员和人民群众对马克思主义科学性、真理性的认同感。

三是日常生活中的"式微化"倾向。所谓日常生活中的"式微化"倾向，就是马克思主义对普通民众思想行为的影响和规范作用呈现出逐渐下降的趋势，而各种非马克思主义甚至反马克思主义信仰却呈现出增长的趋势。在新中国建立初期，周恩来总理说中国有 1 亿信教人口，而今天中国的信教人口至少 2 亿。美国《时代周刊》前驻北京记者艾克曼在他所写的《耶稣在北京》一书中写道："在中国，上至政治学术精英，下至农民工人百姓，信仰基督教的人数至少有八千多万，超过中共党员的人数。未来 30 年，中国经济在实现持续高度增长的同时，基督徒的人数会达到中国人口的三分之一，中国这条东方的巨龙，或许会被基督的羔羊所驯服。"再如，2012 年 6 月 12 日到 7 月 4 日的《人民日报》，围绕"我们时代需要怎样的价值观"，刊登了 6 篇评论文章，批判了在当前社会上流行的价值取向：第一种是精致的利己主义，第二种是狭隘的极端主义，第三种是庸俗的消费主义，第四种是诡辩的相对主义，第五种是不加分析的怀疑主义，第六种是功利的实用主义。这些价值取向虽然不违法，但也颠覆了马克思主义所传承的价值追求。同时我们也要看到，每一种价值取向的后面都有一群认同者和追随者，这些非主流甚至反主流价值取向的泛滥，也在某种程度

---

① 习近平：《在哲学社会科学工作座谈会上的讲话》，北京：人民出版社 2016 年版，第 10 页。

上反映了马克思主义影响的"式微化"倾向。

（二）马克思主义信仰缺失的政治后果

马克思主义信仰缺失的危害是多方面的，但就政治后果而言主要是削弱党执政的思想基础、组织基础、群众基础，最终危及党的执政安全。按照马克思主义的观点，政党是一定阶级或集团为了取得或维持政权而组织起来的政治组织。政党的形成和发展不是没有条件的，既要有物质基础，也要有精神基础；既要有组织基础，也要有群众基础。任何一个方面出了问题，都会影响政党的执政安全。而当前出现的马克思主义信仰缺失问题，则在一定程度上削弱了党的思想基础、组织基础和群众基础。

一是削弱党执政的思想基础。从逻辑上讲，先有政治信仰和政治信仰认同才可能有政党，不仅"主义型政党"如此，西方的"选举型政党"也是如此。如果一个政党没有自己的一套思想、理论、主张或自己的思想、理论、主张受到怀疑，它就会失去存在的基础和理由。对于我们党来说，马克思主义具有根本意义，这种意义在思想上主要表现在三个方面：一是奠基意义，就是马克思主义给中国共产党的成立奠定了思想基础；二是阐释意义，就是马克思主义可以向世人说明为什么只有我们党而不是其他党才能代表人民利益；三是论证意义，就是马克思主义可以论证说明我们党所制定和执行的政策是如何落实和实现人民利益的。在革命的条件下，马克思主义信仰的缺失则意味着背叛；而在执政的条件下，马克思主义信仰的缺失则意味着我们可能丧失了意识形态话语权和解释权，这实际上也意味着无论我们党执政效果如何，都有可能面临着被"抹黑"的危险，这对于我们党来说是极其危险的。

二是削弱党的组织基础。对于一个政党来说，组织的重要性不言而喻。列宁曾说过："工人阶级的力量在于组织。"① 让组织有战斗力、凝聚力，一靠纪律，二靠自律。自律就是信仰、信念的软约束。信仰的缺失，必然会使党在党员干部心目中的位置模糊起来，他们不知道党在干什么，党要求他们干什么，很多人因此迷失了方向，对党的政治认同感和忠诚度

① 《列宁专题文集·论无产阶级政党》，北京：人民出版社 2009 年版，第 341页。

也必然随之下降。苏共解体的原因有很多，但有两条决不能忽视：一是政治纪律被动摇了，谁都可以为所欲为、言所欲言；二是一些苏共党员甚至是领导层成员丧失了理想信念，都成了否定苏共历史、否定社会主义的急先锋，成了传播西方意识形态的大喇叭，苏共党内从思想混乱演变到组织混乱，最后这样一个大党、老党就轰然倒塌了。对于我们党来说，马克思主义是凝聚全体党员的旗帜和灵魂，马克思主义信仰的缺失则意味着党吸引力、凝聚力、向心力的降低，这对于一个以马克思主义为指导思想的政党来说是极其危险的。

三是削弱党的群众基础。我们党的最大政治优势是密切联系群众，党执政后的最大危险是脱离群众。当前党群关系总体而言是好的，但党群之间出现的信任危机也是客观事实。人民群众之所以对干部产生不信任感，根子在干部身上！习近平在全军政治工作会议上指出："从一定意义上讲，信仰危机折射的是信任危机，根子在上边。"① 共产党人的信仰状况对广大群众有直接影响。革命战争年代，老百姓之所以信任共产党，愿意冒着杀头的危险跟着共产党走，既在于它有感人的社会理想，更在于有无数真诚信仰并为之奋斗牺牲的践行者。今天，人民群众对马克思主义的信仰是同对共产党的信任联系在一起的。党员领导干部不信仰马克思主义，一方面必然导致马克思主义在人民群众信仰体系中的缺位，另一方面也必然导致人民群众对共产党的认同感降低，并进而削弱我们党执政的群众基础。

（三）马克思主义信仰缺失的原因

我们党是靠马克思主义发展起来的，中国今天所创造的"中国奇迹"也离不开马克思主义指导，为什么在这样的背景下，仍然出现马克思主义信仰缺失问题呢？

一是共产主义运动低潮与资本主义发展之间反差所形成的震撼效应。从马克思主义在中国的发展历程来看，当年我们党选择马克思主义有两个背景：一是中国当时已经"无路可走"，二是资本主义丧钟即将敲响。但随着历史的发展，资本主义并没有灭亡，仍然呈现出很强的生命力。从

---

① 中国人民解放军总政治部编印：《习近平关于国防和军队建设重要论述选编》，北京：解放军出版社 2014 年版，第 108 页。

1976 年世界 GDP 排名看，前八名里有七个资本主义国家，这些国家都是当年马克思、恩格斯着力批判的国家。而此时的中国，正经受着已经进行了长达十年的"文革"的伤害，经济已经达到崩溃的边缘，人民群众生活极端困苦。"文革"对中国的伤害，不仅是经济领域的，更是精神方面的，人们通过对"文革"的反思，对社会主义和马克思主义已经产生怀疑。所幸的是，邓小平以政治家的智慧将毛泽东和毛泽东思想分割开来，化解了这次信仰危机。1978 年中国开始实施改革开放，正当中国人民在改革开放的大道上阔步前进的时候，1991 年苏东剧变发生了，以苏联为首的社会主义阵营国家，通过各种方式抛弃了马克思主义信仰，选择了资本主义发展道路。国际政治格局的剧变，给中国人民的内心带来了强烈的震撼，也使得本已存在的马克思主义信仰危机，在更为广阔的世界历史中得到了某种"印证"。2008 年的世界金融风暴是由美国次贷危机引发的，这让我们更进一步看清了资本的贪婪和本质，但我们也必须承认，西方资本主义并没有被这场金融风暴所击垮，其依然显示出了很强的调节能力。今天中国所取得的伟大成就，证明了马克思主义的强大生命力，也展现了世界社会主义事业振兴的希望，但环顾世界，我们也必须承认世界社会主义运动仍处于低潮之中。一种信仰的形成和巩固是需要社会运动去印证和支撑的，对仍处于低潮中的社会主义运动来说，再塑马克思主义信仰是需要时间的。

二是社会转型的震荡效应。马克斯·韦伯在《新教伦理与资本主义精神》一书中提出了"工具理性和价值理性分离"问题，认为现代社会的基本特征是重视世俗化和形式化，不再像传统社会那样重视宗教、道德、伦理意识形态等价值理性，"一切终极而最崇高的价值从公众生活中隐退"。汤因比在《历史研究》一书中也提到，不同文明形态更替期间会出现"灵魂的分裂"现象。这种"灵魂的分裂"实际上就是社会转型过程中出现的"信仰缺失"问题。我们今天面对的中国，跟改革开放前或改革开放初期相比，发生了结构性变化。胡锦涛曾将这种变化概括为"四个深刻"：经济体制深刻变革、社会结构深刻变动、利益格局深刻调整、思想观念深刻变化。与这"四个深刻"相伴随的是工农阶层和新兴阶层的利益分化、外来文化与内生文化的相互交织、传统价值与现代价值的相互碰撞、马克思主义与非马克思主义的相互交锋，人们的精神世界和行为方式遭受前所未有的冲击和震荡。而此时的马克思主义在整个信仰体系中，不得不面临着被重新评估和重新选择的现状，它已经不能像社会主义建设时期的信仰选择那样具有唯一性，它只是现有信仰体系中的众多选项之一，马克思主义信仰缺失问题随之产生。

三是党内消极腐败现象的腐蚀效应。历史是最锋利的磨刀石。对于任何一个政党来说，长期的执政必然会引发精神懈怠、消极腐败问题。对于已经建党 90 多年、执政 60 多年的中国共产党来说，消极腐败是必须跨越的一道坎。党的十八大以来（截止至 2017 年 6 月），全国共立案审查中管干部 280 多人，厅局级干部 8 600 多人，县处级干部 6.6 万人。腐败问题，损害的不仅是肌体的健康，还有精神的健康。原苏共中央委员格·阿·阿尔巴托夫在《苏联政治内幕：知情者的见证》中讲到苏共信仰危机时认为，特权腐败在苏联不仅造成国家物质上的损失，"道德上的损失就更为惨重：经常遇到磨难的大多数人对那些不仅享受福利照顾而且享有种种特权、任意攫取不义之财而又逍遥法外的'上流人物'的憎恨之情与日俱增，埋下了社会冲突的地雷，党、政府、整个领导层的威信不断下降，同时作为一种自然反应，右的和左的平民主义都冒出来了"①。马克思主义在苏联的式微与苏共党内出现的特权问题、腐败问题、作风问题有着紧密的内在联系。美国学者约翰·约瑟夫·沃利斯也认为，腐败的盛行绝不仅限于政治领域，而会扩展到其他社会领域，对一般信心和信赖起腐蚀作用，导致难以维持公民的道德。在向来推崇以吏为师的中国文化中，领导干部的消极腐败，引发的不仅是党内普通党员的信仰危机，还有整个社会普遍的信仰危机。

四是宣传教育模式滞后的制约效应。坚定对马克思主义的信仰，离不开必要的宣传教育。应该说，改革开放以来，我们的宣传教育还是有进步、有成就的：一是过去那种生硬的"大批判"少了，现在更注重语言表达的艺术性、通俗化、大众化；二是不再像过去那样单纯"突出政治"，现在更注重反映丰富多彩的社会生活和社会文化，视野更宽、包容性更强了。但也必须看到，当前宣传教育特别是信仰教育工作中还存在一些不容忽视的问题：一是不适应时代发展要求的"灌输式""填鸭式""轰炸式"

---

① 格·阿·阿尔巴托夫著，徐葵等译：《苏联政治内幕：知情者的见证》，北京：新华出版社 1998 年版，第 341 页。

教育模式，在各级党员干部培训中仍然大量存在；二是脱离实际、脱离生活、脱离群众的"假""大""空"式思想教育仍大行其道；三是对网络全新舆论格局和舆论生态缺乏认知力、敏感度和应对力，对网上各种反马克思主义思潮除了"封""堵""删"，似乎拿不出更有效的办法。宣传教育模式的滞后，极大地弱化了马克思主义信仰教育的成效，使得一部分党员干部对学习马克思主义、党的创新理论始终缺乏兴趣，这就必然导致其对社会发展规律始终缺乏正确的认识，对资本主义的发展始终缺乏科学的分析。

三、让马克思主义信仰旗帜高高飘扬

在中国的话语体系中，马克思主义信仰既是一个政治命题，也是一个学术命题；既是一个理论命题，也是一个实践问题。有效应对马克思主义信仰缺失问题，除了需要不断加强思想教育、制度建设外，还需要从理论上不断创新发展马克思主义、从政治上不断加强党的纯洁性建设、从生活上更加关注群众利益诉求。

（一）马克思主义依然要成为时代的最强音

《共产党宣言》开篇写道："一个幽灵，共产主义的幽灵，在欧洲游荡。为了对这个幽灵进行神圣的围剿，旧欧洲的一切势力，沙皇和教皇、梅特涅和基佐、法国的激进派和德国的警察，都联合起来了。""共产主义已经被欧洲的一切势力公认为一种势力。"[①] 历史地看，1848 年的欧洲在资本主义生产方式的刺激下所创造的生产力，"比过去一切时代所创造的全部生产力还要多，还要大"。在这样的背景下马克思主义为什么还能将工人群众汇集到自己的旗帜之下，而成为资产阶级"公认的对手"呢？归根到底是因为马克思主义已经成为那个时代的最强音，它对资本主义本质的揭露、对资产阶级本性的批判以及对未来共产主义社会的设想，反映了人民的心声，所以工人群众发自内心地信仰它。当马克思主义进入中国时，迎接它的是资产阶级民主主义、无政府主义、改良主义以及民族主义

---

① 《马克思恩格斯选集》（第一卷），北京：人民出版社 2012 年版，第 399 页。

等诸多"主义"的挑战，但它仍穿越了时空的界限而成为指引中国革命前进的灯塔。"二战"结束以后，伴随着一系列社会主义国家的建立，马克思主义获得了前所未有的认同。但就是这样一种已经被历史证明具有科学性、先进性、实践性的伟大理论，为什么会在苏联、东欧的社会主义建设实践中逐渐走向历史的死胡同呢？原因不在于马克思主义，而是马克思主义在这些国家已经被教条化、被"阉割"了。曾任保加利亚共产党中央政治局委员的利洛夫认为，"马克思主义是人类思想最伟大的成就，没有人如此深刻地分析资本主义。但马克思主义必须发展，遗憾的是，19世纪蓬勃发展的马克思主义，20世纪却在苏东停止了发展。本来理论应先于体制和政策，但我们的理论却远远落在了实践的后边。理论没有回应进入后工业时代的问题，也没有预见世界发展的趋势"。理论不能回答社会现实问题，现实也就不需要这种理论。

今天的中国在马克思主义特别是中国化马克思主义的指导下创造了人类历史上少有的发展奇迹，但我们也要看到，经济的发展并不必然带来理论的发展，如果我们在经济社会发展的过程中，忽略或漠视了理论发展的自觉，马克思主义在中国也可能被教条化、被边缘化。要让马克思主义在众声喧哗的当代中国信仰体系始终占据主导地位，必须推动马克思主义的与时俱进，使其始终成为时代的最强音。

（二）提高党员干部的马克思主义理论修养

崇高信仰、坚定信念不会自发产生。刘少奇在《论共产党员的修养》中指出："如果不掌握马克思列宁主义这个武器，如果没有马克思列宁主义理论的高度修养，要在革命斗争的一切重要问题上，站稳无产阶级的正确立场；要在情况复杂和变化剧烈的情况下，在需要走迂回曲折道路的时候，都能够确定对无产阶级革命事业最有利的方针政策，都能够代表无产阶级革命斗争的整体利益和长远利益，是根本无法做到的。"[1]不能占领理论的制高点，就无法深刻把握人类社会发展规律；缺乏马克思主义理论的素养，就很难做到政治上的坚定。理论上清醒，政治上才能坚定。习近平指出："要练就'金刚不坏之身'，就必须用科学理论武装头脑，不断培植

---

[1] 刘少奇：《论共产党员的修养》，北京：人民出版社1962年版，第22页。

我们的精神家园。"① 俄罗斯学者博尔金在分析苏共垮台的原因时说："我分析了党的各个机构，特别是领导机构的活动，越来越倾向于这样一个结论：苏共的许多病症是不可避免的。造成这种状况的原因当然是多种多样的，但一个重要的原因，是领袖的文化修养退化。"② 许多党员干部特别是高级干部的理论修养、思想方法、精神追求在很大程度上直接决定党的思想路线如何，并进而成为影响社会主义事业兴衰成败的关键因素。马克思主义理论素养的缺失，必然会导致主观世界改造不彻底，容易形成庸俗的世界观、人生观和价值观。

在今天中国，得益于中国共产党的坚持，马克思主义创新的步伐从未停止。但就现实而言，一些党员干部的马克思主义修养并没有随着马克思主义理论创新步伐的加快而相应提高，反而呈现出一定程度的下降。邓小平曾指出，现在我们的干部中很多人不懂马克思主义。李瑞环也曾经指出，现在，我们领导干部的哲学科学水平，特别是马克思主义哲学的水平，从总体上讲是下降了。这种"不懂"和"下降"既体现在对马克思主义知识的贫乏，也体现在对马克思主义立场的淡忘，直接后果就是使一些党员干部不能从人类社会发展规律和马克思主义立场的高度看待和解决社会发展问题，决策中缺乏人民立场和人文关怀，使社会发展付出巨大代价。

提高马克思主义理论修养，核心要求是要把学习掌握马克思主义理论作为看家本领，做到学而懂、学而信、学而用。所谓学而懂，就是要在老老实实、原原本本学习马克思主义，学习马克思主义哲学、政治经济学、科学社会主义的基础上，在懂其体系、精髓、要求和立场、观点、方法上用功着力。所谓学而信，就是要深刻把握马克思主义的崇高理论境界和精神追求，把马克思主义信仰和中国特色社会主义信念牢固确立起来，在灵魂深处进行一场彻底的思想革命，牢固构建国家、党、社会和个人的精神高地。所谓学而用，就是把马克思主义的世界观、方法论引入实践、指导实践、服务实践，建立既体现党和国家的理论原则、思路要求，又符合本

---

① 习近平：《胸怀大局把握大势着眼大事　努力把宣传思想工作做得更好》，《人民日报》，2013 年 8 月 21 日。

② 刘舸：《苏共高层领导人的理论素养与苏联兴亡》，北京：时事出版社 2016 年版，序言。

领域本部门实际的实践理念，解决问题，促进工作，有所作为。

（三）解决马克思主义信仰缺失问题关键在党

提到信仰问题，很多人说我们应该认真研究一下西方的宗教信仰问题，看看他们是怎么解决信仰问题的。可不可以研究西方的宗教信仰问题呢？可以！但能不能解决我国的信仰缺失问题呢？不能！为什么？因为西方的信仰同我们的信仰是两种不同的信仰，它们的作用机理也不一样。信仰有三种基本类型：宗教信仰、政治信仰和道德信仰。西方人的信仰是宗教信仰。它的作用机理是神和人之间的对话，人在现实中遇到的难题可以到神那儿寻求精神安慰，和现实的政治是没有多大关系的。西方解决宗教信仰问题，也是经历了一个漫长的过程。在中世纪，人是不能和神直接对话的，中间还有个层次——教会和神父。在政教合一的中世纪，教会和神父不仅掌握着神权，还掌握着政权和大量的财产。既然教会和神父是神的代表，那么教会和神父出问题，在普通民众的眼里实际上就是神出了问题。因此，在中世纪，西方人虽然信仰神，但西方人的信仰危机比我们现在要严重得多。西方什么时候才解决了宗教信仰问题？直到 16—17 世纪通过宗教改革实现了政教分离，西方才解决了宗教信仰危机问题。

作为政治信仰的马克思主义，它同宗教信仰作用机理是不一样的。在马克思主义信仰的链条上，共产党是信仰的倡导者、示范者和践行者，肩负着倡导、示范、践行马克思主义信仰的政治责任。共产党自身建设出问题，影响的不仅是人们对党的认同，还有对马克思主义的认同。解决马克思主义信仰缺失问题，我们显然不能像西方将教会和神父从信仰的链条上"开除"出去那样把共产党从马克思主义信仰的链条上"开除"出去，唯一可行的路径就是通过加强党的建设使党和党员干部的言行更符合马克思主义的要求。邓小平在 1992 年南方谈话时曾经说过："办好中国的事情，关键在党。"解决马克思主义信仰缺失问题，关键在党，核心是把加强和改善党对马克思主义信仰建设工作的领导与加强党自身的建设统一起来。

（四）在现实生活中夯实马克思主义信仰的根基

理论要高屋建瓴，因为它要引领社会发展；实践则要落到实处，因为它要解决生产及生活问题。在《德意志意识形态》中，马克思、恩格斯在谈到马克思主义哲学与德国哲学的区别时指出："德国哲学从天国降到人间；和它完全相反，这里我们是从人间升到天国。这就是说……我们的出发点是从事实际活动的人，而且从他们的现实生活过程中还可以描绘出这一生活过程在意识形态上的反射和反响的发展……不是意识决定生活，而是生活决定意识。"① 列宁也曾指出："大多数人是根据实际生活得出自己信念的，他们不相信书本和空谈。"② 但在社会主义运动过程中，生活却往往被遗忘掉。20 世纪 50 年代，匈牙利领导人拉科西·马加什公开宣称，改善人民生活就是牺牲我们的未来；波兰共产党总书记瓦迪斯瓦夫·哥穆尔卡号召人们要勒紧裤腰带实现社会主义工业化。由于忽视人们生活的需求，苏东国家先后爆发了"面包荒""肥皂荒""药品荒"，人民群众怨声载道，党群关系、干群关系极度紧张。历史表明，信仰的先进性必须通过实践的先进性来论证。如果马克思主义的先进性不能转化为实践的先进性，而仅仅表现在媒体上、口头上，表现在党章里、政治报告里，那么这种"先进性"实际上是一种虚幻的假象。

对于我们党来说，要避免这种虚幻假象的产生，核心是尊重人民群众的历史主体地位和关心人民群众的生活需求。一是尊重人民群众的历史主体地位。人民群众是历史的创造者，这是历史唯物主义的基本观点。在革命年代，对于中国共产党而言，人民群众手里掌握着革命的资源，中国共产党要生存发展，就必须依靠人民群众，所以共产党提出政策、制定法规的一个重要出发点是动员群众支持自己，从"三大纪律八项注意"到"减租减息"到"平均地权"无不如此。此时，马克思主义不用去刻意宣传，人民群众都发自内心地认同；社会主义建设时期，资源逐渐由人民群众手中转移到政府手里，即使是人民群众购买日常用品也需要政府发放的各种票据，官僚主义逐渐产生，毛泽东意识到了这个问题，他通过"三反""五反"直至发动"文化大革命"试图解决这个问题，虽然这种解决方式带来了一系列问题，但在高度集中的计划经济下人民群众还是始终认为党、政府、领导干部是代表自己利益的，此时不存在信不信马克思主义的问题；改革开放以后，随着阶层的分化，资源越来越向资本和权力聚集。

---

① 《马克思恩格斯选集》（第一卷），北京：人民出版社 1995 年版，第 73 页。
② 《列宁全集》（第 35 卷），北京：人民出版社 1985 年版，第 374 页。

在这样的背景下，中国共产党还要不要依靠人民？这是时代之问，也是百姓之问！对此我们党给予了肯定答复。习近平指出："人民是历史的创造者。要坚持把实现好、维护好、发展好最广大人民根本利益作为推进改革的出发点和落脚点，让发展成果更多更公平惠及全体人民。"但在现实中，一些领导干部并没有把人民群众看作是历史发展、社会财富的主要创造者，漠视人民群众权利的言行屡见不鲜（如"跟政府作对就是恶""你是代表党说话，还是代表人民说话"），党群关系、干群关系日益紧张，马克思主义信仰问题随之产生。所以，我们在实践层面上解决马克思主义信仰缺失问题的核心，是在利益分化的大背景下解决如何敬畏人民的问题。

二是人民群众的生活需求。在革命年代，老百姓最关心吃饭问题！青年毛泽东曾说，世界什么问题最大？吃饭问题最大。在旧中国，谁解决了吃饭问题，谁就能收获民心。1934 年，蒋介石发起新生活运动，确立"礼义廉耻"为"国之四维"，并解释"礼是规规矩矩的态度，义是正正当当的行为，廉是清清楚楚的辨别，耻是切切实实的觉悟"。新生活运动应该说是个好东西，但由于脱离人民群众真实需要、脱离国家面临的主要矛盾，虽然蒋介石大力提倡，但并没有在人民群众中引起多大反响。而反观中国共产党，在深入了解人民群众之疾苦、之所盼基础上提出的"打土豪、分田地"的主张，立即得到人民群众的响应和支持。那么，今天的老百姓最关注什么？他们已经不再关注吃饭问题，他们更关注发展问题、公平问题、收入分配问题、生存环境问题、食品安全问题等。习近平指出："没有扎扎实实的发展成果，没有人民生活的不断改善，空谈理想信念，空谈党的领导，空谈社会主义优越性，空谈思想道德建设，最终意识形态工作也难以取得很好的成效。"[1] 如果我们党和政府回避人民群众所关注的这些问题，无论怎么宣传马克思主义、宣传党的创新理论，人民群众都不会相信，效果就必然大打折扣。

---

[1] 习近平：《胸怀大局把握大势着眼大事　努力把宣传思想工作做得更好》，《人民日报》，2013 年 8 月 21 日。

第七章　培育和践行社会主义核心价值观

社会主义核心价值观是当代中国精神的集中体现，凝结着全体人民共同的价值追求。党的十八大报告首次提出以"富强、民主、文明、和谐，自由、平等、公正、法治，爱国、敬业、诚信、友善"为主要内容的社会主义核心价值观。党的十八大以来，习近平高度重视社会主义核心价值观培育工作，反复强调要把培育和践行社会主义核心价值观作为凝魂聚气、强基固本的基础工程，广泛开展社会主义核心价值观宣传教育，不断夯实中国特色社会主义的思想道德基础。培育和践行社会主义核心价值观，是建设社会主义文化强国、实现社会主义现代化和中华民族伟大复兴的战略任务。

一、近代以来中国社会核心价值观的历史转向

党的十五大报告提到，近代以来中国出现了三个伟人：孙中山、毛泽东和邓小平。之所以称他们为伟人，是因为他们是近代以来推动中国发展的三个"主义"的主要创造者。孙中山创立和发展了"三民主义"，毛泽东创立和发展了"社会主义"，邓小平在继承毛泽东思想的基础上创立和发展了"中国特色社会主义"。"主义"的核心是价值观，"主义"的更替意味着价值观的转向。伴随着这三种"主义"的创立和发展，近代以来中国的社会核心价值观实现了四次转向。

第一次是封建儒学价值观向三民主义价值观的转向。任何一个社会的发展，都需要一种思想、一种价值观的支撑。欧洲的现代化，离不开新教伦理及其所孕育的资本主义精神的支撑。在几千年的中国封建社会中，儒学也承担了这种角色作用，其所倡导的仁、义、礼、智、信等价值观是维护中国封建社会缓慢发展的重要精神基因。但伴随着鸦片战争的爆发和清朝政府一系列丧权辱国行为的出现，中国社会出现了全局性的危机，作为

封建专制思想基础的儒学价值观的合法性受到了根本性的怀疑。目光向西、引进西学成为当时先进分子寻求救亡图存的重要选择。当时把目光转向西方的主要有两拨人：一拨是封建统治阶级内部的先进分子，包括洋务派和维新派，洋务派主张"自强""求富"，这是器物层面的；维新派主张"君主立宪""兴民权"，这是制度层面的。还有一拨是以孙中山为代表的资产阶级革命派，这些人大都有留洋的经历，他们以西方资产阶级提倡的"自由、平等、博爱"为基础，提出了"民族、民权、民生"的三民主义价值观。1911 年辛亥革命的胜利，为三民主义价值观取代封建儒学价值观奠定了基础。1912 年民国政府正式废除传统儒学的意识形态主导地位，标志着三民主义革命价值观逐渐成为中国社会的主导价值观。

第二次是三民主义价值观向新民主主义革命价值观的转向。应该说，三民主义价值观的确立对于近代中国民主主义革命的推进曾起到过积极的作用。比如，1928 年，东北保安总司令张学良正式通电宣布遵守三民主义，服从国民政府，改变旗帜，从而实现了中国形式上的统一。但伴随着孙中山的逝世和国民党性质的演变，三民主义在社会价值观体系中逐渐由强转弱。之所以如此，是因为国民党出了问题。孙中山以后的国民党，日益腐败，日益丧失民心。到了国共对决前，国民党衰败气象更为严重。这时的国民党，用共产国际代表鲍罗廷与廖仲恺的对话来形容：国民党已死，只剩下国民党人而无国民党。而在三民主义价值观衰落的同时，中国共产党所倡导的新民主主义革命价值观的影响日益扩大，其所主张的"民主、科学、独立、自由、统一、富强"逐渐为人民群众所认同，三民主义价值观最终为新民主主义革命价值观取代也就成为历史的必然。

第三次是新民主主义革命价值观向社会主义革命价值观的转向。新中国成立以后，大规模、疾风暴雨式的阶级斗争基本结束，我国进入了社会主义建设时期。在这个时期，我国的社会价值观呈现出两个鲜明的特征：一是爱国主义、集体主义、大公无私、社会平等社会主义价值观迅速得到人们的认同和广泛传播。因为在当时高度一元化、一体化的政治、经济、文化、社会体制下，人们的生活方式、利益差别不太明显，整个社会很容易形成一种简单的、朴素的亲切氛围；二是"革命""斗争""专政"等价值观也不断得到强化，特别是伴随着"文化大革命"这样全面性的阶级斗争运动的展开，这些价值观迅速被推向极端，而个性、创造、民主、法制等现代价值观则被泯灭掉了，整个社会的价值观念陷入一种极端状态，留下了深刻的历史教训。

第四次是社会主义革命价值观向中国特色社会主义核心价值观的转向。"文化大革命"的巨大灾难和深刻教训使我们党认识到，社会主义现代化是一个全面的现代化，既包括生产关系的现代化，也包括生产力的现代化和人的现代化。党的十一届三中全会以后，以邓小平为核心的第二代中央领导集体，强调在建设高度社会主义物质文明的同时，还要建设高度的社会主义精神文明和发展高度的社会主义民主。党的十二大报告指出："中国共产党在新的历史时期的总任务是：团结全国各族人民，自力更生，艰苦奋斗，逐步实现工业、农业、国防和科学技术现代化，把我国建设成为高度文明、高度民主的社会主义国家。"[①] 同以往相比，十二大在"四个现代化"的基础上，加入了"高度文明、高度民主"的价值层面的内容。随着对基本国情的进一步深入认识，我们党在十三大报告提出的社会主义初级阶段基本路线中放弃了"高度"的提法，并将"富强"纳入价值目标，即要把我国建设成为富强、民主、文明的社会主义现代化国家。将"富强"纳入社会主义价值目标是一个巨大的历史进步，因为，在很长一段时期内，我们有过"怕富"的思想和观念，怕富了会出修正主义，认为"穷则革命，富则变修"。十三大报告中"建设富强、民主、文明的社会主义现代化国家"这一表述，被党的十四大、十五大、十六大所沿用，并被固定下来。党的十六大以后，随着社会问题的凸显，党的十六届六中全会首次把"和谐"纳入现代化建设总目标，提出要把我国建设成为一个"富强、民主、文明、和谐的社会主义现代化国家"。从而把我们党对现代化建设价值目标的认识，从当初的"文明、民主"两个目标扩展到"富强、民主、文明、和谐"四个目标。这表明我们党对社会主义的价值属性理解得更加透彻。

而与此同时，经过 40 年的改革开放，一系列与时代发展要求相适应的价值观也得到人们的高度认可。例如，经济领域有效率、公平、竞争等；政治领域有自由、民主、法治、人权、正义等；文化领域有文明、爱国、

---

① 中共中央文献研究室编：《十二大以来重要文献选编》（上），北京：人民出版社 1986 年版，第 13 页。

尚荣、知耻等；社会领域有团结、互助、友爱、和谐、诚信等；生态文明建设领域有美丽、节约、友好、可持续发展等。这些价值观为提炼社会主义核心价值观提供了重要思想资源。

二、全体人民共同价值追求的高度凝结

党的十八大报告确立的以"富强、民主、文明、和谐，自由、平等、公正、法治，爱国、敬业、诚信、友善"为主要内容的社会主义核心价值观，实现了我们党在社会主义核心价值观问题认识上的升华，为我们认识社会主义及其未来发展提供了一个崭新的视角。"社会主义核心价值观，传承着中国优秀传统文化的基因，寄托着近代以来中国人民上下求索、历经千辛万苦确立的理想和信念，也承载着我们每个人的美好愿景。"① 离开了社会主义核心价值观，构筑中国精神、中国价值、中国力量将无从谈起，实现中国梦也将无从谈起。

（一）社会主义核心价值观传承着中华优秀传统文化的基因

习近平指出："一个民族、一个国家的核心价值观必须同这个民族、这个国家的历史文化相契合。"② 社会主义核心价值观不仅与中国需要解决的时代问题相适应，与中国人民进行的现代化建设相一致，也与中华优秀传统文化相契合。

社会主义核心价值观的根和本在中华优秀传统文化。当今时代是个文化多元的时代，当代中国是个多元文化共存的国度。传统文化与现代文化相互交融，外来文化与本土文化相互交融、马克思主义与非马克思主义相互交锋，共同构成了当代中国发展的文化背景。在这样的背景下，明确社会主义核心价值观的"根"和"本"所在，知道其从哪里来，不仅是一个文化命题，也是一个政治命题，直接影响到社会主义核心价值观的培育和践行工作。习近平指出："牢固的核心价值观，都有其固有的根本。抛弃

① 习近平：《青年要自觉践行社会主义核心价值观》，《人民日报》，2014年5月5日。

② 习近平：《习近平谈治国理政》，北京：外文出版社2014年版，第171页。

传统、丢掉根本，就等于割断了自己的精神命脉。"① 并明确指出："中华文明绵延数千年，有其独特的价值体系。中华优秀传统文化已经成为中华民族的基因，植根在中国人内心，潜移默化影响着中国人的思想方式和行为方式。"② "我们生而为中国人，最根本的是我们有中国人的独特精神世界，有百姓日用而不觉的价值观。我们提倡的社会主义核心价值观，就充分体现了对中华优秀传统文化的传承和升华。"③ 如果我们不能坚持在中华大地上形成和发展起来的价值观，丧失的不仅仅是民族特性，更是精神独立性；而如果丧失精神独立性，那么政治、思想、文化、制度等方面的独立性也就会成为空中楼阁。

对于社会主义核心价值观来说，中华文化是一座取之不竭的宝藏，它为社会主义核心价值观的形成提供了最为深厚的文化资源。在中华文化中，思想道德文化独树一帜，并成为显著特征。习近平曾深刻指出："中华传统美德是中华文化精髓，蕴含着丰富的思想道德资源。"④ 2 000 多年前，中国就出现了诸子百家的盛况，老子、孔子、墨子等思想家上究天文、下穷地理，广泛探讨人与人、人与社会、人与自然关系的真谛，形成了博大精深的思想体系。在中华文化的视野中，人最为天下贵，具有自然万物所不及的最高价值；群体利益是最高利益，人的社会价值、群体价值最为重要；个人价值主要体现在道德品质上，而不是体现在知识和能力上。诞生在农耕文明基础上的中国传统文化，不可避免地会具有时代的局限性，但他们这种求大真、求大善、求大美的文化精神，早已积淀为中华民族精神家园的一部分，并源源不断地为中华民族提供精神支撑和心灵慰藉。"中华优秀传统文化讲仁爱、重民本、守诚信、崇正义、尚和合、求大同的时代价值，使中华优秀传统文化成为涵养社会主义核心价值观的重要源泉。"⑤

---

① 习近平：《习近平谈治国理政》，北京：外文出版社 2014 年版，第 164 页。
② 习近平：《习近平谈治国理政》，北京：外文出版社 2014 年版，第 170 页。
③ 习近平：《习近平谈治国理政》，北京：外文出版社 2014 年版，第 171 页。
④ 习近平：《把培育和弘扬社会主义核心价值观作为凝魂聚气强基固本的基础工程》，《人民日报》，2014 年 2 月 26 日。
⑤ 习近平：《把培育和弘扬社会主义核心价值观作为凝魂聚气强基固本的基础工程》，《人民日报》，2014 年 2 月 26 日。

（二）社会主义核心价值观寄托着近代以来中国人民上下求索的理想和信念

在人类历史发展的长河中，勤劳勇敢的中华民族曾创造了令人叹为观止的物质文明和精神文明。保罗·肯尼迪曾说，在500年前，中国是世界上唯一的超级大国，当许多欧洲人还住在土坯房里时，中国已经是地球上最强大的经济和军事国家，但伴随着欧洲工业革命的发生，中国在世界历史发展的进程中逐渐落伍了。"落后就要挨打。"鸦片战争以后，清政府在西方列强的坚船利炮下割地赔款，备受屈辱。中华民族面临的危机激起了国人自强自立的民族精神，实现"民族独立、国家富强"成为当时最为响亮的口号。

世界上没有哪一个民族能像中华民族那样，既创造了5 000多年的悠久文化，也承受着百余年山河破碎、丧权辱国的巨大痛楚；也没有哪一个民族，有着如此强烈的复兴意志。历史学家金冲及在《二十世纪中国史纲》中说，实现中华民族的伟大复兴，在整个20世纪一直是中国无数志士仁人顽强追求的目标，一直是时代潮流中的突出主题，中国的革命也好，建设也好，改革也好，归根到底是为了实现这个目标。较早觉醒的洋务派，希望通过洋务运动，"师夷长技以制夷""中体西用"实现富国强兵的梦想。1894年，孙中山在檀香山创立兴中会，提出了"振兴中华"的口号。李大钊大声呐喊，要"再建中国"，重振中国雄风，建设"青春之中华"，使中国在世界上占有一席之地。毛泽东则提出："我们不但要把一个政治上受压迫、经济上受剥削的中国，变为一个政治上自由和经济上繁荣的中国，而且是要把一个被旧文化统治而愚昧落后的中国，变为一个被新文化统治因而文明先进的中国。"①

邓小平在带领中国人民进行社会主义现代化建设过程中，从我国的具体国情出发，提出了"我们进行社会主义现代化建设，是要在经济上赶上发达的资本主义国家，在政治上创造比资本主义国家的民主更高更切实的民主"②。"我们要建设的社会主义国家，不但要有高度的物质文明，而且

---

① 《毛泽东选集》（第二卷），北京：人民出版社1991年版，第663页。
② 《邓小平文选》（第二卷），北京：人民出版社1994年版，第322页。

要有高度的精神文明。"① 可以说，建设富强、民主、文明、和谐的现代化国家，实现国家富强、民族振兴、人民幸福，既深深体现了今天中国人的理想，也深深反映了先人们不懈追求进步的光荣传统。我们要在全社会牢固树立社会主义核心价值观，全体人民一起努力，通过持之以恒的奋斗，把我们的国家建设得更加富强、更加民主、更加文明、更加和谐、更加美丽，让中华民族以更加自信、更加自强的姿态屹立于世界民族之林。

（三）社会主义核心价值观承载着每个人的美好愿景

习近平指出："社会主义核心价值观，体现了古圣先贤的思想，体现了仁人志士的夙愿，体现了革命先烈的理想，也寄托着各族人民对美好生活的向往。"② 建设"富强、民主、文明、和谐"之国家，"自由、平等、公正、法治"之社会，"爱国、敬业、诚信、友善"之公民，是民族国家之梦，也是每个人的美好愿景。

愿景是一种人类特有的精神现象，是人们在社会实践中对未来工作、生活的美好设想和追求。愿景不同于空想和幻想，它立足于社会实践发展，具有实现的可能性。自古以来，中国人并不缺少理想愿景的引领，也从未停过追梦筑愿的脚步。对于个人而言，愿景内容极其丰富，它几乎涵盖了一个人对生活方方面面的想法和愿望。在国家社会层面，每个人都希望生活在一个富强、民主、文明、和谐的国家，生活在一个自由、平等、公正、法治的社会；在行为上，都追求温文尔雅、诚信友善，希望每个人都具有良好的品德、高尚的节操；在职业上，都追求较高的收入、较高的社会地位，努力实现自己的职业抱负；在生活上，都追求健康快乐、衣食无忧和家庭美满等。"中国人民热爱生活，期盼有更好的教育、更稳定的工作、更满意的收入、更可靠的社会保障、更高水平的医疗卫生服务、更舒适的居住条件、更优美的环境。实现中华民族伟大复兴是近代以来中华民族最根本的梦想。中国人民正在为实现自己的美好愿望而奋斗。"③

---

① 《邓小平文选》（第二卷），北京：人民出版社 1994 年版，第 367 页。
② 习近平：《从小积极培育和践行社会主义核心价值观——在北京市海淀区民族小学主持召开座谈会时的讲话》，《人民日报》，2014 年 5 月 31 日。
③ 习近平：《促进共同发展 共创美好未来——在墨西哥参议院的演讲》，《人民日报》，2013 年 6 月 6 日。

　　改革开放以来，我国经济发展很快，人民生活水平也提高很快。同时，我国社会正处在思想大活跃、观念大碰撞、文化大交融的时代，也出现了不少问题，其中比较突出的一个问题就是一些人价值观缺失，观念没有善恶，行为没有底线，什么违反党纪国法的事情都敢干，什么缺德的勾当都敢做，没有国家观念、集体观念、家庭观念，不讲对错，不问是非，不知美丑，不辨香臭，浑浑噩噩，穷奢极欲。这些问题的出现极大地增加了人民的社会焦虑感。尽快解决这些人民群众关心的问题，既是中国特色社会主义的本质要求，也是满足人民群众对美好生活向往的内在要求。一个生活在不知美丑、充满焦虑社会里的人，是感受不到生活美好的一面的。我们党始终强调，两个文明都搞好才是中国特色社会主义。习近平也指出："我们要在全社会大力弘扬和践行社会主义核心价值观，使之像空气一样无处不在、无时不有，成为全体人民的共同价值追求，成为我们生而为中国人的独特精神支柱，成为百姓日用而不觉的行为准则。"① 从这种意义上讲，社会主义核心价值观，承载的不仅是国家社会的梦想，也有每个中国人对美好生活的向往。

三、凝魂聚气、强基固本的基础工程

　　当前，我国正处在大发展大变革大调整时期，国际国内形势的深刻变化使我国思想文化领域面临着空前复杂的情况，各种思潮相互激荡，不同文明交流交融交锋更加频繁，进一步凸显了思想文化力量在综合国力竞争中的战略地位。在这种情况下，提高整合社会思想文化和价值观念的能力，扩大主流价值观念的影响力，掌握价值观念领域的主动权、主导权、话语权，是我们必须解决好的重大课题，对巩固全社会的共同思想基础、巩固党的执政地位具有重大而现实的意义。

（一）有助于直面日趋严峻的价值迷失现象，进一步凝聚社会共识

　　历史地看，转型的社会确实是个容易价值迷失的社会，因为深刻的、大规模的社会转型，必然会引起文化模式的变迁，从而引起人们价值观念

---

　　① 习近平：《在文艺工作座谈会上的讲话》，《人民日报》，2015 年 10 月 15 日。

的更新。19 世纪末到 20 世纪初的美国初步完成了从传统农业社会向现代工业社会的转变，这个时期，美国在完成了经济总量世界第一的历史性任务的同时，整个国家也产生了严重的社会问题，既有移民问题、种族问题、妇女问题、官员腐败等早期问题，也有"一战"后广受关注的社会犯罪、贫富分化、道德沦陷等诸多问题。美国的乔治·赛耶曾将 1876 年之后的半个世纪称为"美国贿赂的黄金时代"，他说："美国政治从来没有像现在这样腐败，所有的办公室都被收买，几乎所有的人都难保纯洁，几乎所有的原则和神圣都被践踏。"

今天的中国，跟改革开放前或改革开放初期相比已经发生了结构性变化，经济体制深刻变革，社会结构深刻变动，利益格局深刻调整，思想观念深刻变化。正是这"四个深刻"，使得"价值迷失"成为当代中国的社会转型之痛。一些社会成员人生观、价值观扭曲，层出不穷的道德冷漠现象和大量涌现的媚俗、低俗、庸俗文化，在带来"眼球效应"的同时，也引起了社会的反感和反思。"任何一个社会都存在多种多样的价值观念和价值取向，要把全社会意志和力量凝聚起来，必须有一套与经济基础和政治制度相适应，并能形成广泛社会共识的核心价值观。否则，一个民族就没有赖以维系的精神纽带，一个国家就没有共同的思想道德基础。"① 多元的中国，需要思想的活力，也需要价值的共识。今天无处不在的多元化已经成为中国发展的思想背景，但怎样让多元化成为中国继续前进的动力，使未来的中国发展更有方向感，正成为日益紧迫的问题。面对人们思想观念的重大变化和价值迷失现象，必须大力培育和践行社会主义核心价值观。

（二）有助于适应国际竞争新要求，进一步提升中国道路的世界影响力

习近平指出："价值观念在一定社会的文化中是起中轴作用的，文化的影响力首先是价值观念的影响力。世界上各种文化之争，本质上是价值观念。"② 国家之间的战略竞争，既是硬实力的竞争，也是软实力竞争。软

---

① 中共中央文献研究室编：《习近平关于社会主义文化建设论述摘编》，北京：中央文献出版社 2017 年版，第 106 页。

② 中共中央文献研究室编：《习近平关于社会主义文化建设论述摘编》，北京：中央文献出版社 2017 年版，第 105 页。

实力竞争首先是核心价值观的竞争。一个国家的国际影响力，首先是它的核心价值观的影响力。

改革开放以来，有关中国发展道路的争论一直没有停止，所谓"中国威胁论""中国崩溃论""中国霸权论"等言论此起彼伏。无论是唱衰中国还是妖魔化中国，其理论的根据都与中国的发展理念、主导价值观密切相关。英国前首相撒切尔夫人在20世纪80年代就预言中国改革不会成功，因为中国缺乏引领市场经济的价值观念。言外之意，中国缺少新自由主义的价值观念，必然导致市场经济的崩溃。实践是最好的教科书，适应于西方的新自由主义发展模式，并不一定适应于其他地区和国家。"鞋合不合适，只有脚知道。"伴随着"拉美陷阱"的出现、1997年亚洲金融危机的爆发，特别是2008年世界金融风暴的爆发，新自由主义及其完成形态"华盛顿共识"遭到越来越多的怀疑。2009年4月，英国时任首相布朗在G20峰会后的记者招待会上宣布，"华盛顿共识"的时代已经过时。

与"华盛顿共识"的没落相比，"北京共识"或"中国模式""中国道路"越来越引起世人的关注。2004年5月，英国著名思想库伦敦外交政策研究中心发表的研究报告《北京共识：提供新模式》指出，中国通过努力、主动创新和大胆实践，探索出一种适合本国国情的发展模式。这种发展模式不仅适合中国，也为发展中国家提供了榜样。曾经提出"历史终结论"的美国学者福山也修正了自己的观点，他认为："中国模式"的有效性证明，西方自由民主并非人类历史进化的终点，人类思想宝库要为中国传统留有一席之地。这表明，"中国模式"或"北京共识"已经成为发达国家和发展中国家共同关注的问题。但关注并不意味着了解。提出"世界体系论"的沃勒斯坦曾提出对中国认知的三对矛盾，即中国是社会主义国家还是资本主义国家、中国是南方国家还是北方国家、中国仍是反帝的领袖国家还是已经成为帝国主义强国。可以说，虽然国外政要、学者对中国模式有不同的理解，并描述了中国模式的若干现象特征，但他们很难理解中国模式的真实含义和精神实质。

让世界更好地认识中国，需要核心价值观的视角。因为核心价值观是认识一个国家、一种发展模式的关键性要素，它确立的是一个国家价值判断的基本标准，展示的是一个国家的根本性质和奋斗目标，体现的是一个国家的内在追求和外在诉求。比如说，提到美国，人们立即就会想到其所提倡的"自由、平等、人权"价值观。只有理解一国的核心价值观，才能对其发展模式有更深刻的理解。在此意义上，可以说，社会主义核心价值观基本范畴的提出，不仅体现了我们党高度的文化自觉和理论自觉，也在更深层次指明了中国道路的核心价值理念，在较高层次上向世界说明中国。

（三）有助于初步解决马克思主义价值难题，进一步坚定人民群众的社会主义信念

在马克思主义理论中，马克思、恩格斯尽管对资本主义进行了深入的分析和批判，但他们对资本主义以后的社会主义、共产主义社会的设想，始终慎之又慎，一再宣称，决不提供适合将来任何时候的"一劳永逸的现存方案"。他们虽然对资本主义"自由、平等、博爱"的核心价值观做了辩证分析和科学批判，但始终没有对社会主义核心价值观做出过具体论述，只是为建立社会主义核心价值观提供了科学分析的理论框架。可以说，"什么是"和"如何建设"社会主义核心价值观，是马克思主义经典作家留给我们的一个世纪性价值难题。

进入 20 世纪，苏联、东欧、中国以及其他一些国家，都先后建立了社会主义制度，也一度形成社会主义阵营。然而，由于社会主义从一开始就是以资本主义的"掘墓人"的角色出现的。所以，长期以来，社会主义与资本主义一直处于相互并存但又"你死我活"的斗争状态之中。为了防止资本主义的颠覆、渗透和演变，社会主义国家主要致力于经济、军事等硬实力的提升，而对于社会主义核心价值观缺乏深入研究。20 世纪上中叶的苏联理论界，甚至还制造了一种"社会主义价值观"与"社会主义科学论"对立的理论，认为只能从科学角度去认识社会主义，而不能从价值角度去认识社会主义。这种论调，首先从思想上主观地排除了社会主义的价值考量和价值追求，把社会主义的科学性和价值性对立起来。这样的认识产生了两个消极后果：一是使人们缺乏明确、坚定的社会主义价值追求与信仰，对"什么是社会主义，怎样建设社会主义、建设什么样的社会主义"产生茫然和困惑；二是为资本主义核心价值观的渗透提供了空间和可乘之机。你不去占领，别人就去占领。保加利亚社会党战略研究中心主任亚历山大·利洛夫曾深刻总结了苏共垮台和苏联解体的这一沉痛教训：苏联和苏联共产党的灭亡，不是由于外部侵略而是遭到内部的摧毁，一个极其重要的原因是，社会主义社会及其执政党应该坚持自己的原则、传统和价值。

苏东剧变的历史表明，一个政党的执政地位不仅仅受经济发展水平的影响，还受政治与民主、公平与效率、价值与信仰等因素的影响。不是哪一个方面的问题解决了，执政地位就巩固了，而是各个方面都要统筹兼顾。因为经济问题的解决，并不意味着思想问题的解决，并不意味着价值问题的解决，并不意味着政治问题、文化问题和社会问题的解决。从这个意义上可以说，我们党确立的社会主义核心价值观，不仅是中国特色社会主义发展进程中的一件大事，也是科学社会主义运动中的一件大事。

（四）有助于积极应对多元文化交锋，进一步掌握社会主义意识形态主导权

进一步掌握意识形态的主导权是培育和践行社会主义核心价值观的重要落脚点。"培育和弘扬核心价值观，有效整合社会意识，是社会系统得以有效维护的重要途径，也是国家治理体系和治理能力的重要方面。"[1] 党的十八大报告指出，积极培育和践行社会主义核心价值观，牢牢掌握意识形态工作领导权和主导权，坚持正确导向，提高引导能力，壮大主流思想舆论。党的十九大报告再次强调要牢牢掌握意识形态工作领导权，大力培育和践行社会主义核心价值观。

进入改革开放新时期，随着我国各类社会热点问题的叠加出现，各种力量都试图发出自己的声音，思想理论领域也呈现十分活跃、十分复杂的状况。包括老"左"派思潮、新"左"派思潮、民主社会主义思潮、自由主义思潮、民族主义思潮、民粹主义思潮、新儒家思潮在内的诸多社会思潮围绕社会主义与资本主义的关系、当代社会主义与传统社会主义的关系、当代中国与古代中国的关系、中国与世界的关系，给出了不同的答案。社会思潮的多样化给社会主义意识形态带来了双重影响：一方面，它们的多样化存在与交锋，为社会主义意识形态的发展进步提供了可资利用的思想材料；另一方面，它们倡导的观点及一些政策主张，又给社会主义

---

[1] 中共中央文献研究室编：《习近平关于社会主义文化建设论述摘编》，北京：中央文献出版社 2017 年版，第 106 页。

意识形态带来了巨大冲击和挑战。在众多社会思潮中，极"左"与极右思潮应当引起我们的重视。极"左"思潮是想把中国拉回到封闭僵化的"老路"上去；而极右思潮则想把中国拉向改旗易帜"邪路"上去。我们必须不断扩大社会主义核心价值观的影响力，掌握价值观念领域的主动权、主导权、话语权，切实把意识形态工作的领导权牢牢掌握在手中。

四、推动社会主义核心价值观内化于心、外化于行

核心价值观的培育和践行，是一个逐步积累、逐步认识、逐步形成共识的过程，不可能是朝夕之功。从历史上看，封建社会核心价值观的发育成熟用了上千年，资本主义社会核心价值观从提出到确立用了几百年，社会主义核心价值观要赢得亿万群众也需要一个长期艰苦的过程。培育和践行社会主义核心价值观必须立足当前、着眼长远，从现在做起、从点滴做起。党的十九大报告指出："要以培养担当民族复兴大任的时代新人为着眼点，强化教育引导、实践养成、制度保障，发挥社会主义核心价值观对国民教育、精神文明创建、精神文化产品创作生产传播的引领作用，把社会主义核心价值观融入社会发展各方面，转化为人们的情感认同和行为习惯。坚持全民行动、干部带头，从家庭做起，从娃娃抓起。"[①] 这为我们在新的时代条件下开展社会主义核心价值观培育和践行工作，提供了根本遵循。

（一）加强思想教育引导

毛泽东曾指出："掌握思想教育，是团结全党进行伟大政治斗争的中心环节。如果这个任务不能解决，党的一切政治任务是不能完成的。"[②] 习近平也明确指出："教育引导是培育和弘扬社会主义核心价值观的基础性工作。"[③] 培育和践行社会主义核心价值观，首要的是抓好教育引导，引导

①　习近平：《决胜全面建成小康社会　夺取新时代中国特色社会主义伟大胜利——在中国共产党第十九次全国代表大会上的报告》，北京：人民出版社 2017 年版，第 42 页。

②　《毛泽东选集》（第三卷），北京：人民出版社 1991 年版，第 1094 页。

③　中共中央文献研究室编：《习近平关于社会主义文化建设论述摘编》，北京：中央文献出版社 2017 年版，第 108 页。

人民群众和广大党员干部理解弘扬社会主义核心价值观的重大意义、科学内涵、精神实质、实践要求，打牢培育和践行工作的思想基础。

摆在重要位置。习近平指出："核心价值观是一个国家的重要稳定器，能够构建具有强大感召力的核心价值观，关系社会和谐稳定，关系国家长治久安。"① 苏联解体的原因有很多，但始终没有形成明确的核心价值观进而引发思想混乱是一个原因。总结苏共解体的历史教训，要求"我们要从巩固全党全国各族人民团结奋斗的共同思想基础、巩固党的执政地位的战略高度，持续加强社会主义核心价值体系建设，把培育和弘扬社会主义核心价值观作为凝魂聚气、强基固本的基础工程，作为一项根本任务，切实抓紧抓好"②。

发挥榜样作用。优秀典型人物，是良好社会风气的导向标，是传播优秀价值观的鲜活教科书。在中华民族不断前行的历史进程中，有无以数计的各类英雄和先进分子，他们的事迹生动而鲜明地记述着中华民族崇德尚义的不懈追求，成为照亮华夏儿女不断前行的精神灯塔。礼敬楷模，尊崇榜样，不仅是中华民族坚守不变的优良传统，也是当下弘扬社会主义核心价值观的重要路径。习近平指出："各行各业都有很多值得我们学习的榜样，包括航天英雄、奥运冠军、大科学家、劳动模范、青年志愿者，还有那些助人为乐、见义勇为、诚实守信、敬业奉献、孝老爱亲的好人，等等。榜样的力量是无穷的。大家要把他们立为心中的标杆，向他们看齐，像他们那样追求美好的思想品德。"③ 在会见第四届全国道德模范及提名奖获得者时，习近平又指出："道德模范是社会道德建设的重要旗帜，要深入开展学习宣传道德模范活动，弘扬真善美，传播正能量，激励人民群众崇德向善、见贤思齐，鼓励全社会积善成德、明德惟馨，为实现中华民族伟大复兴的中国梦凝聚起强大的精神力量和有力的道德支撑。"④ "见贤思

---

① 中共中央文献研究室编：《习近平关于社会主义文化建设论述摘编》，北京：中央文献出版社 2017 年版，第 106 页。

② 中共中央文献研究室编：《习近平关于社会主义文化建设论述摘编》，北京：中央文献出版社 2017 年版，第 107 页。

③ 习近平：《从小积极培育和践行社会主义核心价值观——在北京市海淀区民族小学主持召开座谈会时的讲话》，《人民日报》，2014 年 5 月 31 日。

④ 习近平：《习近平谈治国理政》，北京：外文出版社 2014 年版，第 158 页。

齐焉，见不贤而内省也。"榜样的力量是无穷的。要深入开展宣传学习活动，创新形式、注重实效，把道德模范的榜样力量转化为亿万群众的生动实践，在全社会形成崇德向善、见贤思齐、德行天下的浓厚氛围。

从娃娃抓起，从学校抓起。一个民族的文明进步，一个国家的发展壮大，需要一代又一代人接力努力，需要很多力量来推动。儿童是价值观的形成期，学校是弘扬价值观的重要场所。培育和践行社会主义核心价值观，必须从娃娃抓起，从学校抓起。习近平指出："让社会主义核心价值观在少年儿童中培育起来，家庭、学校、少先队组织和全社会都有责任。"① 家庭是孩子的第一个课堂，父母是孩子的第一个老师。家长要时时处处给孩子做榜样，用正确行动、正确思想、正确方法教育引导孩子。学校要把德育放在更加重要的位置，全面加强校风、师德建设，坚持教书育人，根据少年儿童特点和成长规律，循循善诱，春风化雨，努力做到每一堂课不仅传播知识，而且传授美德；每一次活动不仅健康身心，而且陶冶性情，让同学们都得到倾心关爱和真诚帮助，让社会主义核心价值观的种子在学生心中生根发芽。少先队要坚持开展组织教育、自主教育、实践活动，更好地为少年儿童培育和践行社会主义核心价值观服务，把广大少年儿童团结好、教育好、带领好。

青年要自觉践行社会主义核心价值观。高校是各种思想言论的主要集中发散地，青年学生则是各种思想观念争夺的主要对象。青年兴则国家兴，青年强则国家强。习近平指出："青年的价值取向决定了未来整个社会的价值取向，而青年又处在价值观形成和确立的时期，抓好这一时期的价值观养成十分重要。这就像穿衣服扣扣子一样，如果第一粒扣子扣错了，剩余的扣子都会扣错。人生的扣子从一开始就要扣好。"② 广大青年要从现在做起，从自己做起，勤学、修德、明辨、笃实，使社会主义核心价值观成为自己的基本遵循，并身体力行大力将其推广到全社会去，努力在实现中国梦的伟大实践中创造自己的精彩人生。

---

① 习近平：《从小积极培育和践行社会主义核心价值观——在北京市海淀区民族小学主持召开座谈会时的讲话》，《人民日报》，2014 年 5 月 31 日。

② 习近平：《青年要自觉践行社会主义核心价值观》，《人民日报》，2014 年 5 月 5 日。

（二）强化党员领导干部的引领示范责任

　　培育和践行社会主义核心价值观，既是一个文化过程，也是一个政治过程。在这个过程当中，党员领导干部的言行举止至关重要。习近平指出："广大党员、干部必须带头学习和弘扬社会主义核心价值观，用自己的模范行为和高尚人格感召群众、带动群众。"① 要加强党员干部理想信念教育和思想道德建设，使广大党员干部成为践行社会主义核心价值观的模范。

　　坚定理想信念，坚守共产党人精神追求，始终是共产党人安身立命的根本。对马克思主义的信仰，对社会主义和共产主义的信念，是共产党人的政治灵魂，是共产党人经受住任何考验的精神支柱。没有理想信念，理想信念不坚定，精神上就会"缺钙"，就会得"软骨病"。现实生活中，一些党员干部出现这样那样的问题，说到底是信仰迷茫、精神迷失。习近平在党的十九大报告中指出："要把坚定理想信念作为党的思想建设的首要任务，教育引导全党牢记党的宗旨，挺起共产党人的精神脊梁，解决好世界观、人生观、价值观这个'总开关'问题，自觉做共产主义远大理想和中国特色社会主义共同理想的坚定信仰者和忠实实践者。"② 当然，崇高信仰、坚定信念不会自发产生。要练就"金刚不坏之身"，必须用科学理论武装头脑，不断培植精神家园。理论学习要达到三种境界：首先，要有"望尽天涯路"那样志存高远的追求，耐得住"昨夜西风凋碧树"的冷清和"独上高楼"的寂寞，静下心来通读苦读；其次，要勤奋努力、刻苦钻研，下真功夫、苦功夫、细功夫，即使"衣带渐宽"也"终不悔"，"人憔悴"也心甘情愿；再次，贵在独立思考、学用结合、学有所悟、用有所得，在学习和实践中"众里寻他千百度"，最终"蓦然回首"，在"灯火阑珊处"领悟真谛。

　　践行根本宗旨。全心全意为人民服务是中国共产党的根本宗旨，也是

---

　　① 习近平：《把培育和弘扬社会主义核心价值观作为凝魂聚气强基固本的基础工程》，《人民日报》，2014 年 2 月 26 日。

　　② 习近平：《决胜全面建成小康社会　夺取新时代中国特色社会主义伟大胜利——在中国共产党第十九次全国代表大会上的报告》，北京：人民出版社 2017 年版，第 63 页。

中国共产党不断发展壮大的根本保证。在革命年代，对于中国共产党而言，人民群众手里掌握着革命的资源，中国共产党要生存发展，就必须依靠人民群众，所以践行根本宗旨具有强大的动力。改革开放以来，伴随着市场经济的发展，更多的资源开始向资本集中。在这样的背景下，一些领导干部有意无意地漠视群众诉求、无视群众疾苦，甚至视群众为负担，党的根本宗旨被淡忘了。党的十九大报告指出："人民是历史的创造者，是决定党和国家前途命运的根本力量。必须坚持人民主体地位，坚持立党为公、执政为民，践行全心全意为人民服务的根本宗旨，把党的群众路线贯彻到治国理政全部活动之中，把人民对美好生活的向往作为奋斗目标，依靠人民创造历史伟业。"① 对于领导干部来说，心中必须始终装着老百姓，先天下之忧而忧，后天下之乐而乐，做到不谋私利、克己奉公。对个人的名誉、地位、利益，要想得透、看得淡。要着力解决好人民最关心、最直接、最现实的利益问题，特别是要下大气力解决好人民不满意的问题，多做雪中送炭的事情。

加强道德修养。"德者，本也。"蔡元培先生说过："若无德，则虽体魄智力发达，适足助其为恶，无益也。"② 道德之于个人、之于社会，都具有基础性意义，做人做事第一位的是崇德修身。习近平曾指出："建设一支德才兼备的高素质执政骨干队伍，是我们事业成功的根本保证。面对纷繁复杂的社会现实，党员干部特别是领导干部务必把加强道德修养作为十分重要的人生必修课。"③ 纵观那些"落马"的领导干部，大都表现出官德很差的一面。加强官德建设迫在眉睫。一是正确认识和处理人际关系，做到既有人情味又按原则办，特别是当个人感情同党性原则、私人关系同人民利益相抵触时，必须毫不犹豫站稳党性立场，坚定不移维护人民利益。二是下决心减少应酬，保持健康的工作方式和生活方式，多学习充

---

① 习近平：《决胜全面建成小康社会　夺取新时代中国特色社会主义伟大胜利——在中国共产党第十九次全国代表大会上的报告》，北京：人民出版社2017年版，第21页。

② 沈善洪主编：《蔡元培选集》（上册），杭州：浙江教育出版社1993年版，第494页。

③ 习近平：《深化改革发挥优势创新思路统筹兼顾　确保经济持续健康发展社会和谐稳定》，《人民日报》，2014年5月11日。

电、消化政策，多下基层调查研究、掌握第一手情况，多系统思考和解决存在的突出问题，自觉远离那些庸俗的东西。三是实实在在做人做事，做到严以修身、严以用权、严以律己，谋事要实、创业要实、做人要实，堂堂正正、光明磊落，敢于担当责任，勇于直面矛盾，善于解决问题，不搞"假大空"。四是对一切腐蚀诱惑保持高度警惕，慎独慎初慎微，做到防微杜渐。

（三）注重生活实践养成

马克思、恩格斯在《德意志意识形态》中指出："不是意识决定生活，而是生活决定意识。"① 习近平也强调指出："一种价值观要真正发挥作用，必须融入社会生活，让人们在实践中感知它、领悟它，达到'百姓日用而不知的程度'。"② 社会主义核心价值观，对日常生活中的每一个人都具有重要的影响；反过来，社会主义核心价值观建设，必然也会受到日常生活的影响。

把培育和践行社会主义核心价值观与健全日常行为规范相结合。对于广大人民群众来说，社会主义核心价值观是一种抽象的理论凝练，要想让社会主义核心价值观真正在群众心中扎下根来，必须实现从理论到实践、从抽象到具体的转化。要实现这种转化，日常行为规范不可或缺。所谓日常行为规范，一般是指人们在公共生活领域中遵守的道德规范和行为准则，是最贴近人民群众的一种规制化形式，具有鲜明的实用性。它不仅直接约束人的行为举止，告诉人们应该"做什么""如何做"，而且间接地对人进行精神和道德上的引导，告诉人们应该做什么样的人。同时，日常行为规范因表述简单直白、要求明确具体，而具有一定的适应性和可操作性。因此，习近平指出："我们要注意把我们所提倡的与人们日常生活紧密联系起来，在落细、落小、落实上下功夫。要按照社会主义核心价值观的基本要求，健全各行各业规章制度，完善市民公约、乡规民约、学生守

---

① 《马克思恩格斯选集》（第一卷），北京：人民出版社1995年版，第72页。
② 习近平：《把培育和弘扬社会主义核心价值观作为凝魂聚气强基固本的基础工程》，《人民日报》，2014年2月26日。

则等行为准则，使社会主义核心价值观成为人们日常工作生活的基本遵循。"① 将抽象的价值观念变成可感知、可仿效、可企及的行为规则，适应日常生活的经验性和重复性，久而久之就能够将外界强制性要求，内化为自身观念，转化为自觉行为，从而达到核心价值观的内化于心、外化于行的目标要求。

把培育和践行社会主义核心价值观与适应大众日常认知方式相结合。市场经济的深入发展和信息技术特别是互联网技术的飞速进步，不仅改变了社会生产方式，也改变了人们的认知方式，简洁直观、轻松愉悦、通俗易懂成为人们认知日常生活的主要特征。在这样的时代背景下培育和弘扬社会主义核心价值观，有三点需要注意：一是要语言大众化，必须使有关社会主义核心价值观的宣传话语生动形象、浅显直白，实现从"理论原理"到"生活道理"、从理论术语向日常生活用语的转换。二是传播方式大众化，既要利用好广播、电视、报纸等传统媒体资源，更要适应信息技术发展利用好微信、微博和 App 客户端等平台，让人民群众在自己最常接收信息的渠道里认知社会主义核心价值观。三是注重日常生活情境的塑造，有计划地建立和规范一些礼仪制度，如升国旗仪式、成人仪式、入党入团入队仪式等，利用重大纪念日、民族传统节日等契机，组织开展形式多样的纪念庆典活动，传播主流价值，从而创造出"有利于培育和弘扬社会主义核心价值观的生活情境和社会氛围，使核心价值观的影响像空气一样，无所不在、无时不有"②。

把培育和践行社会主义核心价值观与满足人民大众合理利益要求相结合。"'思想'一旦离开'利益'，就一定会使自己出丑。"③ 当今中国的老百姓比以往任何时候都更讲实际，更专注于"为生活奔忙"，再没时间和兴趣像过去那样听我们讲"大道理"。培育社会主义核心价值观，不是要构建一个"乌托邦"，而是用社会主义核心价值观引导社会发展的走向、推动大众合理利益的实现。培育和弘扬社会主义核心价值观，必须关注人

　①　习近平：《把培育和弘扬社会主义核心价值观作为凝魂聚气强基固本的基础工程》，《人民日报》，2014 年 2 月 26 日。

　②　习近平：《把培育和弘扬社会主义核心价值观作为凝魂聚气强基固本的基础工程》，《人民日报》，2014 年 2 月 26 日。

　③　《马克思恩格斯文集》（第 1 卷），北京：人民出版社 2009 年版，第 286 页。

民群众的生活需求，把培育和践行工作与实现好、维护好、发展好人民大众的根本利益和现实利益结合起来，使社会主义核心价值观真正成为大众可以感知的现实。在经济方面，不仅要努力实现国家的整体富强，更要促进共同富裕方面的实现，使发展成果更多更公平地惠及全体人民；在政治上，要不断健全人民当家作主制度体系，不断扩大人民大众的民主权利和政治参与渠道，切实保护人民大众的合法权益；在文化领域，要完善公共文化服务体系，深入实施文化惠民工程，满足人民日益增长的精神文化需求；在社会领域，要不断提高和改善民生水平，加强和创新社会治理，不断促进社会公平正义。只有如此，社会主义核心价值观才能真正在人民心中扎下根来。

（四）用法律来保障社会主义核心价值观建设

习近平曾深刻指出："培育和践行社会主义核心价值观，不仅要靠思想教育、实践养成，而且要用体制机制来保障。西方国家在这方面是很下功夫的，虽然执政的党派不断更换，各领风骚四五年，但他们的价值理念保持着一定的稳定性和连续性，其中一个重要原因就是他们的制度设计、政策法规制定、司法行政行为等都置于核心价值理念的统摄之下。"[1] 对于社会主义核心价值观和中国特色社会主义法律体系来说，"要把社会主义核心价值观的要求转化为具有刚性约束力的法律法规，用法律来推动核心价值观建设"[2]。为此，必须积极推进依法治国战略。第一，必须以社会主义核心价值观为准则，坚持科学立法，进一步完善中国特色社会主义法律体系，使法律法规更好地体现国家的价值目标、社会的价值取向、公民的价值准则。第二，要注重把社会主义核心价值观相关要求直接上升为具体法律规定，充分发挥法律的规范、引导、保障、促进作用，形成有利于培育和践行社会主义核心价值观的良好法治环境。第三，要严格执法，公正司法，把社会主义核心价值观贯彻到依法治国、依法执政、依法行政的实践中，落实到执法、司法、普法和依法治理各个方面，捍卫宪法和法律尊

---

① 中共中央文献研究室编：《习近平关于社会主义文化建设论述摘编》，北京：中央文献出版社 2017 年版，第 111 页。

② 中共中央文献研究室编：《习近平关于社会主义文化建设论述摘编》，北京：中央文献出版社 2017 年版，第 111 页。

严，维护社会公平正义，用法律的权威来增强人们培育和践行社会主义核心价值观的自觉性。

通过推进依法治国方略，完善中国特色社会主义法律体系，可以为培育和践行社会主义核心价值观提供最为根本的法律保障，但在执行层面还需要制定具体的制度以保障培育工作有章可循。第一，要从制度上保证教育战线，把培育和践行社会主义核心价值观融入国民教育全过程。要通过制度安排，积极推动社会主义核心价值观进教材、进课堂、进学生头脑；要建立各项规章制度，拓展青少年培育和践行社会主义核心价值观的有效途径。第二，要建立社会主义核心价值观的宣传教育制度。要加强新闻媒体的制度化管理，充分发挥新闻媒体传播社会主流价值的主渠道作用，坚决杜绝为错误观点提供传播渠道；要依法加强网络社会管理，加强对网络新技术、新应用的管理，推进网络法制建设，规范网上信息传播秩序，使网络成为培育和践行社会主义核心价值观的新型平台；要通过建立相应的制度加强对新型文化业态、文化样式的引导，让不同类型文化产品都成为弘扬社会主流价值的生动载体。第三，要建立科学合理的领导制度，加强对培育和践行社会主义核心价值观的组织领导。要建立健全培育和践行社会主义核心价值观的领导体制和工作机制，加强统筹协调，加强组织实施，加强督促落实，提高工作科学化水平；要坚持全党动手、全社会参与，把培育和践行社会主义核心价值观同各领域的行政管理、行业管理和社会管理结合起来，形成齐抓共管的工作格局。

第八章　牢牢掌握意识形态工作领导权

　　当今世界正处在加速演变和深度调整时期，不同思想文化交流交融交锋更加频繁，意识形态领域斗争更加严峻；当代中国正在发生广泛而深刻的变革，社会思想意识更加多元多样，媒体格局更加复杂多变。党的十八大以来，以习近平同志为核心的党中央高度重视意识形态工作，就意识形态领域的许多方向性、根本性、全局性问题做出了部署，马克思主义在意识形态领域的指导地位更加鲜明。但也要看到，意识形态领域并不平静，斗争依然复杂，国家安全面临新情况。党的十九大报告旗帜鲜明地指出，意识形态决定文化前进方向和发展道路，必须牢牢掌握意识形态工作的领导权。这为做好新时代意识形态工作提供了根本遵循。

一、意识形态工作是党的一项极端重要的工作

　　习近平指出："经济建设是党的中心工作，意识形态工作是党的一项极端重要的工作。"[1] "意识形态关乎旗帜、关乎道路、关乎国家政治安全。"[2] 我们"在集中精力进行经济建设的同时，一刻也不能放松和削弱意识形态工作，必须把意识形态工作的领导权、管理权、话语权牢牢掌握在手中，任何时候都不能旁落，否则就要犯不可挽回的历史性错误"[3]。这些重要论断指明了意识形态工作推动发展、引领社会、凝聚人心的强大支撑

---

　　① 中共中央文献研究室编：《习近平关于社会主义文化建设论述摘编》，北京：中央文献出版社 2017 年版，第 33 - 34 页。

　　② 中共中央文献研究室编：《习近平关于社会主义文化建设论述摘编》，北京：中央文献出版社 2017 年版，第 35 - 36 页。

　　③ 中共中央文献研究室编：《习近平关于社会主义文化建设论述摘编》，北京：中央文献出版社 2017 年版，第 34 页。

作用，凸显了意识形态工作的根本性、战略性、全局性地位。

（一）意识形态工作事关中国特色社会主义事业

意识形态是一定社会反映特定阶级或集团利益及要求的思想体系。在阶级社会，意识形态具有鲜明的政治属性，都是为一定阶级、一定政治制度服务的。所以，马克思、恩格斯在《德意志意识形态》中说："统治阶级的思想在每一时代都是占统治地位的思想。"[1] 在世界发展史上，自马克思主义诞生以来，国际意识形态领域就一直存在着马克思主义与反马克思主义、无产阶级与资产阶级、社会主义与资本主义两大思想体系的斗争。

随着苏联的建立，"一球两制"成为事实，以美国为首的西方资本主义国家针对社会主义国家的意识形态斗争就变得愈加激烈。从 1918 年威尔逊总统提出的"世界和平纲领"，到 20 世纪 20 年代末胡佛总统坚持的"新生活的目标就是消灭苏维埃俄国"；从"杜鲁门主义"，到杜勒斯鼓吹的"和平演变战略"；从尼克松总统叫嚣的"1999，不战自胜"，到里根总统喊出的"长期计划和希望"，除了 20 世纪 30—40 年代罗斯福总统因联合抵抗法西斯的需要把反共意识形态放到了次要地位外，历届美国政府无不把消灭社会主义作为其国家发展和对外交往的首要战略目标。正如法国的克劳迪·朱里安所言，宣传"神意"和高唱"救世主义"，"绝对谈不上是美利坚帝国的特色。美利坚帝国的特色在于，它是针对共产主义而展开一切活动的"[2]。1989 年，伴随着戈尔巴乔夫推行"新思维"而把苏联引向崩溃的边缘，美国明确说出了它要达到的意识形态最后目标，那就是曾经担任美国对外关系委员会委员迈克尔·曼德尔鲍姆所言的："像苏联这样一个国家，即使它更自由化一些，也很难逃脱来自美国的指责。无疑，使俄罗斯人和其他苏联人建立起一整套资本主义社会经济和政治体系，应该成为美国的一个长期奋斗目标。美国的最终目标应该是使全世界每一个国家都实现这一点。"[3] 这里，从反共到灭共，最终达到全世界资本主义化的目的，被明白无误地表达出来了。

---

[1]　《马克思恩格斯文集》（第 1 卷），北京：人民出版社 2009 年版，第 580 页。

[2]　克劳迪·朱里安：《美利坚帝国——具体分析美国富裕繁荣的实质》，香港：香港文教出版社 1971 年版，第 7 页。

[3]　迈克尔·曼德尔鲍姆：《结束冷战》，《外交》1989 年春季号。

冷战结束意味着两极争霸局面的结束，但并不意味着意识形态斗争的结束。在"意识形态终结论""文明冲突论""历史终结论"的蛊惑下，一些国人不愿意提意识形态斗争问题，总认为那样太"左"，不适合时代发展的要求。但西方政治决策者们对此毫不隐晦。2007年6月12日，时任美国总统的布什在华盛顿"共产主义政权受害者纪念碑"揭幕仪式上发表讲话，点名攻击中国、前苏联、前东欧国家、朝鲜、越南等国，将共产主义和恐怖主义相提并论，称共产主义与恐怖主义一样，是谋杀的意识形态的信奉者，野心勃勃地追求极权主义的统治目标。奥巴马在其第一次总统任期就职演讲中仍然把共产主义同法西斯主义放在一起，视它们为对西方文明的最大威胁。

现在，美国之所以要积极鼓噪周边小国与中国的矛盾，除了"卧榻之侧岂容他人鼾睡"的心理在作怪外，根本原因就是意识形态的差异。我国在社会制度、意识形态等方面都与西方国家完全不同，这就决定了我们同西方国家的斗争和较量是不可调和的，因而必然是长期的、复杂的，有时甚至是十分尖锐的。西方国家不论从国际战略格局上，还是从意识形态上，都绝不希望看到我们这样一个社会主义大国顺利实现和平发展。我们越是发展壮大，他们就会越焦虑，就越要加大对我国实施"西化"、分化战略的力度，他们的目的就是要搞垮中国共产党的领导、颠覆我国社会主义制度。可以说，意识形态是横亘在东西方国家之间一条看不见却难以逾越的屏障，只要社会主义和资本主义这两种社会制度同时存在，意识形态领域的斗争就不会终结，我们必须始终高度警惕中国特色社会主义发展进程被打断的危险。

（二）意识形态事关党的执政基础

对任何政党来说，组织和意识形态是其不可分割的主柱，缺一不可，组织代表的是硬力量，意识形态代表的是软力量。对中国共产党来说，其生存和发展不仅取决于组织建设，也取决于其意识形态方面的建设。习近平深刻指出，巩固党的群众基础和执政基础，不能说物质生活好了就可以了，这个认识是不全面的；党的执政基础包括物质和精神两方面，精神上丧失群众基础，最后也要出问题。也正是看到了这一点，国内外敌对势力无不把瓦解思想共识作为"西化"、分化战略的主要突破口，加紧对我国策动"颜色革命"，加紧实施网上"文化冷战"和"政治转基因"工程，妄图拔根去魂。

中亚"颜色革命"，西亚、北非动乱的事实表明：一个政府的瓦解往往是从思想领域开始的，政治动荡、政权更迭可能在一夜之间完成，但思想演化是个长期过程，思想防线被攻破了，其他防线就很难守住。我们必须深刻认识经济基础对上层建筑的决定作用，深刻认识上层建筑对经济基础的反作用，既要切实做好中心工作，为党执政提供坚实的物质基础，又要切实做好意识形态工作，为党执政奠定牢固的思想基础。

（三）意识形态事关民族凝聚力

对于一个民族国家而言，要形成强大的凝聚力和向心力，离不开两个基本因素：一是法律、法规、制度所形成的他律；二是思想、文化、意识形态所形成的自律。前者是标，后者是本。习近平指出："文明特别是思想文化是一个国家、一个民族的灵魂。无论哪一个国家、哪一个民族，如果不珍惜自己的思想文化，丢掉了思想文化这个灵魂，这个国家、这个民族是立不起来的。"① 意大利共产党的创始人葛兰西认为，在保持整个社会集团的意识形态上的统一中，意识形态起了团结统一的水泥作用。如果一个国家、一个民族、一个社会丧失了对主导意识形态的认同，而历史虚无主义、文化虚无主义泛滥，就必然会四分五裂，毫无凝聚力。苏联之所以解体，一个重要原因就是意识形态领域的斗争十分激烈，全面否定苏联历史、苏共历史，否定列宁，否定斯大林，搞历史虚无主义，思想搞乱了，偌大一个社会主义国家就分崩离析了。

今天，我们正在进行具有许多新的历史特点的伟大斗争，面临着前所未有的复杂局面，各种社会矛盾和问题相互叠加、集中呈现，人们思想活动的独立性、选择性、多变性、差异性明显增强，思想道德领域出现了一些不容忽视的现象，一些错误观点时有出现。有的肆无忌惮地到处宣传西方价值观，有的专拿国史党史说事，有的以"反思改革"为名否定改革开放、否定四项基本原则。还有一些人在经济大潮中迷失了方向，陷入了拜

---

① 中共中央文献研究室编：《习近平关于社会主义文化建设论述摘编》，北京：中央文献出版社 2017 年版，第 5 页。

金主义、享乐主义、个人极端主义的泥沼里不能自拔，造假欺诈、见利忘义、损人利己等歪风邪气屡纠不绝。多元的中国，需要思想的活力，但也需要价值的共识。今天无处不在的多元化已经成为中国发展的思想背景，但怎样让多元化成为中国继续前进的动力，使未来的中国发展更有方向感，正成为日益紧迫的问题。习近平曾指出，我们正在进行具有许多新的历史特点的伟大斗争，面临的挑战和困难前所未有，必须坚持巩固壮大主流思想舆论，弘扬主旋律，传播正能量，激发全社会团结奋进的强大力量。历史和现实告诉我们，越是应对风险挑战，越是攻坚克难，就越要壮大主流思想舆论，越要巩固马克思主义在意识形态领域的一元指导地位。面对多元思想文化的冲击，必须理直气壮地坚持马克思主义指导地位；面对各种错误思潮的侵袭，必须敢于亮剑、敢于斗争。这是历史经验的总结，也是化解现实挑战的需要。

二、意识形态领域斗争复杂严峻

如果对新中国成立以来我们党所面临的意识形态安全形势做一比较，我们可以发现，在冷战阶段，我们党所面临的意识形态安全形势是总体严峻但问题相对单一，风险和挑战主要来自国外；冷战结束以后，我们党所面临的意识形态安全形势是总体稳定但问题趋于复杂，风险和挑战既来自国外也来自国内，既来自党内也来自党外。当前影响我国意识形态安全的因素和力量是多方面的，但总体上可以分为两个方面的风险和挑战：一是外源性风险和挑战，二是内源性风险和挑战。

（一）外源性风险和挑战

所谓外源性风险和挑战，是指由于外来意识形态的恶意侵犯和扩张而导致的主导意识形态危机。当前，国际社会处在多事之秋，波涛频起，暗流涌动，天下仍很不太平，美国等西方国家加紧对我国策动"颜色革命"，加紧实施"政治转基因"工程，我们在意识形态和政治安全领域面临的挑战十分严峻。当前我国外源性风险和挑战主要来源于美国等西方国家，主要表现形式是策动"颜色革命"和实施"政治转基因"工程。

第一，策动"颜色革命"。所谓颜色革命，主要是指 21 世纪以来一系列以美国为首的西方势力策划发动的，由国内反对派主要以非暴力方式组织实施的，以建立亲美政权为目的的政权更迭事件。进入 21 世纪以来，在美国的策动下，世界已经发生了三次"颜色革命"：第一次发生在中亚（格鲁吉亚的"玫瑰革命"、乌克兰的"橙色革命"、吉尔吉斯斯坦的"郁金香革命"），第二次发生在西亚、北非（2010 年底，由突尼斯"茉莉花革命"引发的"阿拉伯之春"，导致 20 个国家政权发生更迭或重组），现在第三次发生在远东，针对的主要是中国。美国前国务卿希拉里曾放言，要把"阿拉伯之春"引入中国。而 2014 年在香港爆发的"占中"事件，实际上就是"港版颜色革命"。美国驻港总领事夏千福，公然出头对香港政改评头论足，约见反对派政治人物，为其打气撑腰。媒体调查，"占中"资金大部分来源于美国国家民主基金会等幕后组织。2014 年 10 月 4 日，香港《东方日报》引述美国地缘政治智库研究者卡塔卢奇的研究指出：今次"占中"行动，与美国在全球多地暗中推动的颠覆政府活动类似，美国势力早已渗透香港政坛，借此牵制中国。而策动和参与"占中"行动的多名人士，如"占中"发起人之一、香港大学副教授戴耀廷、香港公民党主席余若薇等，都与美国相关组织关系密切。

据 2016 年 5 月 20 日《环球时报》转载日本《朝日新闻》的报道：据《朝日新闻》获得的一份公开内部资料显示，美国国家民主基金会向中国有关"民主和人权"问题的团体提供总额高达 9 652 万美元的资金支持。这 9 652 万美元被给予中国境内约 103 家团体，其中有关西藏问题的团体获得约 625 万美元，有关新疆问题的团体获得约 556 万美元。他们都进行所谓民主和人权活动，包括"世维会"等被中国认定为"疆独"组织的团体。报道还指出，美国国家民主基金会以支持世界各地的"民主化"为目的，每年向推进"人权和民主化"的非政府组织、政党等提供约 1 200 笔资助。它虽然是非营利组织，但大半资金由美国政府提供。可以说，因为从中亚、西亚、北非的"颜色革命"中尝到了甜头，所以美国等西方国家已经将"颜色革命"作为它们优先的战略选项和长期坚持的战略手段。

第二，实施"政治转基因"工程。转基因是生物学上的概念，意指通过转变生物基因培育出生物新品种。转基因生物对于人体是否有害现在还没有定论，但政治转基因对于一个国家的危害已经为苏联解体的历史事实所证明。当前我国也面临着政治转基因的危害。美国在输入"转基因"玉米的同时，也在通过各种手段输送着他们的政治制度和政治文化，以期改变中国民众的政治理想和政治观念，从而达成某种意识形态和政治上的"转基因"。

影响政治人物的价值取向。政治人物特别是高层政治人物，对一个政党和一个国家的政治走向可以起到关键性的影响作用。在苏联解体的过程中，有一个人我们需要记住：亚历山大·雅科夫列夫，曾担任过苏联政治局委员、苏共中央宣传部部长，被人称为"开放之父"，但也正是他在苏联的自由化改革问题上，对戈尔巴乔夫施加了关键性的影响。1958 年亚历山大·雅科夫列夫在美国哥伦比亚大学学习过并深受自由主义的影响。所以，美国前国务卿科林·鲍威尔指出，各国的未来领导人在美国接受教育，并从此结下友谊，这对于美国来说，是无可匹敌的，是最有价值的财富。2004 年，在美国国务院和卡特联合中心的联合邀请下，来自我国一些党政部门和高校学者组成的四个代表团赴美观察总统选举。代表团到美国后，美方精心安排。美方的用心很快得到了回报。代表团归国后，代表团成员某市人大常委会官员就在网上发表了一番言论：选举是政府获得权力的合法来源和执政基础，通过定期举行的选举活动来完成国家权力的更迭，是现代化民主国家政治成熟的表现。美国主流媒体长期恪守真实、自由、快速、中立的新闻准则，具有良好的职业素质。正是看到了这样的效果，美国著名智库国际共和研究所明确提出：要与更多思想开放的中国官员建立联系，并将关注重点放在教育培训中国政府官员身上。

影响知识精英的政治立场。在全体社会成员中，知识精英无疑是特殊的一个群体，他们既是知识的创造者，也是理论的宣传者，他们以自己的理论、学术深刻影响着社会大众的情绪、情感。也正是因为如此，知识精英历来也是西方重点关注的对象。美国前国务卿赖斯说过，控制中国不能主要依靠武力，要通过控制中国精英来影响中国决策，辅之以控制战略威慑，使中国更加符合美国的国家利益。从近年来中外意识形态斗争过程看，以美国为首的西方发达国家对我国进行意识形态渗透和攻击，总是把知识分子作为传播其思潮和价值观的基本力量，并采用各种手段扶持和培植亲西方知识势力。《瞭望》杂志曾发表了一篇《中国智库锋芒待砺》的文章，在这篇文章里，记载了这么一个故事：2008 年 3 月 20 日，美国福特基金会北京办事处举办了盛大的招待会，邀请了 400 多人，其中绝大部分人来自中国各重要部门，也有科研、教学和政策咨询部门的知名专家学者，他们过去也都接受过这个基金会各种形式的资助。这些专家学者为什么要来参加这样一个招待会呢？无一例外，这些人都受到过福特基金会的赞助。福特基金会是美国汽车大王福特在 1936 年创立的，对外宣称，基金会的宗旨是接受和管理资金以用于科学、教育与慈善目的。但实情是不是像福特基金会宣称的那样简单呢？美国学者詹姆斯·皮特拉斯认为，福特基金会与中情局有着密切的关系，两者的合作是"一种深思熟虑的、有意识的共同努力，旨在加强美国的文化霸权，削弱左翼的政治和文化影响"。我们不能否认包括福特基金会在内的一些非政府组织具有公益性的一面，但是我们也要看到，一些西方国家正是通过一些非政府组织，为一些研究机构和学者提供赞助，以争取更多知识分子对西方文化的认同，并通过这些知识分子的辐射作用，影响大众的价值观念，最终达到影响国家决策的目的。

影响人民大众的文化认同。西方马克思主义者吉登斯曾提出过"文化认同中心（内容）下移理论"，当前文化认同的内容正在发生变化，已经由过去关心形而上的东西转变为关心形而下的东西，就是从过去关注意识形态、生产方式，转向了关注生活方式和消费方式。在这样的背景下，有一种文化趋势值得我们高度关注，那就是西方的流行文化无所不在。本·瓦滕伯格认为："美国文化虽然掺杂着浮华、性、暴力、无聊和物质主义，但它们并不能代表美国文化的全貌。与此同时，还有开放的、灵活的、个人主义的、反正统的、多元的、唯意志的、平民主义的、自由的美国式价值观。正是这些内容，不管人们喜欢与否，都将人引向影院等地方的售票处。这些与文化有关的内容，比政治或经济更具威力，他们能驱动政治和经济。"

（二）内源性风险和挑战

所谓内源性风险和挑战，就是一个国家内部出现的主导意识形态认同危机，从而丧失一个政权最基本的存在合理性。内源性风险和挑战主要表现在三个方面：

第一，"黑色"思想舆论。习近平在 2013 年 8 月召开的全国宣传思想工作会议上，将当前思想舆论分为三个地带：第一个地带是红色地带，主要由主流媒体和网上正面力量构成；第二个地带是黑色地带，主要由网上和社会一些负面言论构成，还包括各种敌对势力制造的舆论；第三个是灰色地带，处于黑色地带和红色地带之间。"黑色"思想舆论，实际上就是与我们党和政府主张相违背的思想、思潮。"黑色"思想舆论的出现，有其历史必然性，它是当代中国改革开放和社会思潮多元化发展的衍生性产物。但它的存在和发展，又在很大程度上削弱了人们对主导意识形态特别是对马克思主义的认同，从而构成了影响主导意识形态安全的深层次的威胁，主要体现在以下四个方面：一是用新自由主义解构深化改革。就是歪曲十八届三中全会关于让市场发挥决定性作用和更好发挥政府作用的精神，否定国有经济主导地位，抹黑国有企业，曲解混合所有制，鼓吹所有制全盘私有化、社会领域彻底市场化，目的是削弱国有经济的控制力和影响力，瓦解中国特色社会主义经济制度。二是用西方宪政民主曲解依法治国。就是歪曲十八届四中全会精神，炮制"党大还是法大"伪命题，污蔑党领导的社会主义国家为"非民主国家""专制国家"，宣言"司法独立"。鼓吹"政法机关非党化"，攻击新闻环境"持续恶化"，刻意炒作"宪政"话题，把依宪治国、依宪执政理解为搞西方宪政，目的是从法治问题上打开缺口，瓦解中国特色社会主义政治制度。三是用西方"普世价值观"消解社会主义核心价值观。四是用历史虚无主义歪曲和否定党史、国史、革命史和改革开放史。历史虚无主义思潮，因为往往打着学术研究、探索真相的面目示人，所以往往具有很大的欺骗性和破坏性。苏联解体、苏共垮台，一个重要原因就是意识形态领域的斗争十分激烈，全面否定苏联历史、苏共历史，否定列宁，否定斯大林，搞历史虚无主义，思想搞乱了，各级党组织几乎没任何作用了，军队都不在党的领导之下，苏联偌大一个社会主义国家就分崩离析了。

　　第二，党内消极腐败。在当代中国，没有一种比党员干部消极腐败对主导意识形态安全造成更大威胁的事情了。现在，意识形态工作之所以难做，除了客观环境的影响之外，一个重要原因就是党内出现的消极腐败问题。消极腐败，除了"腐败"问题外，还有"消极"的问题，就是信仰缺失问题。社会心理学上有个正效应递减、负效应递增现象。所谓正效应递减，就是领导层和下属的每一阶层，由于职责、视野、经验、信息量的不同，他们在执行某项任务时，活动效应会呈现层级递减现象；负效应递增，就是如果领导层执行任务走样，那么每下一层，就会走样得更厉害。领导干部不讲党性原则，不信马列主义，怎么给人民群众讲马克思主义，怎么给下属讲崇高信仰？可以说，消极腐败现象所激起的社会的情绪反应和对信仰的挑战，已经超过了任何一种"分化"的力量。社科院组织进行的《社会主义核心价值观建设的成就与问题》调查报告中，在回答"您认为马克思主义被弱化的原因是什么"时，有76.03%的认为是由于干部腐败问题造成的，西方文化思潮的影响排在第二位。腐败是最严重的信仰雾霾，领导干部信仰危机是最大的危机。

第三，理论创新力不强。意识形态有多种存在形式，它既是一种理论、学说，又是一种政策主张、现实要求，还是一种带有大众色彩的社会情绪、情感冲动。在社会意识形态的多种存在形式中，理论、学说的存在形式无疑居于指导地位，它深刻影响着政策主张、现实要求，有力引领着社会大众的情绪、情感，发挥着灵魂作用。正因如此，理论学术领域历来是各种思想观念"交流与交锋"最为深刻、影响最为持久的领域。谁在理论学术领域拥有话语权，就具有影响政策主张、引领社会大众的主导权。与这种客观现实不相适应的是，我国存在理论储备不足、创新力不强的问题。

在哲学社会科学工作座谈会上，习近平讲道："我国是哲学社会科学大国，研究队伍、论文数量、政府投入等在世界上都是排在前面的，但目前在学术命题、学术思想、学术观点、学术标准、学术话语上的能力和水平同我国综合国力和国际地位还不太相称。"① 新华社2017年6月6日电，2017年中央财政加大对哲学社会科学研究的投入力度，安排国家社科基金项目资助经费18.7亿元、国家高端智库经费2.8亿元、中国社科院部门预算21.64亿元，分别比2016年增长10%、12%、4.7%。在文艺工作座谈会上，习近平指出："在文艺创作方面，存在着有数量缺质量、有'高原'缺'高峰'的现象，存在着抄袭模仿、千篇一律的问题，存在着机械化生产、快餐式消费的问题。"② 一个严酷的现实是，一旦涉及理论创新，人们

---

① 习近平：《在哲学社会科学工作座谈会上的讲话》，北京：人民出版社2016年版，第15页。

② 中共中央宣传部：《习近平总书记在文艺工作座谈会上的重要讲话学习读本》，北京：学习出版社2015年版，第10页。

在中国看到最多的是山寨文化、山寨概念和山寨理论，以及随之而来的抄袭、复制问题。《白鹿原》的作者陈忠实曾说过一句很深刻的话：我们今天缺乏的不是思想，而是思想的力度。我们今天的思想太多了，东方的、西方的，古典的、现代的，但缺乏力度。作品的数量并不等于作品的质量，文化的平庸必然带来文化的危机；思想的创新度决定思想的力度，没有力度的思想是不吸引人的，也根本抵制不住西方的话语霸权。

可以看出，当前我国意识形态领域所面临的挑战呈现出国际干扰与国内策应交织在一起、经济问题与思想问题交织在一起、历史问题与现实政治交织在一起、学术研究与政治渗透交织在一起、合法外衣与非法行径交织在一起、公开渠道与隐蔽手段交织在一起等特点。但最终的目标都是指向是否坚持中国特色社会主义道路。中国的意识形态之争，实质上是中国道路之争。

三、加快发展中国特色社会主义哲学社会科学

作为一定社会反映特定阶级或集团利益及要求的思想体系，意识形态主要包括哲学、艺术、道德、宗教、政治法律思想等基本形式。在意识形态的多种存在形式中，哲学社会科学无疑居于基础地位，它不仅可以影响国家政策主张，也可以影响社会大众的情绪情感。正因如此，哲学社会科学领域的思想碰撞与纷争，才会被人们看作是"灵魂的交流与交锋"，哲学社会科学领域才会成为改革开放以来各种社会思潮"交流与交锋"最为深刻、影响最为持久的场所。这从根本上决定了掌握意识形态斗争的主导权，必须占领哲学社会科学发展的制高点。

（一）必须高度重视哲学社会科学

一个国家的发展水平，既取决于自然科学发展水平，也取决于哲学社会科学发展水平。一个没有发达的自然科学的国家不可能走在世界前列，一个没有繁荣的哲学社会科学的国家也不可能走在世界前列。习近平指出："坚持和发展中国特色社会主义，需要不断在实践和理论上进行探索、用发展着的理论指导发展着的实践。在这个过程中，哲学社会科学具有不

可替代的重要地位，哲学社会科学工作者具有不可替代的重要作用。"① 推动中国特色社会主义事业不断前进，必须高度重视哲学社会科学的作用。

在马克思主义看来，哲学社会科学总是体现着一个时代中最精细和最美好的东西，站在了哲学社会科学发展的最高点，就能帮助我们把握时代的最根本特点及其未来发展走向。习近平指出："哲学社会科学是人们认识世界、改造世界的重要工具，是推动历史发展和社会进步的重要力量，其发展水平反映了一个民族的思维能力、精神品格、文明素质，体现了一个国家的综合国力和国际竞争力。"② 在历史和现实中，有些民族、国家由于缺乏深刻的哲学社会科学智慧，缺乏崇高的信仰和追求，缺少坚强的精神支柱，导致民族群体中滋生着极大的离散性力量；由于缺少哲学社会科学智慧，一些人急功近利，不能从世界观、历史观高度看待和解决社会发展问题，缺乏对人与自然、人与人关系的终极思考，在政策的制定和执行中往往习惯于经验思维，无法具备宽广的世界视野和深厚的人文关怀，决策中"废棋""臭棋"频出，就是缺少"高棋"，使社会发展付出巨大代价；由于缺少哲学社会科学智慧，导致一些人缺少最基本的科学精神和理性思维，盲目的从众心理和偏激的情绪广为流行，迷信、伪科学甚至邪教泛滥。在当今世界，任何一个民族、国家都需要哲学社会科学，需要用哲学社会科学的智慧思考自身的生存环境，需要用哲学社会科学的智慧反思自身所奉行的理念和价值观，需要哲学社会科学变革的力量引导自身走出各种困境，改变和塑造自己的命运。

马克思、恩格斯曾反复强调："哲学把无产阶级当作自己的物质武器，同样，无产阶级也把哲学当作自己的精神武器。"③ "哲学家们只是用不同的方式解释世界，而问题在于改变世界。"④ 近代以来，中国的每一次重大跃进和重大发展，都离不开哲学社会科学的知识变革和思想引导。

在革命时期，主要是唤起民众觉醒。鸦片战争后，伴随着列强入侵和

---

① 习近平：《在哲学社会科学工作座谈会上的讲话》，北京：人民出版社 2016 年版，第 2 页。

② 习近平：《在哲学社会科学工作座谈会上的讲话》，北京：人民出版社 2016 年版，第 2 页。

③ 《马克思恩格斯文集》（第 1 卷），北京：人民出版社 2009 年版，第 17 页。

④ 《马克思恩格斯选集》（第一卷），北京：人民出版社 1995 年版，第 61 页。

国门被打开，中国开始从传统农业社会向现代工业社会艰难转型，从洋务运动、戊戌变法到辛亥革命，无论是从器物层面还是从制度层面构筑现代化的尝试，均以失败而告终。在深重的历史灾难和民族危急关头，马克思主义及其哲学传入中国，它不仅是我们党的指导思想，而且成为中国现代化运动的文化基石与理论核心。在马克思主义哲学和科学社会主义的旗帜下，中国人追求自由、平等、解放的现代意识被唤醒了。以毛泽东为代表的中国共产党人坚持以历史唯物主义观察和解决中国社会问题，以全新的哲学社会科学智慧确立"新道德""新精神""新价值"，推动国民精神突破传统农耕社会的狭隘视野，由传统向现代转型。

在社会主义建设时期，主要是探索社会主义规律。新民主主义革命胜利，为中国走向现代化奠定了坚实的政治基础，如何领导人民在一个经济文化相对落后的东方大国建设社会主义，实现现代化，成为摆在我们党面前的全新课题。为了探索出符合中国国情的现代化之路，20世纪50年代，毛泽东向全党发出了学习哲学社会科学的号召，郑重要求大家多读《苏联社会主义经济问题》《马恩列斯论共产主义社会》等书籍，并提倡"让哲学从哲学家的课堂上和书本里解放出来，变为群众手里的尖锐武器"[1]。"辩证法应该从哲学家的圈子走到广大人民群众中间去。"[2] 在深入学习领会马克思主义哲学社会科学精髓的基础上，我们党对中国现代化问题进行了艰难曲折的探索，先后确立了实现工业化、实现"四个现代化"等目标，标志着现代化建设在理论和实践上的展开。

在改革开放时期，主要是推动思想解放。中国改革开放以真理标准大讨论为契机和起点。真理标准大讨论是一次伟大的思想解放运动，哲学社会科学在这次运动中发挥了非凡的作用，引发了人们对许多重大理论和实践问题的重新审视和思考。20世纪70年代末，中国现代化面临的时代课题实在太多，而最亟须解决的问题，就是推动人们从沉重的精神枷锁中解放出来。正因如此，从邓小平到江泽民，从胡锦涛到习近平无不特别提倡解放思想、实事求是，强调要从教条化、庸俗化的马克思主义中解放出来，要从僵化的社会主义条条框框中解放出来，要从固有的保守和狭隘意

---

① 《毛泽东文集》（第八卷），北京：人民出版社1999年版，第323页。

② 《毛泽东文集》（第七卷），北京：人民出版社1999年版，第332页。

识、传统积习中解放出来。历史表明，中国特色哲学社会科学对推动中国社会发展进步起到了巨大的引领作用。创新发展中国特色哲学社会科学的意义，就在于不断地建构中国现代性，推进中国现代化。

当前，伴随着文化软实力在国家竞争中作用的不断提升，哲学社会科学地位更加重要、任务更加繁重。应对多元社会思潮冲击，巩固马克思主义在意识形态领域的指导地位，迫切需要哲学社会科学更好发挥作用。适应国际国内发展环境深刻变化的新形势，贯彻落实新发展理念，加快转变经济发展方式，更好保障和改善民生，促进社会公平正义，迫切需要哲学社会科学更好发挥作用。化解全面深化改革时期不断呈现的各种深层次矛盾问题、风险挑战，全面推进国家治理体系和治理能力现代化，迫切需要哲学社会科学更好发挥作用。应对世界范围内各种思想文化交流交融交锋的新形势，加快建设社会主义文化强国，迫切需要哲学社会科学更好发挥作用。中国的繁荣发展为哲学社会科学的繁荣发展提供了最为丰富的实践材料，也对哲学社会科学的发展提出了最为迫切的要求。但我们也要看到，与实践的发展要求相比，我国哲学社会科学还存在一些亟须解决的问题。比如，哲学社会科学发展战略还不十分明确，学科体系、学术体系、话语体系建设水平总体不高，学术原创能力还不强；哲学社会科学训练培养教育体系不健全，学术评价体系不够科学，管理体制和运行机制还不完善；人才队伍总体素质亟待提高，学风方面问题还比较突出，等等。"总的看，我国哲学社会科学还处于有数量缺质量、有专家缺大师的状况，作用没有充分发挥出来。"① 改变这个状况，需要广大哲学社会科学工作者加倍努力。这是一个需要理论而且一定能够产生理论的时代，这是一个需要思想而且一定能够产生思想的年代。我们不能辜负了这个时代。

（二）加快构建中国特色哲学社会科学

哲学社会科学的特色是发展到一定阶段的产物，是成熟的标志、实力的象征，也是自信的体现。改革开放以来，我国哲学社会科学获得了巨大发展，无论是研究队伍，还是论文数量，抑或是政府投入在世界上都是排

---

① 习近平：《在哲学社会科学工作座谈会上的讲话》，北京：人民出版社 2016 年版，第 7 页。

在前面的。但也要看到，目前我国哲学社会科学的总体发展水平与世界相比，与新时代中国特色社会主义发展的理论需求相比还有很大的差距。习近平指出："要按照立足中国、借鉴国外，挖掘历史、把握当代，关怀人类、面向未来的思路，着力构建中国特色哲学社会科学，在指导思想、学科体系、学术体系、话语体系等方面充分体现中国特色、中国风格、中国气派。"① 党的十九大报告也指出，牢牢掌握意识形态工作领导权，必须"深化马克思主义理论研究和建设，加快构建中国特色哲学社会科学，加强中国特色新型智库建设"②。这为构建中国特色哲学社会科学提供了基本遵循。

要有世界视野。小视野是做不出大文章的，大文章需要大视野。习近平指出："观察当代中国哲学社会科学，需要有一个宽广的视角，需要放到世界和我国发展大历史中去看。"③ 今天的中国已经成为世界第二大经济体，中国问题会成为世界问题，世界问题也会成为中国问题。中国要成为真正有影响力的世界强国，必须学会思考世界的问题，必须在那些事关整个世界和人类发展的重大问题上，发出中国的声音，提出中国的见解，建构中国的理论，不仅让世界知道"舌尖上的中国"，还要让世界知道"发展中的中国""开放中的中国""为人类文明做贡献的中国"。同时，要鼓励哲学社会科学机构参与和设立国际性学术组织，支持和鼓励建立海外中国学术研究中心，支持国外学会、基金会研究中国问题，加强国内外智库交流，推动海外中国学研究。

要有时代眼光。问题是时代的声音，发现问题、分析问题、解决问题，需要时代的眼光。习近平指出："当代中国的伟大社会变革，不是简单延续我国历史文化的母版，不是简单套用马克思主义经典作家设想的模板，不是其他国家社会主义实践的再版，也不是国外现代化发展的翻版，

---

① 习近平：《在哲学社会科学工作座谈会上的讲话》，北京：人民出版社 2016 年版，第 15 页。

② 习近平：《决胜全面建成小康社会 夺取新时代中国特色社会主义伟大胜利——在中国共产党第十九次全国代表大会上的报告》，北京：人民出版社 2017 年版，第 41－42 页。

③ 习近平：《在哲学社会科学工作座谈会上的讲话》，北京：人民出版社 2016 年版，第 3 页。

不可能找到现成的教科书。"① 当今世界迎来了大发展大变革大调整的新时期，当今中国的社会主义运动也进入了新时代。我国哲学社会科学应该从中国特色社会主义已经进入新时代这个最大的实际出发，科学把握新时代中国特色社会主义主要矛盾、基本方略、有利条件、风险挑战，深入研究在全面建成小康社会决胜期和全面建设社会主义现代化国家新征程中如何推动经济持续健康发展、如何提高社会治理水平、如何加快建设美丽中国、如何建设世界一流军队等问题，从中提炼出有学理性的新理论，概括出有规律性的新实践。"时代是思想之母，实践是理论之源。只要我们善于聆听时代声音，勇于坚持真理、修正错误，二十一世纪中国的马克思主义一定能够展现出更强大、更有说服力的真理力量。"②

　　要有民族文化情怀。发展中国特色哲学社会科学有三大理论资源：一是马克思主义的资源，二是中华优秀传统文化的资源，三是国外哲学社会科学的资源。习近平深刻指出："绵延几千年的中华文化，是中国特色哲学社会科学成长发展的深厚基础。"③ 党的十九大报告也旗帜鲜明地指出："中国特色社会主义文化，源自于中华民族五千多年文明历史所孕育的中华优秀传统文化。"④ 历史地看，中华文化中有着非常宝贵的民族精神财富，历史的积淀已经将这些精神财富升华为民族的精神家园，凝聚成为民族的脊梁。今天，经历改革开放伟大时代锻造的中华优秀传统文化更显成熟，在与其他民族优秀文化的交流中更加充实，展现出民族的魅力、历史的厚重、时代的光芒，达到了前所未有的高度。我们有理由对中华优秀传统文化充满自信，有理由从中华优秀传统文化的资源宝库里吸收借鉴有利于构建中国特色哲学社会科学的有益因素。当然，树立文化自信、秉持民

---

① 习近平：《在哲学社会科学工作座谈会上的讲话》，北京：人民出版社 2016 年版，第 21 页。

② 习近平：《决胜全面建成小康社会　夺取新时代中国特色社会主义伟大胜利——在中国共产党第十九次全国代表大会上的报告》，北京：人民出版社 2017 年版，第 26 – 27 页。

③ 习近平：《在哲学社会科学工作座谈会上的讲话》，北京：人民出版社 2016 年版，第 16 页。

④ 习近平：《决胜全面建成小康社会　夺取新时代中国特色社会主义伟大胜利——在中国共产党第十九次全国代表大会上的报告》，北京：人民出版社 2017 年版，第 41 页。

族情怀，绝不意味着我们要关上面向世界的大门。在全球化这一时代大背景下，哲学社会科学如果追求单纯的民族性，则极有可能会陷入保守主义的陷阱，那样也就堵死了本民族的创新发展之路。

要有问题意识。问题是创新的起点，也是创新的动力源。习近平指出："理论创新只能从问题开始。从某种意义上说，理论创新的过程就是发现问题、筛选问题、研究问题、解决问题的过程。"① 对于一个时代来说，主要的困难不是答案，而是问题。今天的中国特色社会主义在马克思主义的指导下已经进入新时代，"中国道路""中国模式"也为世界广泛关注，但这并不意味着我们在实践中就没有任何问题。发展不平衡问题、社会文明程度不高问题、国家治理体系和治理能力问题、意识形态斗争问题等，无不在提醒我们建设社会主义现代化仍在路上。如何在总结成功经验的同时，要看到自己存在的问题，勇于自我反思，是创新发展哲学社会科学的迫切任务。一种理论不一定被另一种理论驳倒，却极容易被社会现实问题所驳倒。一种理论不关注社会，社会就不需要这种理论。创新发展哲学社会科学，必须积极回答时代发展提出的重大理论和现实问题，积极回应人民群众普遍关心的生活问题。这是构建中国特色哲学社会科学的着力点、着重点。

四、积极营造清朗的网络空间

人类已经进入网络时代，这是一个世界潮流。网络对人类生产生活具有很大推动作用，同时也带来了巨大的挑战。对于中国来说，互联网已经成为意识形态领域面临的"最大变量"，在这个战场上，能够顶得住、打得赢，直接关系意识形态安全和政治安全。"过不了互联网这一关，就过不了长期执政这一关。"②

---

① 习近平：《在哲学社会科学工作座谈会上的讲话》，北京：人民出版社 2016 年版，第 20 页。

② 中共中央文献研究室编：《习近平关于社会主义文化建设论述摘编》，北京：中央文献出版社 2017 年版，第 42 页。

（一）网络已经成为意识形态斗争的主战场

宣传思想工作、意识形态工作是做人的工作的，人在哪儿重点就应该在哪儿。截至 2017 年 6 月，我国网民人数达到 7.51 亿，手机网民也有 7.24 亿。很多人特别是年轻人基本不看主流媒体，大部分信息都从网上获取。网络的发展在给人们带来方便的同时，也给意识形态工作带来了新的挑战。

一是打破传统国家边界，境内境外网络舆情倒灌呼应。历史地看，伴随着冷战的结束，军事冷战、政治冷战已经成为过去，但文化冷战、意识形态斗争并未结束，而是依托互联网的发展有了新的样态。美国前国务卿奥尔布拉特讲：有了互联网，对付中国就有了办法。希拉里也曾提出：新技术本身不会在自由和进步的过程中选择方向，但是美国会；我们主张一个所有人都可以平等地接触到知识和思想的单一互联网；我们认识到这个世界的信息平台将由我们和他人共同打造。希拉里实际是说，美国政府要用最新的互联网技术推销他们所认为的"自由"和"进步"。2011 年 2 月 14 日，美国广播事业管理委员会向美国国会提交了其 2012 财年预算，"美国之音"将撤销其普通话和粤语广播及电视节目，仅保留其中文网站，并进行大幅裁员。"美国之音"的削减裁撤并不意味着美国放弃了对我国的文化渗透，而是采用了更新的形式，把重点转向互联网。2011 年 5 月 16 日和 7 月 14 日，美国政府先后出台《网络空间国际战略》和《网络空间行动战略》，从战略上规划了美国的互联网行动。2017 年 12 月特朗普政府公布的《美国国家安全战略》报告指出："在意识形态领域的竞争中，东道国当地的声音往往最有竞争力。我们要有意识地宣传与放大当地人发出的积极的声音，而打压极端思想和仇恨思想的传播。既然媒体与互联网公司是信息赖以传播的平台，这也应当成为美国着重关注和开发的对象。"在现实中，一些西方国家利用互联网不断加大对我国渗透的力度，在我国境外建立的中文网站达到 2 000 多个。这些网站雇用大量写手，大肆散布错误政治观点、制造政治谣言和宣传西方"普世价值"，妄图达到金钱和暴力无法实现的目的。可以说，对互联网的控制早已成为美国等西方国家传播西方文化的高端平台，成为推销其价值观的"制高点"。审视我们面临的安全威胁，最现实的、日常大量发生的，不是来自海上、陆地、领空、太空，而是来自被称为第五疆域的网络空间。

二是网络社会与现实社会边界愈加模糊，意识形态舆情网上网下回流往返。传统观念认为，虚拟社会与现实社会是具有"不可通约性"的，但随着互联网技术的发展，现实世界的全部信息都能折射到网络虚拟世界，虚拟世界的一言一说也深刻地影响着现实世界。2010年中东、北非的局势动荡被称作"一筐水果引发的革命"，从中我们可以看到一个以网络舆情为转折点的清晰路线图：突尼斯26岁的年轻人穆罕默德·布瓦吉吉街头卖水果，遭受当地警察粗暴对待，抗议自焚—"维基揭秘"揭露总统贪腐—社会舆论发酵—网络"社交平台"舆情扩散—民众走向街头—安全局势失控—向周边国家辐射—西方大国插手—多米诺骨牌效应。网上的舆情会蔓延至社会并形成社会舆情，社会的问题经过网络会持续发酵形成网络舆情，最终引发了持续的大规模社会动荡。所以，习近平曾深刻指出："随着新媒体快速发展，国际国内、线上线下、虚拟现实、体制外体制内等界限愈益模糊，构成了越来越复杂的大舆论场，更具有自发性、突发性、公开性、多元性、冲突性、匿名性、无界性、难控性等特征。"[①]

三是传播渠道以网络自媒体为主，多点扩散、进程加速，途径更为隐蔽。自媒体包括博客、微博、微信、论坛等。自媒体的出现，使得人人都有麦克风，人人都是发声器，完全打破了以往信息主要由政府提供的传播方式。特别是手机微信的出现，更是自媒体时代的一个革命性产物。同其他自媒体相比，微信具有三个显著的特征：第一，用户多；第二，传播快；第三，谣言、虚假信息多。中山大学数据传播实验室发布的《"两微一端"用户报告》显示，通过对2015年4月至2016年3月间微信中被举报次数较多的2 000多条疑似谣言文章分析研究发现，占比最高的失实报道类达31.4%。微信的出现，在给人们带来极大方便的同时，也给舆论管控带来了极大挑战。

四是境外资本加紧在新媒体领域"圈地"，带来新的舆论安全隐忧。在过去十多年里，随着中国互联网产业的发展，外资也纷纷进入中国的互联网产业，逐步从资本层面控制了中国互联网产业的各个领域。从门户网

---

①　中共中央文献研究室编：《习近平关于社会主义文化建设论述摘编》，北京：中央文献出版社2017年版，第45页。

站、搜索引擎、电子商务到博客、论坛，国内所有的网络模式都能看到境外资本的身影。2000 年境外注入我国互联网产业的风险资金约为 2 亿美元，2005 年这一数字超过 20 亿美元，2015 年这一数字已近 1 000 亿美元，比 15 年前翻了 500 倍。世界最大的信息技术出版、研究、会展与风险投资公司美国国际数据集团（IDG）参与投资的中国互联网企业就有 40 余家。我国的一些著名网站，如阿里巴巴集团有日本软银、美国雅虎的投资，视频网站土豆网有美国洛克菲勒家族的投资，电子商务网站慧聪网有美国国际数据集团的投资，社交网站人人网有日本软银的投资，户外视频广告运营商分众传媒有美、日和欧洲多家公司的投资。互联网是没有国界的，但互联网承载的数据和所传递的信息是有国界的。如果境外资本控股的公司掌控了信息传播的主导权，必将威胁国家安全。

（二）加强对网络空间的有效管控和引导

在网络安全和信息化工作座谈会上，习近平指出："网络空间是亿万民众共同的精神家园，网络空间天朗气清、生态良好，符合人民利益。网络空间乌烟瘴气、生态恶化，不符合人民利益。"[①] 对各种网络违法违纪言行，"要坚决管控，决不能任其大行其道。没有哪个国家会允许这样的行为泛滥开来。我们要本着对社会负责、对人民负责的态度，依法加强网络空间治理"[②]。营造风清气正的网络空间，必须对网络空间进行有效的管控和引导。

一是把包容多样与坚决管控统一起来。同传统媒介相比，网络具有对社会大众的全时空开放性，借助网络，不论是积极思想观念还是消极思想观念，都能直接"登堂入室"。面对错综复杂的网络舆情，必须把包容多样与坚决管控统一起来。所谓包容多样，就是要尊重差异，以海纳百川的胸怀包容网民五花八门的观点和想法。习近平指出："网民大多数是普通群众，来自四面八方，各自经历不同，观点和想法肯定是五花八门的，不能要求他们对所有问题都看得那么准、说得那么对。要多一些包容和耐

---

①　习近平：《在网络安全和信息化工作座谈会上的讲话》，北京：人民出版社 2016 年版，第 8 页。

②　习近平：《在网络安全和信息化工作座谈会上的讲话》，北京：人民出版社 2016 年版，第 9 页。

心，对建设性意见要及时吸纳，对困难要及时帮助，对不了解情况的要及时宣介，对模糊认识要及时廓清，对怨气怨言要及时化解，对错误看法要及时引导和纠正，让互联网成为我们同群众交流沟通的新平台，成为了解群众、贴近群众、为群众排忧解难的新途径，成为发扬人民民主、接受人民监督的新渠道。"① 在人人都有"麦克风"的网络时代，兼容不同思想观点、包容异质思维，体现着整个社会的文明程度；在个性表达和思想解放已成人们基本共识的当代中国，没有哪一种思想观点具有完全"普世性"。面对网民五花八门的观点看法，既不能消极回避、冷眼旁观，也不能贴上标签、一棍子打死，必须多一些包容和耐心，对建设性意见要及时吸纳，对不了解情况的要及时宣介，对模糊认识要及时廓清，对怨气怨言要及时化解，对错误看法要及时引导和纠正，唯有如此，才能集纳民智、反映民意、保障民利。

多元的时代需要包容多样的声音，但包容并不意味着可以模糊是非，多样也不意味着主导价值观念不复存在。更为重要的是，网络上发生的事情已经远远不是网民们的"自娱自乐"，而已经深深影响到现实社会中人们对国家的看法。"互联网不是法外之地。利用网络鼓吹推翻国家政权，煽动宗教极端主义，宣扬民族分裂思想，教唆暴力恐怖活动，等等，这样的行为要坚决制止和打击，决不能任其大行其道。利用网络进行欺诈活动，散布色情材料，进行人身攻击，兜售非法物品，等等，这样的言行也要坚决管控，决不能任其大行其道。"② 当然，坚决管控、积极斗争要针对不同的情况采取不同的措施，对网络上一般性争论和模糊认识，不能靠行政、法律手段解决，而要靠马克思主义真理的力量，靠深入细致的思想政治工作，用真理揭露谎言，让科学战胜谬误。

二是把正面宣传与舆论监督统一起来。改革开放使中国创造了人类历史上少有的发展奇迹，但奇迹般的发展速度也使各种发展中的矛盾和问题以浓缩的方式一下子释放出来。奇迹与困惑并存，辉煌与问题交织，共同构成了现实中国的复杂面貌。在这样的背景下，中国的网络舆论场也在不

① 习近平：《在网络安全和信息化工作座谈会上的讲话》，北京：人民出版社2016年版，第8页。
② 习近平：《在网络安全和信息化工作座谈会上的讲话》，北京：人民出版社2016年版，第8页。

断上演着点赞与吐槽交错、支持与抹黑并立的"活话剧"。成功是最好的老师，没有一种高明的说教能与成功辩论。中国所取得的伟大成就，使我们有足够的底气和信心为之点赞。但今日中国又是复杂的、多面的，仍有许多亟须解决的问题。历史和现实说明，越是应对巨大挑战和困难，就越需要壮大主流思想舆论，发挥正面宣传鼓舞干劲、凝聚共识的作用。习近平指出："坚持团结稳定鼓劲、正面宣传为主，是宣传思想工作必须遵循的重要方针。"① "实现'两个一百年'奋斗目标，需要全社会方方面面同心干，需要全国各族人民心往一处想、劲往一处使。如果一个社会没有共同理想，没有共同目标，没有共同价值观，整天乱哄哄的，那就什么事也办不成。我国有 13 多亿人，如果弄成那样一个局面，就不符合人民利益，也不符合国家利益。"② 处于爬坡过坎关键期的中国，比任何时候都需要13 亿人民心往一处想、劲往一处使。弘扬主旋律，社会思想就有了主心骨；传播正能量，社会发展就有了动力源。托夫勒说，谁掌握了信息，控制了网络，谁就拥有了世界。面对纷繁复杂的网络舆情，必须加强网上正面宣传，积极培育健康、向上向善的网络文化，用社会主义核心价值观和人类优秀文明成果滋养人心、滋养社会，做到正能量充沛、主旋律高昂。

当然，正面宣传并不是说只能有一个声音、一个调子。在崇尚多元、自由的网络世界中，一味地求同而斥异，不仅无法吸引网民，反而会让网民远离自己。习近平指出："形成良好网上舆论氛围，不是说只能有一个声音、一个调子，而是说不能搬弄是非、颠倒黑白、造谣生事、违法犯罪，不能超越了宪法法律界限。我多次强调，要把权力关进制度的笼子里，一个重要手段就是发挥舆论监督包括互联网监督作用。这一条，各级党政机关和领导干部特别要注意，首先要做好。对网上那些出于善意的批评，对互联网监督，不论是对党和政府工作提的还是对领导干部个人提的，不论是和风细雨的还是忠言逆耳的，我们不仅要欢迎，而且要认真研

---

① 习近平：《胸怀大局把握大势着眼大事　努力把宣传思想工作做得更好》，《人民日报》，2013 年 8 月 21 日。

② 习近平：《在网络安全和信息化工作座谈会上的讲话》，北京：人民出版社 2016 年版，第 7 页。

究和吸取。"① 对于互联网来说，舆论监督和正面宣传是推动其发展的一体两翼。敢于曝光工作中存在的问题，敢于揭露社会丑恶现象，激浊扬清，针砭时弊，是互联网精髓之所在。尼葛洛庞帝说，在网络上，每个人都可以是一个没有执照的电视台。在互联网的推动下，个人的力量从没有像今天这么强大，个人的声音从来没有可以如此广泛地传播。7 亿多网民，就是 7 亿多双眼睛。站在时代发展的高度审视网络舆论监督，尽管它还存在这样或那样的问题，但其所展现的巨大效能是任何人都不能否定的。无论是平常百姓的日常行为，还是政治权力的运行运作，在网民的监督下只会变得更加规范。

三是把优化网络环境与优化社会环境统一起来。相对于传统媒体，互联网是开放的。这种开放促进了互联网的快速发展，也催生了全新的话语系统，释放了大量反正统情绪。同现实相比，网络上的辩论总是很尖锐，也很激动，有时甚至很极端。当谩骂、粗暴、攻击、暴力、掐架、谣言充斥整个网络的时候，超越的已经不仅是网络伦理的底线，还有现实法律的边界，损害的已经不仅仅是网络本身，还有网下的社会和网下的人。任何游戏都有规则，网络所释放的言行如果拒绝规则，终将会把自己变为"丛林法则"盛行的"暗黑之地"，并将最终影响中国现实社会的道德品质。优化网络环境，无论是对党和政府，还是对网络企业和广大网民，都不是可有可无的饭后谈资，而是义不容辞的责任义务。政府要有责任担当，媒体要有专业操守，个人要有道德底线，唯有如此，网络空间的乌烟瘴气才会越来越少。

网络是生活的镜像，网络中的喜怒哀乐，总能在现实生活中找到影子，而现实生活中的各种问题，也总能在网上得到体现。个体的怨言怨语，可能来自个人生活的不幸；但作为现象的怨言怨语，则可能是整个社会某种情绪的释放。生产力发展不起来，生活得不到改善，官僚主义严重，社会腐败猖獗，贫富差距悬殊，公平正义缺失，这些都会在网络上得到反映。打造天朗气清、生态良好的网络空间，需要我们在网上下功夫，更需要在"优化经济、政治、文化、社会、生态环境"上下功夫，进一步

---

① 习近平：《在网络安全和信息化工作座谈会上的讲话》，北京：人民出版社 2016 年版，第 8 页。

推进经济发展、政治民主、文化繁荣、社会和谐和生态良好。唯有如此，才能为营造风清气正的网络空间奠定牢固基础。

四是把全党动手与发动人民统一起来。在互联网已经深入生产、生活每一角落的今天，没有人能置身度外。那里阳光灿烂，我们则会心情愉悦；那里电闪雷鸣，我们则会黯然神伤。尼葛洛庞帝说，网络不再只和计算机有关，它决定我们的生存。对于执政的中国共产党来说，做好网络舆论工作不再是可有可无的小事情，而是事关执政安全的大事件。历史事实也反复说明，经济建设做得再好，也不能一俊遮百丑，越是强调以经济建设为中心，越要抓好宣传思想工作，越要抓好网络舆论工作。人心的凝聚和政治的整合离不开经济利益的支撑，但因缺乏沟通、引导而导致的误解对立也不少见。在网络世界中，不善于表达自己，就会被表达；不主动回应诉求，就是放弃话语权。习近平指出："做好宣传思想工作必须全党动手。各级党委要负起政治责任和领导责任，加强对宣传思想领域重大问题的分析研判和重大战略性任务的统筹指导，不断提高领导宣传思想工作能力和水平。"[①] 做好网络舆论工作，也必须构建全党动手参与的大格局。今天，我们党已经有 8 900 多万名党员，400 多万个基层党组织，每一名党员，每一个党组织，都是这个大格局中的一个环节。只有节节发力、节节作为、节节精彩，才能凝聚起净化网络生态的强大合力。

确保网络空间清朗，是党和政府义不容辞的政治责任，也是亿万民众共同的社会责任。习近平指出："在我国，7 亿多人上互联网，肯定需要管理，而且这个管理是很复杂、很繁重的。企业要承担企业的责任，党和政府要承担党和政府的责任，哪一边都不能放弃自己的责任。网上信息管理，网站应负主体责任，政府行政管理部门要加强监管。主管部门、企业要建立密切协作协调的关系，避免过去经常出现的'一放就乱、一管就死'现象，走出一条齐抓共管、良性互动的新路。"[②] 历史事实表明，在互联网进入中国二十多年来的时间里，正是得益于网民的自治自律和社会力量的广泛参与，我国的互联网事业才获得了飞跃式的发展。今天，面对日

---

① 习近平：《胸怀大局把握大势着眼大事　努力把宣传思想工作做得更好》，《人民日报》，2013 年 8 月 21 日。

② 习近平：《在网络安全和信息化工作座谈会上的讲话》，北京：人民出版社 2016 年版，第 20 页。

趋复杂的网络舆情，我们党必须进一步提升人民群众参与网络治理的积极
性，把互联网企业、社会组织、网络群组、普通网民、网络大 V 等方方面
面力量调动起来，打一场网络生态综合治理的人民战争。而对于广大网民
来说，也应遵循"志于道，据于德，依于仁，游于艺"的美德，珍惜网络
空间带来的博大精深和思想飞翔的自由，做网络高德上士。只有各方齐心
协力，网络空间这个亿万民众的精神家园才会风清气正、天朗气清。

五、落实意识形态工作责任制

意识形态工作是党的一项极端重要的工作，事关党的执政安全和国家
长治久安。新的国际政治经济格局、新的社会环境、新的思想舆论氛围，
对意识形态工作提出了新的要求。党的十九大报告指出，牢牢掌握意识形
态工作领导权，必须"落实意识形态工作责任制，加强阵地建设和管
理"①。做好意识形态工作必须坚持全党动手、"一把手"带头、部门负
责，各条战线、各个部门共同努力。

（一）各级党委要负起政治责任和领导责任

意识形态工作是政治性强、涉及面广、影响力大的系统工程，需要统
筹谋划、强化协作，需要多方联动、全员参与。"各级党委要负起政治责
任和领导责任，加强对宣传思想领域重大问题的分析研判和重大战略性任
务的统筹指导，不断提高领导宣传思想工作能力和水平。"②

要胸怀大局、把握大势、着眼大事，切实把意识形态工作的领导权牢
牢抓在手里。历史地看，党管意识形态工作是我们党的优良传统，也是我
们党的政治优势，正是依靠这种优势，我们党才能在波谲云诡的意识形态
斗争中始终掌握主动权。但我们也要看到，在当前具体的工作中，一些领
导干部忽视宣传思想工作、意识形态工作，教训也不少。一些领导同志，

---

① 习近平：《决胜全面建成小康社会　夺取新时代中国特色社会主义伟大胜
利——在中国共产党第十九次全国代表大会上的报告》，北京：人民出版社 2017 年版，
第 42 页。
② 习近平：《胸怀大局把握大势着眼大事　努力把宣传思想工作做得更好》，《人
民日报》，2013 年 8 月 21 日。

对意识形态工作不想抓、不会抓、不敢抓，觉得政治性太强、驾驭起来不容易，不如集中精力先把经济搞上去，认为这才是"实干兴邦、空谈误国"的表现。还有一些地方，选人用人不考虑能力、专业和特长，只考虑资历和所谓待遇，最后提起来的多是些不懂意识形态工作的干部，思想落伍守旧，张嘴就是外行话，不仅影响了工作，也损害了队伍。

毛泽东曾指出："掌握思想领导是掌握一切领导的第一位。"① "各地党委的第一书记应该亲自出马来抓思想问题，只有重视了和研究了这个问题，才能正确地解决这个问题。"② "不应该只委托宣传部长，文教部长，教育和文化厅、局长这些同志去做而自己不去管他们。"③ 信息时代，思想传播的渠道方式、新闻舆论的受众心理都发生了很大变化。越是这样，越需要各级党委像重视经济工作那样抓意识形态工作，越需要党委主要负责同志带头阅读本地区、本部门主要媒体的内容，带头把住本地区、本部门媒体的导向，带头批评各种错误观点和错误倾向。在选人用人上，要把是不是重视意识形态工作，能不能做好意识形态工作，作为衡量一个领导干部是否成熟、能否委以重任的重要标志。

要勇于担当、敢于亮剑，旗帜鲜明地站到意识形态工作第一线。当今世界是一个人人都有麦克风的时代，个性表达和思想解放是大势所趋，兼容不同观念、包容异质思维，体现着社会的文明程度。对于思想领域的争论，我们党的基本态度是包容，但对于那些恶意攻击党的领导、攻击社会主义制度、歪曲党史国史军史、造谣生事的言论要给予坚决反击。但一些领导干部面对意识形态领域的斗争却做起了"开明绅士"。有些对大是大非问题绕着走，态度暧昧，独善其身，怕丢分，怕人家说自己不开明。这种怕"惹麻烦"、不担当的干部多了，意识形态领域就难免出现"劣币驱逐良币"的现象，宣传思想工作就难以排除"被动接招、疲于应对"的尴尬局面。对于意识形态领域的问题，必须敢于亮剑，作为党的干部，不能用"不争论""不炒热""让说话"为自己的不作为开脱，决不能东西摇摆、左右迎合！在事关党和国家命运的政治斗争中，所有领导干部都不能

---

① 《毛泽东文集》（第二卷），北京：人民出版社1993年版，第435页。
② 《毛泽东文集》（第七卷），北京：人民出版社1999年版，第282页。
③ 中共中央文献研究室编：《建国以来重要文献选编》（第十册），北京：中央文献出版社1994年版，第163页。

做旁观者。

敢于亮剑，要有亮剑精神，还得手有"利剑"。现在已经进入互联网时代，做好意识形态工作也必须网络化。"网络已是当前意识形态斗争的最前沿。掌握网络意识形态主导权，就是维护国家的主权和政权。各级党委和党员干部要把维护网络意识形态安全作为守土尽责的重要使命，充分发挥制度体制优势，坚持管用防并举，方方面面齐动手，坚决打赢网络意识形态斗争。"① 事实证明，我们的意识形态工作已经看到了这种趋势。但我们也要看到，做好网络意识形态工作绝不是挂在墙上、喊在嘴里就能实现的，也不是架起计算机、装上应用软件就能完成的，它需要脚踏实地的作为。要大力发展互联网以及手机短信、手机电视等新兴工具，充分运用公众微信号、微博客户端等人民群众喜闻乐见的平台，努力使其成为宣传发布、深度解读、集中传播马克思主义的新阵地。当然，勇于担当、敢于亮剑，不等于胡干、乱干，还要讲究战略战术，人家打运动战、游击战，我们也不能只打正规战、阵地战，要机动灵活，人家怎么打我们就怎么打，针锋相对，出奇制胜。不能被人家牵着走，不能因为战术刻板而耽误战略大局。

（二）宣传思想部门要守土有责、负责、尽责

习近平指出："宣传思想战线的同志要当战士、不当绅士，不做'骑墙派'和'看风派'，不能搞爱惜羽毛那一套。宣传思想战线的同志要履行好自己的神圣职责和光荣使命，以战斗的姿态、战士的担当，积极投身宣传思想领域斗争一线。"② 做好意识形态工作，宣传思想部门承担着十分重要的职责，必须守土有责、守土负责、守土尽责。

首先要在党性上强起来。意识形态事关国家长治久安，事关党的执政安全，必须旗帜鲜明地坚持党性原则。现在，有的人专门拿党史、军史、改革开放史说事，用所谓"反思""新解""发现新大陆"等手法，否定中国近现代革命史，诋毁社会主义革命、建设、改革开放历程和取得的成

---

① 中共中央文献研究室编：《习近平关于社会主义文化建设论述摘编》，北京：中央文献出版社 2017 年版，第 36 页。

② 中共中央文献研究室编：《习近平关于社会主义文化建设论述摘编》，北京：中央文献出版社 2017 年版，第 45 页。

就，大搞历史虚无主义，瓦解党的领导和中国特色社会主义的合法性正义性；有的"言必称希腊""话必言西方"，大力兜售新自由主义、西方宪政民主、西方"普世价值观"，试图瓦解中国特色社会主义经济制度、政治制度、文化制度。面对诸如此类问题，所有宣传思想部门，所有宣传思想战线上的党员、干部，都要旗帜鲜明、大张旗鼓、理直气壮地坚持党性原则。坚持党性原则，核心是坚持正确政治方向，站稳政治立场，坚持不懈地宣传党的理论和路线方针政策，大张旗鼓地宣传中央重大决策部署，态度鲜明地宣传中央关于形势的重大分析判断，坚决同党中央保持高度一致，坚决维护中央权威，在错误思潮和舆论面前，不退缩、不逃避、不放任、不媚俗、不奉迎，敢于斗争，敢于亮剑，真正做到"千磨万击还坚劲，任尔东西南北风"。

其次要在业务素质上强起来。做好意识形态工作，宣传思想干部除了政治上可靠外，还需要在理论上、笔头上、口才上或其他专业上有"几把刷子"。时代在发展，环境在变化，人们对意识形态工作的要求也越来越高、越来越多样化。总体上看，当前宣传思想干部是适应工作发展需要的，但同应对意识形态领域斗争的复杂形势要求相比，同人们日益多元化的思想文化需求相比，同快速发展的互联网技术相比，还存在一定差距。特别是面对当前我国意识形态领域所呈现出的国际干扰与国内策应交织在一起、经济问题与思想问题交织在一起、历史问题与现实政治交织在一起、学术研究与政治渗透交织在一起、合法外衣与非法行径交织在一起、公开渠道与隐蔽手段交织在一起的新特点，一些宣传思想干部还是显得力不从心，陷入"老办法不灵，硬办法不能，新办法不会"的窘境。宣传思想干部不能人进了全球化、多元化、信息化时代，脑子还留在计划经济时代，必须尽快放下那些曾经获得巨大成功但现在已经明显过时的经验和思想，为推动意识形态工作发展确立正确的方向，选择正确的路径。要有"本领恐慌"的清醒认识，不断学习、终生学习，不断提高自身的综合素质。第一，意识形态斗争不是短暂的社会现象，而是长期的社会历史过程，这就要求各级党委和领导干部必须把打赢意识形态斗争作为事关国家长治久安的战略性任务加以重视。第二，意识形态斗争常常以社会重大或敏感事件为契机更加集中、突出地表现出来，这就要求各级党委和领导干部必须提高对"重大或敏感事件"的分析研判能力，以掌握意识形态斗争的主动权。第三，网络越来越成为意识形态斗争的主战场，过不了网络关就过不了时代关，这就要求各级党委和领导干部必须着力提高网络意识形态斗争能力。第四，知识分子是精神最活跃、思想最解放、感受最敏锐的社会群体，大多数意识形态纷争都是从知识分子群体中扩展开来的，这就要求各级党委和领导干部必须提高做知识分子工作的能力。

最后要在工作作风上强起来。做好意识形态工作要有一定的形式，但绝不能搞形式主义；要有一定的声势，但更要注重实效。习近平曾深刻指出，现在正面宣传很有成效，但也存在一些值得注意的问题：有的宣传居高临下、空洞说教，照搬照抄领导讲话和政策文件，挖掘解读不够，生动鲜活不足，群众敬而远之；有的宣传存在模式化、套路化现象，语言生硬、形式刻板，亲和力、贴近性不够；有的宣传形式上轰轰烈烈、豪华艳丽，实效性则不强。在这些问题中，既有能力素质不适应形势发展需要的问题，更有工作作风不扎实的问题。形式主义的东西看起来很美，实际上毫无吸引力。马克思曾指出，理论只要说服人，就能掌握群众；而理论只要彻底，就能说服人。所谓彻底，就是抓住事物的根本。就意识形态工作而言，越是深刻揭示社会现实与矛盾，反映社会发展的根本趋势与基本规律，体现人民群众的根本利益和长远发展，就越能打动人、说服人、吸引人。历史也表明，掌控主要媒体资源，不一定能占领意识形态阵地；占领意识形态阵地，根本不在于是否占领了媒体资源，而在于是否占领了理论的制高点、道义的制高点、生活的制高点。意识形态形态工作只有改变工作作风，摒弃形式主义，多一些"沾泥土""冒热气"的宣传报道，多一些短、实、新的作品文章，真正贴近实际、贴近生活、贴近群众，才能真正占领思想舆论阵地。

（三）最大限度地把知识分子团结在党的周围

在全体社会成员中，知识分子无疑是特殊的一个群体，他们既是理论的重要创造者，也是理论的重要宣传者。从当代中国多样化意识形态的存在发展及作用机制看，它们总是首先兴起于"知识阶层"，然后推向"社会大众"；从近年来中外意识形态斗争过程看，西方国家对我国进行意识形态渗透呈现出一系列新特点，其中一个突出的特点就是把知识分子作为传播其思潮和价值观的基本力量，采用各种手段扶持和培植亲西方知识势力。美国前国务卿赖斯说过，控制中国不能主要依靠武力，要通过控制中国精英来影响中国决策，辅之以控制战略威慑，使中国更加符合美国的国家利益。这不是危言耸听，而是西方国家既定的战略。

伴随着经济社会的深刻变革和对外开放的不断扩大，我国知识分子队伍也出现了一些新变化，表现出一些新特点。第一，规模不断扩大。目前我国具有大专以上学历的知识分子约有 1.2 亿人，规模稳居世界第一。第二，构成复杂多元。在约 1.2 亿人的知识分子中，党员知识分子有 3 400多万人，其中高校约 145 万名专任教师中，党员占 53.5%。第三，自我意识、个体意识强化。知识分子特别是青年知识分子视野开阔、专业水平高、创新能力强，他们通过自主选择、公平竞争找到适合自己的岗位，在服务经济社会发展的同时实现着自身的人生价值，但也有的人坚持以自我为中心，不能很好地处理好个人、集体、社会的关系。第四，利益诉求和政治诉求多元多样并相互交织。这其中大多是合理性的诉求，但也有的人不同程度地存在着理想信念迷惘、价值观念扭曲、社会责任感不强等问题，甚至出现了少数人与党和政府疏远疏离的倾向。

面对队伍规模不断扩大、构成日益复杂多元的知识分子队伍，习近平深刻指出："知识分子有思想、有主见、有责任，愿意对一些问题发表自己的见解。各级党委和政府、各级领导干部要就工作和决策中的有关问题主动征求他们的意见和建议，欢迎他们提出批评。对来自知识分子的意见和批评，只要出发点是好的，就要热忱欢迎，对的就要积极采纳。即使一些意见和批评有偏差，甚至不正确，也要多一些包容、多一些宽容，坚持不抓辫子、不扣帽子、不打棍子。人不是神仙，提出的意见和批评不能要求百分之百正确。如果有的人提出的意见和批评不妥当或者是错误的，要开展充分的说理工作，引导他们端正认识、转变观点，而不要一下子就把人看死了，更不要回避他们、排斥他们。各级领导干部要善于同知识分子打交道，做知识分子的挚友、诤友。"① 可以说，"团结和引导"是当前我们党对待知识分子的基本态度。这就要求宣传思想部门要加强同知识分子的联系，多深入知识分子中去，同知识分子交朋友，特别是同那些学术造

---

① 习近平：《在知识分子、劳动模范、青年代表座谈会上的讲话》，《人民日报》，2016 年 4 月 30 日。

诣高、社会影响大的知识分子建立良好沟通关系，及时向他们宣传中央对一些重大问题的判断和工作大政方针，及时听取他们的意见，做到上情下达、下情上传。要深化思想引导，引导知识分子加强马克思主义中国化最新成果学习，加强党史、国史学习，坚定中国特色社会主义道路自信、理论自信、制度自信、文化自信。同时要关注那些具有特殊性的知识分子，下功夫做好网络意见领袖、网络作家、签约作家、自由撰稿人等群体的工作，引导他们发挥好建设性作用。

第九章　继承和发扬中华优秀传统文化

中华优秀传统文化凝聚着中华民族对自然界和人类社会的历史认知和真实感受，是中华民族共有的精神家园，是社会主义先进文化的深厚基础，是建设社会主义文化强国、实现中华民族伟大复兴的动力源泉和精神支撑。要以高度的文化自觉和文化自信，全面认识中华优秀传统文化，推陈出新，古为今用，使之与当代社会相适应，与现代文明相协调，与世界文化发展趋势相符合，保持民族性，体现时代性，彰显世界性。

一、中华优秀传统文化是中华民族共有的精神家园

建设中华民族共有精神家园，是建设社会主义文化强国的具体要求。精神强大，文化发展方有无穷动力；家园丰厚，民族进步才有万众齐心。历史悠久、内涵丰富、影响深远的中华传统文化，经过历史的冲刷、岁月的淘洗，早已融入国民的血脉之中，积淀成民族的精神家园。建设社会主义文化强国，需要以厚重的传统文化作支撑，构建中华民族共有精神家园。

黑格尔曾说过："一提到希腊这个名字，在有教养的欧洲人心中，尤其在德国人心中，自然会引起一种家园之感。"[1] 这里的家园就是精神家园，它是一个人、一个组织、一个民族共同体在文化认同基础上产生的精神支柱、情感归宿、文化寄托。对于一个民族来说，民族精神家园是其安身立命之所在、生存发展之支撑、身份归属之标志。一个民族有了精神家园，才能在发展壮大的道路上，保持锐意进取、奋勇前进，表现出强大的创造力；才能在纷繁复杂的环境中，保持头脑清醒、固守本源，显现出强

---

① 黑格尔著，贺麟、王太庆译：《哲学史讲演录》（第一卷），北京：商务印书馆1981年版，第157页。

大的生命力；才能在艰难困苦的形势下，保持团结统一、共同奋斗，焕发出强大的凝聚力；才能在日益凸显的综合国力竞争面前，显现出强大的竞争力。历史上，弱小的犹太民族曾因罗马帝国的侵略被迫远离故土、漂泊异乡，然而两千多年后的今天，当年不可一世的罗马帝国早已灰飞烟灭，而弱小的犹太民族却在内化于心、外化于行的精神家园的支撑下，依然坚强地屹立于世界民族之林。近代中华民族，虽遭遇"千年未有之变局"，惨遭西方列强蹂躏、备受帝国主义欺凌，但自强不息的中华民族精神一次次唤醒了处于苦难中的中华儿女，一次次为中华民族的发展和壮大提供了强大的精神力量。

文化是民族精神家园形成和发展的基础。历史的文化发展成果，汇聚成为民族的文化传统，塑造着该民族的价值观念、思维方式、审美标准、科学素养等，构成了该民族传承延绵的精神血脉和独特气质品格的精神基因。现实的文化发展成果，反映了时代的精神，推动了文化的创新，促进了社会的进步，构成了该民族新的精神之源。民族的文化积淀越深厚，文化精神越先进，民族的精神家园就越丰富，感召力和凝聚力就越强大。一个民族如果丧失了自己的文化，也就成了一个没有精神支柱、情感归宿、文化寄托的漂泊者，等待它的将是被同化的命运。"中华文化源远流长，积淀着中华民族最深层的精神追求，代表着中华民族独特的精神标识，为中华民族生生不息、发展壮大提供了丰厚滋养。"[1]千百年来，生活在中华大地上的华夏各民族在保持自身文化传统的同时，也与其他兄弟民族的文化不断进行交流，从而形成了丰富多彩的中华文化。虽然几千年里中华大地上的统治者更迭不断，但中华文化并没有被颠覆，更没有消失，她一直作为中华民族共有精神家园的承载者，守望着中华大地、推动着中华民族的发展。也正是因为有了中华文化的维系和推动，中华民族共有精神家园才始终不灭，中华民族才始终屹立于世界民族之林。随着人类历史从"民族历史"向"世界历史"转变，不同文化之间的交流越来越多，不同民族之间的交往越来越深入，并呈现出某种交融的趋势，民族文化作为一个民族的血脉和精神家园的作用愈加凸显，愈益成为维系散居于世界各地人们

---

① 习近平：《把培育和弘扬社会主义核心价值观作为凝魂聚气强基固本的基础工程》，《人民日报》，2014 年 2 月 26 日。

的精神纽带。如今，中华儿女已经遍布全球各地，虽然空间的距离使他们与故土分隔，但中华文化仍是他们的精神家园，中国仍是他们内心深处的牵挂。

中国共产党既是中国先进文化的积极倡导者和发展者，也是中华优秀传统文化的忠实传承者和弘扬者。我们党历来高度重视运用中华优秀传统文化夯实精神家园基础、凝聚团结奋斗力量、激发锐意进取热情，带领全国各族人民在革命、建设、改革的历史进程中不断取得新胜利、获得新突破。在弘扬中华优秀传统文化的基础上建设中华民族共有精神家园的要求，必将为建设社会主义文化强国提供更加丰富的文化资源和更加强大的精神动力。

二、中华优秀传统文化是发展社会主义先进文化的深厚基础

社会主义先进文化是文化强国的旗帜，代表人类文化发展趋势，能够引导文化强国建设的方向；决定当代中国文化的性质，能够统领文化强国建设的全局；汇聚优秀传统文化精华，能够夯实文化强国建设的根基。中华优秀传统文化是发展社会主义先进文化的深厚基础。建设社会主义文化强国，就要在传承优秀传统文化的基础上，强化文化认同，着力推动社会主义先进文化更加深入人心。

中华优秀传统文化为发展社会主义先进文化提供思想资源。马克思曾说过："人们自己创造自己的历史，但是并不是随心所欲地创造历史，而是在现实的、既定的、从过去继承下来的条件下创造。"① 中国共产党倡导和发展的社会主义先进文化，并非无根之萍、无源之水，它既深深扎根于中国的革命、建设和改革伟大实践之中，也源自于其对中华优秀传统文化的自觉吸收和借鉴。正是得益于对中华优秀传统文化的大力张扬，对中华优秀传统文化价值的积极维护，社会主义先进文化才获得了源源不尽的思想资源。中华优秀传统文化中蕴含的贵和持中、推崇天人合一的和谐思想是当今中国建立和谐社会、发展和谐文化的有益借鉴；蕴藉的"知之为知之，不知为不知"的求真品格是社会主义先进文化实事求是、求真务实思

① 《马克思恩格斯选集》（第一卷），北京：人民出版社1995年版，第585页。

想精髓的重要来源；蕴藉的"天行健，君子以自强不息"的进取精神是社会主义先进文化中自强不息、勇于进取精神的重要思想来源；追求的格物致知，修身、齐家、治国、平天下的人生境界是构筑社会主义伦理道德的重要根据。作为中华优秀传统文化的传承者和弘扬者，我们党始终强调，优秀传统文化是发展社会主义先进文化的深厚基础和取之不竭的宝贵资源。坚持中国特色社会主义文化发展道路，建设社会主义文化强国，既要高扬社会主义先进文化的旗帜，又要不忘优秀传统文化；既要面向现代化、面向世界、面向未来，又要植根民族历史文化土壤。

弘扬优秀传统文化是强化文化认同，推动社会主义先进文化更加深入人心的有效举措。文化认同，是文化主体对特定文化的认可和自觉践行。文化认同力强，则该文化的理论阐释力、行为规范力、实践引导力就强。同任何文化形态一样，社会主义先进文化也存在文化认同问题。经济体制的深刻变革、社会结构的深刻变动、利益格局的深刻调整、思想观念的深刻变化，使当今中国的社会主义先进文化遭遇前所未有的认同危机，马克思主义指导地位受到挑战，共产主义信仰受到冷落，社会主义道德规范功能减弱。与此同时，倡导"以英美为师"的自由主义，主张回到"传统社会主义"的"左"派思潮，全面否定传统文化的文化虚无主义，推崇指导思想多元化的民主社会主义等诸种理论思潮却甚嚣尘上。要承认，导致文化认同危机的根源在文化之外，解决文化认同危机问题的根本路径也在文化之外。但我们也必须强调，弘扬优秀传统文化，是强化社会主义文化认同的有效举措。亨廷顿认为，文化认同"最独特的精髓"是"长久延续的历史文明"[1]。文化认同，首先是民族文化的认同。作为西方文化的马克思主义，在传入中国后之所以迅速被广大知识分子和人民群众所认同和接受，既根源于其倡导的革命精神与中华民族文明主体的生存境遇悲惨甚烈有关，也根源于其与中国传统文化有深层次的契合之处。"我国传统文化具有一些与马克思主义相同或相近的先天素质。诸如辩证的思维方式；实用理性的致思路线；以群体为本位的价值取向；'治国平天下'的忧患意识；追求均等与'大同'的社会理想等，这些先天素质，正是促使知识分

---

① 塞缪尔·亨廷顿著，周琪、刘绯、张立平、王圆译：《文明的冲突与世界秩序的重建》，北京：新华出版社 2002 年版，第 7 页。

子在十月革命以后迅速地选择了马克思主义的文化原因。"① 今天，我们建设社会主义文化强国，推动社会主义先进文化更加深入人心，还要继续利用好传统文化与社会主义先进文化先天契合的优势，通过弘扬优秀传统文化，进一步强化人们对马克思主义的认同，对马克思主义中国化最新成果的认同，对中国共产党价值追求的认同。

三、中华文化是中国特色社会主义的沃土

习近平多次指出，增强文化自觉和文化自信，是坚定中国特色社会主义道路自信、理论自信、制度自信的题中应有之义。站在中华民族整个历史发展进程的高度审视，中国特色社会主义是历史的选择、人民的选择，也是文化的选择。

（一）源远流长的中华文化蕴含着丰富的思想文化资源

中华文化积淀着中华民族最深沉的精神追求，是中华民族生生不息、发展壮大的丰厚滋养。站在时代的高度考察中华传统文化，其虽有糟粕，但更多的是精华。面对文化虚无主义的冲击，习近平指出，增强文化自信和价值观自信，必须讲清楚中华优秀传统文化的历史渊源、发展脉络、基本走向，讲清楚中华文化的独特创造、价值理念、鲜明特色。

在中华文化中，思想道德文化独树一帜，并成为显著特征。如果说西方文化是一种求真文化，那么中华文化则是一种求善文化。在中华文化的视野中，人最为天下贵，具有自然万物所不及的最高价值；群体利益是最高利益，人的社会价值、群体价值最为重要；个人价值主要体现在道德品质上，而不是体现在知识和能力上。中华文化的道德取向，极大地促进了中国社会科学尤其是伦理道德学说的发展，增强了全民族的亲和力和凝聚力，为成就中国"礼仪之邦"之名奠定了基础。

在中华文化的大观园中，诸子学说熠熠生辉，构成了一道亮丽风景。按照雅斯贝尔斯的说法，两千多年前，人类迎来了思想发展的"轴心时

---

① 汪澍白：《二十世纪中国文化史论》，北京：中国青年出版社 1999 年版，第 212 - 213 页。

代"，西方出现了苏格拉底、柏拉图、亚里士多德，印度出现了释迦牟尼，中国则出现了老子、孔子、孟子，是他们奠定了各自文化发展的基本"范式"。习近平指出："两千多年前，中国就出现了诸子百家的盛况，老子、孔子、墨子等思想家上究天文、下穷地理，广泛探讨人与人、人与社会、人与自然关系的真谛，提出了博大精深的思想体系。"① 从文化意义上可以说，没有诸子思想，就没有中华文化的盛况。虽然他们的思想不可避免地具有时代的局限性，但他们求大真、求大善、求大美的文化精神，早已积淀为中华民族精神家园的一部分，源源不断地为中华民族提供精神支撑和心灵慰藉。

（二）中华文化是中国特色社会主义道路的历史文化渊源

世界上没有两片相同的树叶，也不可能有完全一样的发展模式。一个国家选择什么样的发展道路，受各种因素影响，但历史文化的影响最为深厚。习近平指出："每个国家和民族的历史传统、文化积淀、基本国情不同，其发展道路必然有着自己的特色。"② 可以说，有多少种文化，就可能存在多少种发展道路。

回顾历史，中国人民在选择发展道路的问题上既尝试过君主立宪制、复辟帝制，也尝试过议会制、多党制、总统制，但结果都行不通。杜维明认为，虽然现代化起源于西方，但东亚的现代化具有大大不同于西欧和北美的文化形式。同重利轻义、重私轻公的西方文化相比，中华文化强调的是"以民为本"，推崇的是"天下为公"，追求的是"大同社会"。这些独特的价值追求，使得社会主义道路在中国可以获得最为深厚的文化支撑。也正是在此意义上，习近平指出："中国特色社会主义植根于中华文化沃土、反映中国人民意愿、适应中国和时代发展进步要求，有着深厚历史渊源和广泛现实基础。"

尤其需要指出的是，面对中国的快速发展，一些国家总是以"国强必霸"的历史思维，在世界鼓噪"中国威胁论"。实际上，"中国威胁论"

---

① 习近平：《在布鲁日欧洲学院的演讲》，《人民日报》，2014 年 4 月 2 日。
② 习近平：《胸怀大局把握大势着眼大事　努力把宣传思想工作做得更好》，《人民日报》，2013 年 8 月 21 日。

不仅是对中国发展道路的刻意歪曲，更是对中华传统文化的无知。同崇尚竞争和丛林法则的西方文化不同，中华传统文化是一种和合文化，追求的是"万物并育而不相害，道并行而不相悖"。面对甚嚣尘上的"中国威胁论"，习近平以深厚的文化底蕴旗帜鲜明地指出："中华民族的血液中没有侵略他人、称霸世界的基因。"① "中国走和平发展道路，不是权宜之计，更不是外交辞令，而是从历史、现实、未来的客观判断中得出的结论。"② 中国坚定不移地走和平发展道路，来源于对实现自身发展目标条件的认知，来源于对世界发展大势的把握，也来源于中华文明的深厚渊源。

（三）中华文化是涵养社会主义核心价值观的重要源泉

核心价值观是文化的灵魂，凝聚着民族文化的思想精华和道德精髓。习近平指出："一个民族、一个国家的价值观必须同这个民族、这个国家的历史文化相契合。"③ 社会主义核心价值观，不仅与中国需要解决时代问题相适应，与中国人民进行的现代化建设相一致，也与中华传统文化相契合。

社会主义核心价值观的根和本在中华传统文化。当今中国，传统文化与现代文化相互交融，外来文化与本土文化相互交织，马克思主义与非马克思主义相互交锋。在这样的文化图景下，明确社会主义核心价值观的根本所在，不仅是一个文化命题，也是一个政治命题。习近平指出："牢固的核心价值观，都有其固有的根本。抛弃传统、丢掉根本，就等于割断了自己的精神命脉。"④ 并明确指出社会主义核心价值观的根在中华传统文化、本在中华传统文化。"中华文明绵延数千年，有其独特的价值体系。中华优秀传统文化已经成为中华民族的基因，植根在中国人内心，潜移默

---

① 《习近平接受拉美四国媒体联合采访》，《人民日报》，2014 年 7 月 15 日。

② 习近平：《共创中韩合作未来 同襄亚洲振兴繁荣——在韩国国立首尔大学的演讲》，《人民日报》，2014 年 7 月 5 日。

③ 习近平：《青年要自觉践行社会主义核心价值观》，《人民日报》，2014 年 5 月 5 日。

④ 习近平：《把培育和弘扬社会主义核心价值观作为凝魂聚气强基固本的基础工程》，《人民日报》，2014 年 2 月 26 日。

化影响着中国人的思想方式和行为方式。"①对于社会主义核心价值观来说，如果我们不能坚持在中华大地上形成和发展起来的价值观，丧失的不仅仅是民族特性，更是精神独立性。

培育和弘扬社会主义核心价值观必须立足中华优秀传统文化。习近平指出："坚守我们的价值体系，坚守我们的核心价值观，必须发挥文化的作用。"② 面对西方"普世价值观"的冲击，我们要坚守住社会主义核心价值观，就必须守住自己的民族文化，因为民族文化是一个民族区别与其他民族的独特标识，这个标识模糊了，社会主义核心价值观就坚持不住了；面对文化虚无主义的蛊惑，我们应该树立起高度的民族文化自信，通过去粗取精、去伪存真，将其中所蕴含的文化精神继承和弘扬起来，使社会主义核心价值观因为汲取了传统文化的精华而具有强大的生命力和影响力。

（四）中华文化是中国特色国家治理体系形成和发展的基础

完善和发展中国特色社会主义制度，推进国家治理体系和治理能力现代化，是全面深化改革的总目标。作为政治文明发展的产物，国家治理体系具有超越国界的一般属性和一般要求，但作为一种国家政治行为，国家治理体系又具有鲜明的国别属性。习近平指出："一个国家选择什么样的治理体系，是由这个国家的历史传承、文化传统、经济社会发展水平决定的。"③ 而在这之中，历史文化以其恒久的稳定性和强大的渗透力无疑居于中心地位。

虽然一个国家的文化历经岁月的演变，其外在表现和结构会发生变化，但在内在的价值追求和本质规定并不会随着时间的演变而发生历史性断裂，而是凭借各种文化形式和社会化渠道，连绵不息地一代代传延下来。习近平指出："我国今天的国家治理体系，是在我国历史传承、文化

---

① 习近平：《青年要自觉践行社会主义核心价值观》，《人民日报》，2014 年 5 月 5 日。
② 习近平：《完善和发展中国特色社会主义制度　推进国家治理体系和治理能力现代化》，《人民日报》，2014 年 2 月 18 日。
③ 习近平：《完善和发展中国特色社会主义制度　推进国家治理体系和治理能力现代化》，《人民日报》，2014 年 2 月 18 日。

传统、经济社会发展的基础上长期发展、渐进改进、内生性演化的结果。"① 在古代中国，"王权支配社会"一直是中国传统政治文化核心诉求。秦始皇结束战国乱局一统天下，率先把这种政治文化诉求变成了现实，并以此为蓝图缔造了中央集权式的国家治理体系。秦以后的历朝在具体环节方面虽时有变化，但并没有改变这种体系，反而都是以此为中心进行改革。而深受欧洲大陆文化影响，一直视自由、民主、分权为圭臬的美国，则建构了一个与中国迥异的国家治理体系。中国是先有中央，再有州府郡县，一切强调的是自上而下。而美国是先有市县州，然后才有联邦，一切是自下而上。文化塑造了国家、塑造了国民，也塑造了一个国家的治理体系。

"求木之长者，必固其根本；欲流之远者，必浚其泉源。"面对前进道路上的各种风险挑战，坚持中国特色社会主义道路自信、理论自信、制度自信，必须坚定不移地贯注中华文化的强劲血脉。脱离中华文化这片"沃土"，中国特色社会主义就会成为无本之木、无源之水。

四、推动中华优秀传统文化的创造性转化、创新性发展

中国人民的理想和奋斗，中国人民的价值观和精神世界，是始终深深植根于中华优秀传统文化沃土之中的，同时又是随着历史和时代前进而不断与日俱新、与时俱进的。"传统文化在其形成和发展过程中，不可避免会受到当时人们的认识水平、时代条件、社会制度的局限性的制约和影响，因而也不可避免会存在陈旧过时或已成为糟粕性的东西。这就要求人们在学习、研究、应用传统文化时坚持古为今用、推陈出新，结合新的实践和时代要求进行正确取舍。"② 要坚持古为今用、以古鉴今，坚持有鉴别的对待、有扬弃的继承，而不能搞厚古薄今、以古非今，努力实现传统文化的创造性转化、创新性发展，使之与现实文化相融相通，共同服务以文化人的时代任务。

---

① 习近平：《完善和发展中国特色社会主义制度　推进国家治理体系和治理能力现代化》，《人民日报》，2014 年 2 月 18 日。

② 习近平：《在纪念孔子诞辰 2565 周年国际学术研讨会暨国际儒学联合会第五届会员大会开幕会上的讲话》，《人民日报》，2014 年 9 月 25 日。

（一）科学认识中华优秀传统文化，保持民族性

传统是过去的，也是现在和未来的。我们不可能留住时间的脚步，但我们可以保存时间留下的东西。中华文化中有着非常宝贵的民族精神财富，历史的积淀已经使这些精神财富升华为民族的精神家园，凝聚成为民族的脊梁。但长时间对传统文化认识的不到位，以及不时泛起的文化虚无主义思潮，无不在侵蚀着我们的精神家园。鸦片战争后，面对国家悲惨现状和如潮水般涌入的西方文化，中国人对自身文化的评价越来越低，从感觉器物的不足到感觉政治制度的不足，再到感觉文化精神的不足，每一次对西方文化认识的深入都伴随着对自身文化否定的加深，每一次民族危机的加重也都加剧了人们对自身文化的失望。在后来的一个世纪里，在"打倒孔家店"和"中国文化本位"的争论中，国人对于传统文化始终没有一个准确的定位，缺乏一种客观的认识。新中国成立后，虽然毛泽东多次指出社会主义文化建设要做到"古为今用"，但不时进行的"文化反传统"运动，硬是将本来就被边缘化的传统文化逼上了绝境。

近年来，文化虚无主义沉渣泛起、甚嚣尘上，"反传统"似乎又成为一句时髦的口号，"西方话语"也仿佛成了学术研究的基本范式，一些人提出在中国传统文化中，"真正的人不可能萌芽成长"，还有一些人甚至以马克思主义为依据，强调传统文化"非历史性""非科学性"。历史不能割断，需要全面辩证地分析。尽管中国传统文化中有糟粕，但更多的是精华。古代中国曾有领跑世界千年的经济文化盛世，即使是在内忧外患、积弱积贫的近代中国，优秀传统文化依然屹立不倒。今天，经历改革开放伟大时代锻造的中华优秀传统文化更显成熟，在与其他民族优秀文化的交流中更加充实，呈现出与时俱进、开放包容的恢宏气度，彰显出自由平等、公平正义的时代追求，展现出民族的魅力、历史的厚重、时代的光芒、国际的视野，达到了前所未有的高度。我们有理由对我们的优秀传统文化充满自信，有理由在世界不同文化相互激荡的今天捍卫民族文化地位。当然，树立文化自信、保持民族性，绝不意味着我们要关上面向世界的大门。在全球化这一背景下，文化建设如果追求单纯的民族性，则极有可能会陷入保守主义的陷阱，那样也就堵死了本民族的文化创新发展之路。

（二）要推动中华优秀传统文化现代化，体现时代性

恩格斯认为："每一时代的理论思维，从而我们时代的理论思维，都是一种历史的产物，在不同时代具有非常不同的形式，并因而具有非常不同的内容。因此，关于思维的科学，和其他任何科学一样，是一种历史的科学，关于人的思维的历史发展的科学。"① 中华优秀传统文化，是推动中华文明发展的重要动力，必须加以继承和发扬。但是，继承不等于照搬，发扬不等于重复。当今中国，有人认为马克思主义是异族文化，无法承担安顿中华民族生命和灵魂的职责，是导致近百年中国精神丧失和近年来社会信仰缺失、道德弱化、价值迷茫的根本原因，主张用儒家思想取代马克思主义，使之成为国家和社会生活的主导思想，并建立"儒家共同体专政国家"，设立通儒院、庶民院、国体院，以实现社会等级和谐。此种观点虽令人振奋鼓舞，但它无视时代发展变化和实践发展要求，这就与文化的发展规律大相径庭。实际上，诞生于封建土壤、适应小农经济的中国传统文化有明显的两重性，它所蕴含的官僚主义、等级观念、特权思想、家长制作风、封建迷信思想等是阻碍中华民族进一步发展的障碍。中华传统文化在今天要继续发挥其作为中华民族发展推动力的作用，就必须在实践的基础上，结合时代发展要求，通过与不同文化思潮的接触和交流，实现自身的现代转换。今天，现代性已成为当代各种问题研究与争论的重要话语背景。推进中华传统文化的现代转换，既需要我们高举马克思主义的旗帜不动摇，也需要我们具有现代性的理论视野。现代性在冲破封建神学和宗教束缚过程中，在科学与民主、理性与主体性、个体自由与社会进步等方面取得了长足的发展，而这些恰恰是中国传统文化所缺失的。当现代性愈益成为当代中国发展的重要时代背景时，推动中国传统文化的现代转换，就更需要深入研究现代性的话语体系，不断赋予中国传统文化以新的生命力和号召力。

（三）推动中华文化走向世界，彰显世界性

世界文化丰富多彩，不同文化之间的相互学习和借鉴是文化发展的必

---

① 《马克思恩格斯选集》（第三卷），北京：人民出版社 1995 年版，第 465 页。

要条件。希腊学习埃及，罗马学习希腊，阿拉伯学习罗马，中世纪的欧洲学习阿拉伯，文艺复兴时期的欧洲学习东罗马帝国。学生胜于老师的先例不少。在当代，开放的世界极大地增强了文化的共生性和可融性，各种文化的命运将由其开放、兼容和更新能力的强弱决定。历时来看，中华传统文化是一种开放文化，也正是得益于其开放包容，才造就了汉唐的文化盛世。在当今中国，积极构建"引进来"和"走出去"相结合的文化发展格局，已经成为我们党和政府推动中外文化交流互动的基本主张。这不仅意味着中国可以更好地从全球吸收和借鉴优秀文化成果，更意味着中华文化自近代以来开始再次走向世界，并将成为影响世界文化发展走向的重要力量。全球 500 多所孔子学院的建立，与 100 多个国家政府间文化合作的签订，众多中外"文化年""国家年""语言年"的举办，以及国际上渐起的中华文化热，都在昭示中华文化走向世界所取得的丰硕成果。但我们也要看到，当前中华文化走向世界主要是通过政府和相关组织"送"出去的，由于不大顾及别人的接受习惯和文化传统，往往使得"送"出去的中华文化的影响力和穿透力打了折扣。在文化经济化、经济文化化的今天，一切优秀的人类文明成果，都只有通过并借助于文化产业才能实现它的价值存在和有效传播。没有文化产业的发展，就没有中华文化在世界的影响力、渗透力和竞争力。要真正实现中华文化"走"出去，既需要通过官方渠道，由政府部门主动推动，也需要通过民间渠道，由社会组织共同实施，更需要通过市场渠道，由文化企业主动作为。

当今世界正处在大发展大变革大调整时期，不同思想文化交流交融交锋更加频繁，意识形态领域斗争更加复杂，维护国家文化安全任务更加艰巨；当代中国正在发生广泛而深刻的变革，人们思想更加多样，社会价值更加多元，社会思潮更加多变。在这样的历史条件下，建设社会主义文化强国，需要我们以更加理性、科学的态度，全面认识传统文化的历史意义和现实价值，让古老文化不断焕发出新的青春活力；需要我们以对民族、对历史、对后人更加负责任的精神，加强对民族文化的挖掘和保护，使中华民族文化瑰宝能够代代相传、泽荫后人；需要我们以更加锲而不舍的劲头，广泛开展优秀传统文化教育普及活动，让更多的人成为优秀传统文化、社会主义先进文化的承载者和传播者。

第十章 推动中国特色社会主义文化与世界文化和谐发展

进入 21 世纪第二个十年以后，世界迎来了"前所未有之大变局"，中华民族也迈入了伟大复兴的"快车道"，前所未有地靠近世界舞台中心。如何看待中华文明的崛起、崛起后的中华文明将如何看待世界逐渐成为世界关注的焦点。面对世界的疑问，习近平指出："对待不同文明，我们需要比天空更宽阔的胸怀。文明如水，润物无声。我们应该推动不同文明相互尊重、和谐共处，让文明交流互鉴成为增进各国人民友谊的桥梁、推动人类社会进步的动力、维护世界和平的纽带。我们应该从不同文明中寻求智慧、汲取营养，为人们提供精神支撑和心灵慰藉，携手解决人类共同面临的各种挑战。"① 为中华民族伟大复兴提供文化支撑，为构建人类命运共同体提供精神动力，需要推动中国特色社会主义文化与世界文化的和谐发展。

一、世界文化和谐发展的实践基础

理论之树，只有根植实践沃土才能硕果累累；真理之光，只有穿越时空隧道才能光耀天下。实现中国特色社会主义文化与世界文化的和谐发展之所以具有现实性，根本原因就在于它围绕和平与发展的时代主题，积极回应了全球化时代发展的实践要求，深刻反思了人类文明的发展历程，深度响应了世界人民的共同心声。

（一）对文化全球化时代课题的积极回应

每一个时代都有自己的问题，用马克思的话说："问题是公开的、无

---

① 习近平：《在联合国教科文组织总部的演讲》，《人民日报》，2014 年 3 月 28 日。

畏的、左右一切个人的时代声音。问题就是自己时代的口号，是它表现自己精神状态的最实际的呼声。"① 时代在发展，问题在变化，我们必须与时俱进，用新的观念、思想去把握、回答和解决时代提出的重大课题。

全球化是当今时代的主要特征和发展趋势。所谓全球化，一般是指整个人类世界相互联系越来越紧密、相互依存度越来越高的历史进程，它包括经济全球化、贸易全球化、投资全球化、金融全球化以及文化全球化等。美国学者阿里夫·德里克曾经说过："全球化也具有意识形态性，因为它试图根据一种比任何东西都更有效地服务于一些利益的新的全球想象来重新建构世界。"② 因此，在承认经济全球化的同时，还应该跳出经济的视域，考察全球化对人类文明等意识形态领域的影响。经济、政治与文化三者的关联性和不可分割性是当今时代的一个重大特点。全球化既对经济，又对政治和文化发生重大影响是必然的和不可回避的。全球化使世界不同的民族和国家借助先进的交通工具和通信手段，不断地超越自身活动的空间范围和既定的制度、文化等社会障碍，在全球范围内实现充分的交流、对话、协调和沟通，并在此基础上形成一种全球性的文化认同趋势。全球化绝不是世界文化的西方化、美国化或同质化，事实上目前还没有哪一种文化的力量能够同化整个世界。全球化展示的恰恰是各民族、国家在经济、政治、文化等方面的互动、沟通、融合、提升和共进的绚丽多姿的局面。"全球性强化了对不同文化的表达方式、对不同音调、不同风格和不同乐调间的种种关系的精心探测和利用，这些关系一直在'并列''融合'和'求同存异'等状态之间摇摆。这些状态是一些比喻性的说法。它们比喻的是生活在一个多元文化世界中的情形，同时，它也表明：在一个总是力图体现和平的必要性并力图为实现和平再造条件的框架中，人的经验范围能有多大。"③ "是世界的多重化（multiplication）和多样化（diver-sification），而不是同质化或杂交化更好地表现了在全球化条件下占主导地

①　《马克思恩格斯选集》（第一卷），北京：人民出版社 1995 年版，第 11 页。

②　阿里夫·德里克：《全球化的形成与激进政见》，见王宁、薛晓源主编：《全球化与后殖民批评》，北京：中央编译出版社 1998 年版，第 3 页。

③　马丁·阿尔布劳著，高湘泽、冯玲译：《全球时代——超越现代性之外的国家和社会》，北京：商务印书馆 2001 年版，第 233 页。

位的文化关系形式。"① 同时，全球化将人们带入了一个大变革和大创新的时代。

在全球化的推动下，世界文化的多样性特征更加明显，不同文化之间愈益呈现出相互交流交融的局面，这为世界文化的和谐发展提供了直接动力。正如《世界文化多样性宣言》中所说那样，"文化在不同的时代和不同的地方具有各种不同的形式"，就像生物多样性对维持生态平衡是必不可少一样，文化多样性对于维持人类的"生态平衡"也是不可或缺的，它是"人类的共同财产，应当从当代人和子孙后代的利益考虑予以承认和肯定"。正是通过不同文化之间的碰撞、交流和学习，各个文明才能创造出各具特色的新文化，从而使整个世界形成彼此竞争的进步状态，并使世界的文化花园成为绚丽多彩的大花园，而不是单调乏味的花圃。"文化的歧异多端是一项极其重要的人类资源。一旦失去了文化差异，出现了一个一致的世界文化——虽然若干政治整合的问题得以解决——就可能会剥夺了人类一切智慧和理想的源泉，以及充满分歧与选择的各种可能性。演化性适应的重要秘诀之一就是多样性……去除了人类的多样性可能到最后会付出持续的意想不到的代价。"② 可以说，无论从价值的多元性还是从审美情趣的多样性来看，文化的本性都在于多样性。每种文化都有其存在的价值，而且文化只有在多样性中才能发展。

（二）对近代中国封闭保守教训的历史反思

在中国封建社会后期，西方社会迎来了文艺复兴，爆发了工业革命，全球经济、政治格局逐渐向西方倾斜。而在此时的中国，农耕文明所固有的保守观念和"天朝上邦"心理却得到了极大的放大，封建统治者逐渐放弃了盛唐时期所拥有的宽广胸怀，而采取了逆时代大潮的闭关锁国政策。明朝政府为了维护官方海外贸易的安全和打击倭寇的侵扰，在东南沿海一带实行严厉的海禁，规定"片板不许下海"。清政府继续实行"片板不准

---

① 马丁·阿尔布劳著，高湘泽、冯玲译：《全球时代——超越现代性之外的国家和社会》，北京：商务印书馆2001年版，第236页。

② 何维凌、黄晓京：《当代文化人类学概要》，杭州：浙江人民出版社1996年版，第283页。

下海，片帆不准入口"① 的海禁政策。无知的偏见、狂妄的傲慢，斩断了刚刚接触到的通往世界市场的途径，将中国与世界其他各国的物质技术文化交流隔离开来，使近代中国社会停滞不前，造成了近代中国社会保守僵化的落后局面。当西方列强的炮声轰开近代中国大门的时候，也惊醒了以"天朝上邦"自居的华夏中心主义。

伴随着封建社会内部矛盾的加深，国力衰弱的加快，儒学日趋保守、落后，对外国文化尤其是对较为先进的西方文化的疑虑日趋加深。从皇帝到知识分子都盲目自大，自我陶醉，恪守祖训，思想僵化，自我封闭。在知识分子中间普遍滋生的是文化保守主义情绪。如乾隆时期著名的学者俞正燮就荒谬地认为，西方科学技术不过是"鬼工"而已，把"翻夷书，刺夷情"说成是"坐以通番"。这种文化上的偏执和自大，实质上是实力失衡后在文化自信上寻求的一种精神发泄。而在政府方面，则通过政策的制定和严厉的惩罚措施限制甚至中止中外文化的交流。当时的政府不但禁止国内人民以及各种物资出境，而且限定外国贡使的入境道路，规定"贡使、夷商不得收买史书—统志地理图"等。明代万历以及清代康熙至嘉庆时期，一度厉行禁教，将西方传教士驱往澳门等地，掐断了中西文化仅有的一点微弱联系。中国被紧密地封锁着，知识界不了解中国以外的情况，更不可能向外国学习。当鸦片战争爆发时，面对西方的坚船利炮，坚决反对学习西方技术，斥西方技术为"奇技淫巧"，提倡"国之存亡在德不在险"，幻想以道德教化天下实现和谐相处的晚清政府，只能签下丧权辱国的城下之约。

对于大清帝国的衰落，马克思这样评价道："一个人口几乎占人类三分之一的大帝国，不顾时势，安于现状，人为地隔绝于世并因此竭力以天朝尽善尽美的幻想自欺。这样一个帝国注定最后要在一场殊死的决斗中被打垮：在这场决斗中，陈腐世界的代表是激于道义，而最现代的社会的代表却是为了获得贱买贵卖的特权——这真是任何诗人想也不敢想的一种奇异的对联式悲歌。"② 生产力的巨大发展把西方社会迅速地推进到一个更高

---

① 庞毅：《中国清代经济史》，见史仲文、胡晓林主编：《中国全史》（第17卷），北京：人民出版社1994年版，第84页。

② 《马克思恩格斯选集》（第一卷），北京：人民出版社1995年版，第716页。

的历史发展阶段，相比之下，中国则在封建主义的泥沼中继续蹒跚。"中国在西方国家产业革命以后变得落后了，一个重要原因就是闭关自守。"①"我们吃过这个苦头，我们的老祖宗吃过这个苦头。恐怕明朝明成祖时候，郑和下西洋还算是开放的。明成祖死后，明朝逐渐衰落。以后清朝康乾时代，不能说是开放。如果从明朝中叶算起，到鸦片战争，有三百多年的闭关自守，如果从康乾算起，也有近二百年。长期闭关自守，把中国搞得落后，愚昧无知。"②落日虽然辉煌，接踵而来的却是无眠长夜。在全球化日益深入发展的今天，反省我们民族的这段历史，反思我们民族曾经的文明观，最要紧的是获得一份警醒、一份自觉：面对大发展大变革大调整时代的到来，我们必须走向开放的世界，做"世界公民"，必须以宽广的胸怀，大胆吸收人类优秀文明成果发展自己、繁荣世界。

（三）对传统社会主义教训的深刻总结

在马克思、恩格斯的视野中，世界历史时代的社会主义应该是世界历史性事业，只有世界历史性社会主义才是科学社会主义。"无产阶级只有在世界历史意义上才能存在，就像它的事业——共产主义一般只有作为'世界历史性的'存在才有可能实现一样。"③从实践的角度看，社会主义的世界历史性强调的是社会主义建设应建立在世界性普遍联系和交往的基础之上，而任何拒绝普遍联系和普遍交往理念，试图在孤立、封闭状态下建设社会主义的观念都是不符合世界历史发展的基本规律，是非世界历史性的。

20世纪50年代以后，国际局势出现了有利于社会主义国家加快生产力发展的环境，苏东国家本应实行改革，同时扩大开放，吸收世界文明成果。但苏东国家非但未能抓住机遇，反而在30多年中不断强化特定历史时期形成的文明观，即只看到两种制度之间的对立和斗争，而看不到两者之间相互吸收、相互借鉴和一定条件下可以合作的可能性，把资本主义社会里的一切文明成果都看成是姓"资"的，看成是同社会主义不相容的"糟

---

①　《邓小平文选》（第三卷），北京：人民出版社1993年版，第64页。

②　《邓小平文选》（第三卷），北京：人民出版社1993年版，第90页。

③　《马克思恩格斯全集》（第三卷），北京：人民出版社1960年版，第39页。

粕"。这样认识的直接后果，是使经济文化相对落后的社会主义国家无法吸收发达资本主义已有的成果，将本来属于人类共有的文明成果赋予资本主义性质而加以排斥。在文化领域，苏联动用各种舆论工具，对资本主义思想文化，无论是精华还是糟粕，一概加以拒绝和批判。由于同外界的隔绝，苏东国家很难了解西方资本主义新科技革命和思想革命对社会生产力的巨大推动作用，使苏东社会主义的发展出现了明显的"温室效应"。而闭关自守的条件一旦不存在了，接踵而来的必然是社会解体的过程，其情形就如温室内的鲜花一旦遭遇冰霜就会枯萎一样。随着戈尔巴乔夫进行的所谓"公开化""自由化"改革的实施，随着"西风欧雨"的纷至沓来，长期处于封闭、与世隔绝中的苏东社会主义立即呈现出瓦解之势。

东欧剧变、苏联解体所蕴含的政治意义，不但是宣告近半个世纪冷战格局的结束，甚至也并不仅仅表现为传统社会主义模式的终结，而是更在于对全球化条件下经济文化国家发展道路的批判性反思，特别是对落后国家与西方发达国家、社会主义与资本主义之间关系的重新认识。列宁很早就指出，只有把剥削阶级所积累的全部经验和知识同广大劳动群众的创造精神、毅力和工作结合起来，才能架起从资本主义通往社会主义的桥梁。[①]他甚至把"不向资产阶级学习也能够实现社会主义"的想法称为"中非洲居民的心理"[②]。邓小平也曾经指出："建设一个国家，不要把自己置于封闭状态和孤立地位。要重视广泛的国际交往，同什么人都可以打交道，在打交道的过程中趋利避害。"[③] 然而，传统社会主义却在与资本主义的斗争中关上了通往世界的大门。求同存异、扩大交往，建立不同文明间的普遍联系，是当代社会主义走出低谷的前提，也是落后的非西方文明实现"跨越式"发展的必要条件。

（四）对世界文化和谐交往实践的经验总结

"自从人类脱离茹毛饮血的时代，不同人类群体之间从未停止过发明、创新、制度经验和知识的交流。正是通过不同文化之间的交流与合作，人

---

① 《列宁全集》（第 34 卷），北京：人民出版社 1985 年版，第 129 页。
② 《列宁全集》（第 34 卷），北京：人民出版社 1985 年版，第 252 页。
③ 《邓小平文选》（第三卷），北京：人民出版社 1993 年版，第 261 页。

类社会才得以不断发展前进。"① 纵观人类文明发展史，世界文化之间交往的形式大体可以分为两类：一类是建立在暴力基础上的冲突型交往；一类是建立在互利基础上的和谐型交往。虽然在人类历史上冲突型交往在客观上也能推动人类文明的进步，但其所固有的野蛮性、侵略性和破坏性也给被征服文明带来了深重的灾难，特别是落后文明对先进文明的征服，其性质是倒退的，往往造成先进文明发展的中断、衰退甚至毁灭。如历史上多利亚人对迈锡尼文明、日耳曼对罗马帝国的征服，就给被征服者的社会经济和文化带来了巨大破坏，造成了文明步伐的巨大退步。而建立在互利基础上的和谐型交往，则以其平等性、互利性、和平性和包容性推动了文明交往双方的进步。落后文明通过吸收借鉴先进文明的成果，实现了自身的飞跃；而先进文明也在交往中进一步丰富和完善了自己。世界文化和谐发展理念的形成既是对世界冲突型文化交往的反思，也是对世界和谐型文化交往实践经验的升华。

辩证地看，历史悠久的西方文明发展史并非都是暴力扩张史，在其漫长的发展历程中，西方文明也通过贸易、旅行、学习等方式曾同其他文明，特别是东方文明开展了交流活动。公元前 1 世纪的历史学家迪奥多罗斯在其著作中就记载了很多希腊哲人和艺术家——不管是传说中的还是真正的历史人物，如代达罗斯、荷马、莱库古、柏拉图、毕达哥拉斯等都曾经在埃及学习、旅行过。当代学者很少人认为这些人全在埃及旅行、学习过，但也很少有人全部否定他们去过埃及，更为重要的是，至少也很少有学者争论埃及文化对希腊文明所发生的重要影响这一事实。而事实也证明了这一点。大约在公元前 700 年，希腊人就通过贸易、旅行等方式从东方学习如何使用铸模来大批量生产泥版浮雕装饰板。这种风格后来被称为代达罗斯风格。从公元前 640 年左右开始，希腊人改掉了在石灰石、黏土或木材上雕刻的习惯，向埃及人学会了在石头上进行雕刻的技巧。也就是在这一时期，希腊世界出现了真正意义上的纪念碑建筑物。值得注意的是，经过东方文化的洗礼，希腊人逐渐形成了自己的风格，并没有被同化，而

---

① 联合国教科文组织、世界文化与发展委员会著，张玉国译：《文化多样性与人类全面发展——世界文化与发展委员会报告》，广州：广东人民出版社 2006 年版，第 1–2 页。

是大大地影响了周边民族。对此，斯塔夫里阿诺斯指出："希腊古典文明并非纯粹的原始文明。它和其他所有的文明一样，大量借用过去的文明——如中东文明。不过，希腊人所借用的，无论是埃及的艺术形式还是美索不达米亚的数学和天文学，都烙上了希腊人所独有的智慧的特征。这些特征归结起来，就是虚心、好奇多思、富有尝试。"① 埃及、巴比伦的天文学、数学方面的突出成就和神话，对希腊哲学与宗教的形成和发展产生了重要影响。东西方大规模的跨文化交流，更是希腊文明和罗马文明的重要特色。晚期希腊与罗马哲学更多、更直接地深受东方的科学知识、诸多宗教与宗教哲学的影响，一些主要哲学流派的学说都有东西方文化交融的特色。特别是东方希伯来文化的犹太教和早期基督教，以其特有的一神教形态，和希腊哲学逐步融合，促成晚期希腊与罗马哲学在和宗教结为一体中达到终结。正是在此意义上，科学史专家乔治·萨顿认为："希腊科学的基础完全是东方的，不论希腊的天才多么深刻，没有这些基础，它并不一定能够创立任何可与其实际成就相比的东西……我们没有权利无视希腊天才的埃及父亲和美索不达米亚母亲。"怀海特也说："我们从闪族人那里继承了道德和宗教，从埃及人那里继承了实践。"②

在欧洲17至18世纪发生的启蒙运动中，启蒙思想家发现了中国，并从中国儒家学说中汲取了营养。法国启蒙运动的倡导者伏尔泰把孔子称为宣扬伦理道德的圣人，把中国文化看成是最合乎理性的、人道的文化，他说，孔子的"己所不欲，勿施于人"应该成为人们的处世原则。德国古典唯心主义哲学的先驱者莱布尼茨从在华的欧洲传教士写回的报告以及与他们的通信中了解并认识中国，他非常崇拜中国儒家哲学的自然神论，在《致德雷蒙先生的信：论中国哲学》中，他这样写道："这种哲学学说或自然神论是约三千年前建立的，并且极有权威，远在希腊人的哲学很久很久以前。"哲学家沃尔夫继承了莱布尼茨的哲学并使之系统化，对于中国文化，他同样给予了极大的关注。他说："中国人的哲学基础和我个人的哲

---

① 斯塔夫里阿诺斯著，吴象婴等译：《全球通史：1500年以后的世界》，上海：上海人民出版社1992年版，第108页。

② 转引自陈启能等：《文明理论》，福州：福建教育出版社2010年版，第64页。

学基础是完全一致的。"① 他甚至把孔子的伦理学与基督教伦理学相提并论。

　　悠久灿烂的中华文明也是通过多种形式的交往，以其宽广的文化包容情怀，吸纳了其他文明的优秀成果，经过不断充实才得以发展的。中华文明在逐步成熟和壮大的同时，又毫不吝啬地将自身的精华传播到世界，推动了世界文明的整体进步。两汉时期，汉武帝派遣使臣张骞于公元前138年和119年先后两次率大型使团出使西域。张骞的西域之行，扩大了两千多年前中国人的视野，促进了东西方的经济、文化交流。从那时起，中国文化便沿着"丝绸之路"不断输往西方。造纸术、印刷术、火药、指南针，被誉为中国的四大发明。公元三四世纪，中国的造纸术传入朝鲜，后又传到日本。唐代中期，造纸术西传至中亚，后经阿拉伯诸国传到北非和欧洲。造纸术的发明与传播，对中国及世界文化的发展起到了不可估量的作用。西汉末年，印度佛教传入中国。佛教作为一种产生于印度古代社会的外来文化，经过两汉、魏、晋、南北朝、隋、唐朝代与中国儒家文化和道家文化融合发展，形成具有中国特色的宗教文化，极大地影响了中国人的精神生活。在长期的交流融合中，佛教自身也不断受到中华文化的滋养和改造，逐渐与儒、道两家共同构筑起了中华文化的三大支柱，实现了自我更新和完善，获得了新的发展动力，变得更加丰富、灿烂。随着佛教的传入，中国的儒学也在向周边国家乃至欧洲传出。在越南、朝鲜和日本，儒家学说曾是其古代的正统思想，统治者把它奉为治国安邦的圭臬，老百姓则把它当作为人处世的准则。唐朝是中国封建社会发展的顶峰，是当时世界上综合国力最强大的国家，也是中华文明接收融合外来文明最为辉煌的时期。盛世的大唐以其深厚先进的文化、宽广包容的胸怀和雄视中外的开放姿态，广泛吸收借鉴世界其他文明的优秀成果，成为世界文化交流中心。明末清初，"西学东渐"，以利玛窦、汤若望、南怀仁为代表的传教士带来了西方崭新的科学技术文化，促进了中学向务实、理性的治学思想的转变，再一次丰富了中国的传统科学，开阔了中国人的视野，为中华文化再一次注入了新鲜的东西。同时，传教士通过刻苦学习汉语，深研儒家文

---

　　① 转引自马树德：《中外文化交流史》，北京：北京语言文化大学出版社2000年版，第13页。

化，利用传递书信和翻译儒家经典著作方式把中国悠久的古代文化特别是哲学思想介绍到西方，使欧洲出现"中国热"，这对欧洲的启蒙思想运动产生了重要影响。

二、和谐发展是世界文化发展的规律性要求

世界文化的和谐发展，是在全球化背景下提出的一项用来处理不同文化关系和文化发展模式的新理念，它提倡不同文化间应相互尊重、平等交往、包容差异、真诚互助、和谐相处，以实现共赢。

（一）尊重多样

在人类漫长的历史发展过程中，每个民族、每个国家，都在创造着自己的文化。由于地域、历史、传统的不同，以及种种现实因素的影响，不同地域、不同时期、不同传统的人类社会共同体，总是在社会的生产方式、生活方式和思想方式，以及相应的语言、哲学、科学、文学艺术、伦理、宗教、公共机构、国家、政治、法律、技术等文化体系方面，表现出不同程度的独特性。"当今世界，人类生活在不同文化、种族、肤色、宗教和不同社会制度所组成的世界里，各国人民形成了你中有我、我中有你的命运共同体。世界上有 200 多个国家和地区，2 500 多个民族以及多种宗教。如果只有一种生活方式，只有一种语言，只有一种音乐，只有一种服饰，那是不可想象的。"① 正是这些不同民族、不同肤色、不同历史文化背景的人们，共同创造了丰富多彩的世界。

在迄今为止数千年的世界文化的版图上，各国、各民族文化的多样性始终是一个客观的不争之实。公元前 3000 年左右，尼罗河流域出现了古埃及文明，两河流域出现了苏美尔—巴比伦文明，古印度也在公元前 2000—3000 年前露出了文明的曙光，发源于黄河流域的华夏文明也于公元前 3000 多年的夏代形成。由于地理、交通等多方面的原因，以上四大文明在开始时，互相之间并没有交流，它们独具特色、各显风采。俄国的尼·雅·丹尼列夫斯基在其代表作《俄国与欧洲》中将文明分为 11 种类型；德国的

---

① 习近平：《在联合国教科文组织总部的演讲》，《人民日报》，2014 年 3 月 28 日。

奥斯瓦尔德·斯宾格勒在其代表作《西方的没落》中列举了世界历史上九种高级文化（文明）；英国历史学家阿诺德·汤因比在其著作《历史研究》中，把人类文明划分为 36 种；就连主张当今世界政治、意识形态的冲突将让位于"文明的冲突"的亨廷顿也承认世界历史上文明的多样性，把冷战后的世界分为八个文明区域。虽然他们的分类和阐释不能说完全科学，却毋庸置疑地肯定了世界各国文明的多样性并非仅是文明形成之初的偶然现象，而是贯穿于整个人类文明史的，是人类社会的基本特征。

在世界历史发展的现阶段，经济全球化绝不会消除各个民族、各个国家和各个地区在文化上的差异。在经济全球化的过程中，物质文明有可能逐步走向同质化，但制度文明、精神文明必然是多样性的。正如布罗代尔所指出的那样，文明的基本结构"都是历史悠久、长期存在的，而且它们总是各具特色、与众不同的"。"所有文明都把它们视为不可替代的价值。"① "即使假定世界上所有文明或早或晚终将采纳相同的技术，即使人们的生活方式因此也部分趋同，我们在长期内仍将面对事实上非常不同的各种文明。"②

文化多样性既是一个事实判断，也是一个价值判断。正如萨义德所言，现在"没有谁能否认民族和文化差异在人类交往过程中所起的积极作用"③。事实也确是如此，多样性文化的共存、相互竞争、相互交流、相互借鉴和融合，推动着人类文明由低级向高级、由简单向丰富的方向发展。作为人类智慧的精神结晶，每一种文化都具有自己独特的内涵和特征，也具有独特的内在价值，在理论和实践上都有可以被别的文化所借鉴和整合的内容。多样文化的存在和发展使得人类文明的百花园内"百花齐放，百家争鸣"，使得世界的发展获得了源源不断的动力和活力。在多样性的文化形态中，不同的文化虽然存在着历史长短之分，发展阶段不同之别，但是没有高低优劣的区分，所有国家的人民都为人类总体文明的发展做出了

① 费尔南·布罗代尔著，肖昶等译：《文明史纲》，桂林：广西师范大学出版社 2003 年版，第 48 页。

② 费尔南·布罗代尔著，肖昶等译：《文明史纲》，桂林：广西师范大学出版社 2003 年版，第 28 页。

③ 爱德华·W. 萨义德著，王宇根译：《东方学》，北京：生活·读书·新知三联书店 1999 年版，第 451 页。

应有的贡献。正如习近平所言："人类文明没有高低优劣之分，因为平等交流而变得丰富多彩，正所谓'五色交辉，相得益彰；八音合奏，终和且平'。"①

当然，强调世界文化的多样性，并不是否定世界文化之间存在着统一性。多样性和统一性本就是一对哲学范畴，世界既有多样性，也有统一性。正如黑格尔所言，辩证法"教人不要自安于单纯的差异，而要认识一切特定存在着的事物之间的内在统一性"②。我们必须运用唯物辩证法的基本观点和基本方法，正确地把握文化统一性和多样性之间的辩证关系。如果过分扩大文化的民族性差异，并将其绝对化，那么就容易导致相对主义。例如，1918 年斯宾格勒出版了轰动一时的名著《西方的没落》。他在书中提出："不同的文明，有不同的现象，讲不同的语言；不同的人类，有不同的真理。"每一种文明，"在其本质最深处，它们是各不相同，各有生存期限，各自独立的"③。斯宾格勒完全排除了各种文化之间相互影响、相互融合的可能。在他看来，每一种文化都是一个密闭的单子，即使有外来文化的冲击和干扰，也不能改变这一文明的历史进程。其实，斯宾格勒所理解的那种"纯而又纯"的文化实际上是不存在的。文化之间的交流、融合是文化发展的关键，不吸收外来文化的养料，文化就很难发展。文化相对主义的结果就会导致文化的自我禁锢和生机活力的丢失。

（二）和平共处

对于整个人类来说，世界和平是人类共同追求的目标，也是人类社会发展和进步的首要条件。人类只有生活在和平环境里，才能实现经济社会的发展，才能享受幸福生活、创造灿烂文明。没有和平，就没有和谐。然而，历史的发展并不总遂人愿。人类五千年文明史中记录在案的大型战争就有 14 000 多次，平均每年近 3 次。20 世纪的 100 年时间内，战争硝烟蜂起，发生了两次世界大战。尤其是第二次世界大战，更是人类社会空前规

---

① 习近平：《弘扬丝路精神，深化中阿合作——在中阿合作论坛第六届部长级会议开幕式上的讲话》，《人民日报》，2014 年 6 月 6 日。

② 黑格尔著，贺麟译：《小逻辑》，北京：商务印书馆 1980 年版，第 254 页。

③ 奥斯瓦尔德·斯宾格勒著，齐世荣译：《西方的没落》，北京：商务印书馆 1993 年版，第 39 页。

模的冲突，全世界 80% 的人口和 84 个国家及地区卷入了战争，世界上每个领域和各个角落都感受到它的影响。世界和平力量的增长，使得人们逐渐摆脱战争的阴影，和平也成为当今时代的一大主题。和平并不意味着没有矛盾和分歧，而是意味着不用战争或暴力的手段去解决它们，强调的是用对话、谈判和协商等和平的方式去解决。

历史的发展已经反复证明，使用战争或暴力并不能真正实现预期的目标，也不能保障自身的基本稳定的利益。"从道德上讲，不同文明对话范式要求我们放弃权力意志，要求我们具有心灵沟通（empathy）的愿望，具有怜悯之心，还要懂得在当今世界上追求单一的秩序是没有希望的"，"我们今天的任务是改变国际关系的逻辑，使其远离权力的逻辑"。① 所以，追求世界文化和谐发展，就必须放弃冷战思维、军备竞赛以及传统的强权政治，而应以和平的方式而不是战争的手段解决对话过程中可能出现的分歧和矛盾，更不能用"全球文化战争"的假设来代替冷战时期的意识形态对抗。

（三）交流共进

和谐不是和而不动，不是僵化的单一和静寂，不是主张退回到鸡犬之声相闻、老死不相往来的小国寡民的社会。"生生谓之易"，和谐是一种"动"的过程，一种"动态"的、开放的平衡状态，封闭、僵死恰恰是与和谐相对立的。文化交流是人类跨入文明门槛之后、直到现在，而且还将持续发展的基本实践活动。"人类交往发展的历史是文明和进步的历史，它展现为原始群的扩大、部落的形成、图腾的综合，以及区域性发展、世界整体发展的'交往圈'不断扩大的过程。"② 交流是相对于封闭而言的，它是对不同文化之间跨越时空限制而相互接触、相互作用的客观描述。历史上的诸多文化并不是封闭的，而是开放的系统，不同文化间不断地进行

① Speech by President Khatami at the "Dialogue among Civilizations" Conference at the United Nations, 5 Sept. 2000; Address by Seyyed Mohammad Khatami at the Millennium Assembly of the United Nations, 6 September 2000, The Iranian Journal of International Affairs, Fall 2000, p. 515.

② 杨耕:《东方的崛起：关于中国式现代化的哲学反思》，北京：北京师范大学出版社 2009 年版，第 94 页。

着交流。文化交流的目的或许相去甚远，但文化交流的本身毫无疑问极大地加速了人类文明的积累，成为文化发展的重要驱动力。著名人类学家博厄斯曾指出："人类的历史证明，一个社会集团，其文化的进步往往取决于它是否有机会吸取临近社会集团的经验。一个社会集团所有的种种发现可以传递给其他社会集团；彼此之间的交流愈多样化，相互学习的机会也就愈多。"①

在当代，开放的世界极大地增强了各种文化共生性，它使得任何一种文化都可以在开放和交往中最大限度地利用世界上的一切先进成果促进自身的迅速崛起；反之，没有任何一种文化可以在孤立的状态下，完全依靠自身的力量实现现代化。因此，面对先进的外来文化，理性的选择是主动接受先进文化，积极面对会伴随先进文化带来的"糟粕"，并在涵化基线上加以整合。但就和谐发展的本质而言，仅仅强调文化间的交流是不够的，还必须强调交流的平等性。在资本主义发展的早中期，西方文化与非西方文化之间的交流是建立在炮舰政策基础上的不平等交流，这种不平等交流给弱者带来的不仅不会是跨越式发展，反而是无尽的屈辱和剥削。所以，实现世界文化的和谐发展，始终要求跨文化交流须建立平等交流意识和机制，尊重文化的差异性和多样性，创造性地解决传统性与现代性、民族性与全球性之间的关系。

（四）合作共赢

全球化时代是"一个相互依赖的时代"，"在这样的时代中，国家间的共同利益日趋增多，但国家间的共同利益只有通过合作才能实现"。② 从某种意义上说，合作可以看作是人类文明进化的一种最基本方式，没有合作就几乎没有人类文明的产生和发展，一部文明史就是一部合作进化史。尤其是近现代社会中普遍化、规范化、制度化的合作，更是人类近现代文明发展的一个巨大成就。当我们面对日益紧迫的人与自然之间的矛盾、生态环境危机时，面对不同文明、国家、民族和地区之间的矛盾乃至冲突、战

---

① 弗朗兹·博厄斯著，刘莎、谭晓勤、张卓宏译：《人类学与现代生活》，北京：华夏出版社1999年版，第75页。

② 罗伯特·基欧汉、约瑟夫·奈著，门洪华译：《权力与相互依赖》，北京：北京大学出版社2002年版，第3页。

争问题时，一切具有道德责任感的政治家和知识分子甚至一切现代文明人都应当共同承担起责任，有利于不同民族、国家、文明、宗教破解现代社会普遍存在的"囚徒困境"，产生互利互惠的"共赢"效应。虽然在当前的世界中，因为国家利益、意识形态的差异而产生的分歧和矛盾仍然大量存在，但是合作却是绝对必要的。否认合作，任何世界性的重大问题都无法解决。退出合作也将意味着发展目标的缺失。"对话包含合作，这是对话的最高目标，但对话的意义比合作更广，因为它不仅展示了进行合作的途径，而且还将探寻互利合作的原则和具体办法。于是，合作便成了对话的目的和圆满的结果。"①

在日益全球化的时代，和谐世界可以说是一个建立在发达的社会化基础上的合作社会。只有以合作的精神来处理不同文明的关系，以合作的精神来推动区域的和平、稳定与发展，以合作的精神来积极参与国际事务和多边领域的活动，以合作的精神来实践人类千年发展目标，世界才会和谐。当前推动各种形式的对话，无论是旨在推动世界经济均衡发展的南北合作，还是旨在推动全球进步的多边对话，其目标就是要建立全世界的合作网络。因此，合作是人类在全球化时代构建高度文明的和谐世界的一个最重要的途径，也是进行文明对话必须追求的目标。

三、推动中国特色社会主义文化与世界文化的双向交流

世界文化丰富多彩，每一个国家和民族的文化都有自己的优势和长处，不同文化之间的相互学习和借鉴是文化发展的必要条件。党的十九大报告强调，必须不断"加强中外人文交流，以我为主、兼收并蓄"②。在新的时代条件下推动中国特色社会主义文化的发展，需要秉持开放的眼光，把本土文化发展同世界文化发展互动联系起来。

---

① 亚历山大·利洛夫著，马细谱等选译：《文明的对话——世界地缘政治大趋势》，北京：社会科学文献出版社 2007 年版，第 87 页。

② 习近平：《决胜全面建成小康社会　夺取新时代中国特色社会主义伟大胜利——在中国共产党第十九次全国代表大会上的报告》，北京：人民出版社 2017 年版，第 44 页。

（一）积极借鉴世界优秀文化成果，促进社会主义文化创新发展

建设民族文化，必须借鉴和吸收世界文化的共同成果，建设社会主义文化，当然也离不开对世界优秀文化成果的借鉴和吸收。从本质上讲，社会主义文化是一种开放的文化，社会主义文化建设不能割裂与整个人类文化发展历史的联系而孤立地进行，恰恰相反，它必须继承和借鉴人类历史上一切有价值的优秀文化成果，来为自己的发展所用。这应当成为社会主义文化的内在品格和机制。列宁曾指出："马克思主义这一革命无产阶级的思想体系赢得了世界历史性的意义，是因为它并没有抛弃资产阶级时代最宝贵的成就，相反地却吸收和改造了两千多年来人类思想和文化发展中一切有价值的东西。"[①]"只有确切地了解人类全部发展过程所创造的文化，只有对这种文化加以改造，才能建设无产阶级文化。"[②] 在新的时代条件下推动社会主义文化繁荣兴盛，必须积极吸收借鉴国外优秀文化成果。

第一，摒弃文化自负心理。"物无美恶，过则成灾。"所谓文化自负，实际上就是一种过度自信，其带来的后果就是在文化的自我满足、自我陶醉中排斥外来文化。一个妄自菲薄、数典忘祖的民族注定是没有前途的，但一个目光狭隘、妄自尊大的民族也是注定不会强大的。习近平指出："中华民族历来注重学习，强调'博观而约取，厚积而薄发'，强调'三人行，必有我师焉。择其善者而从之，其不善者而改之'，提倡'博学之，审问之，慎思之，明辨之，笃行之'。中华民族之所以历经数千年而生生不息，正是得益于这种见贤思齐、海纳百川的学习精神。我一直强调中国要做学习大国，不要骄傲自满，不要妄自尊大，而是要谦虚谨慎、勤奋学习，不断增益其所不能。"[③] 今日中国，伴随着经济社会的快速发展，文化领域也蔓延开一股自负心态，一些人文必行"最先进"、言必称"最强音"，似乎中国已经实现了文化强国的战略目标。这种文化心态要不得。尤其需要指出的是，同传统强国相比，中国的崛起代表的是不同文化和意识形态的崛起，中国与传统强国在经济上可以融合，但在一定的历史时期

---

① 《列宁选集》（第四卷），北京：人民出版社 1995 年版，第 299 页。

② 《列宁全集》（第 39 卷），北京：人民出版社 1986 年版，第 299 页。

③ 习近平：《携手追寻民族复兴之梦——在印度世界事务委员会的演讲》，《人民日报》，2014 年 9 月 19 日。

内，中国与西方在文化上的"铁幕"并不会消失，任何妄自尊大都可能引发外来的压力。

第二，坚持以我为主、为我所用的原则。习近平指出："在文明问题上，生搬硬套、削足适履不仅是不可能的，而且是十分有害的。"① 就对外文化交流来说，坚持以我为主、为我所用，就是要既反对闭关自守，又要反对全盘西化。"我们既要立足本国实际，又要开门搞研究。对人类创造的有益的理论观点和学术成果，我们应该吸收借鉴，但不能把一种理论观点和学术成果当成"唯一准则"，不能企图用一种模式来改造整个世界，否则就容易滑入机械论的泥坑。一些理论观点和学术成果可以用来说明一些国家和民族的发展历程，在一定地域和历史文化中具有合理性，但如果硬要把它们套在各国各民族头上，用它们来对人类生活进行格式化，并以此为裁判，那就是荒谬的了。"② 凡有益于我的，就应积极争取、认真做好；凡有害于我的，就应坚决抵制、严加防范。特别是对于西方思想文化，更需要运用马克思主义立场、观点、方法进行科学辨析，分清哪些是体现人类社会进步本质要求的有益文明成果，哪些是与资本主义世界观相联系的腐朽落后的东西。

第三，加强文化人才引进。习近平指出："文明交流互鉴，首先是人的交流互鉴。加强国际人才交流合作，有利于我们积极借鉴世界各国优秀文明成果，也有助于推动中华文明创造性转化和创新性发展。更重要的是，这种交流有利于推动不同文明相互尊重，推动世界各国人民相互理解。"③ 推动社会主义文化繁荣兴盛，必须把握这个时代潮流，在大力培养自己的人才、开发自己的智力和技术的同时，积极引进国外的优秀人才。

第四，鼓励国际文化合作。国际文化合作作为现代人类文明进步的一个重要条件，在全球化不断发展的今天更需要坚持。要鼓励文化单位同国外有实力的文化机构进行项目合作，鼓励外资企业在华进行文化科技研发，学习先进制作技术和管理经验；要鼓励文化机构和哲学社会科学机构参与和设立国际性学术组织，支持和鼓励建立海外中国学术研究中心，支

① 习近平：《在联合国教科文组织总部的演讲》，《人民日报》，2014 年 3 月 28 日。
② 习近平：《在哲学社会科学工作座谈会上的讲话》，北京：人民出版社 2016 年版，第 18 页。
③ 习近平：《中国要永远做一个学习大国》，《人民日报》，2014 年 5 月 24 日。

持国外学会、基金会研究中国问题，加强国内外智库交流，推动海外中国学研究；要聚焦国际社会共同关注的问题，推出并牵头组织研究项目，增强中华文化研究和中国哲学社会科学研究的国际影响力；要加强优秀外文学术网站和学术期刊建设，扶持面向国外推介高水平研究成果，对学者参加国际学术会议、发表学术文章，要给予支持。

（二）坚定文化自信，不断推动社会主义文化走向世界

坚持对外开放，在吸收借鉴人类有益文明成果的同时，努力推进中国文化走向世界，是我国文化发展的必由之路，也是世界文化和谐发展的内在要求。从文化的功能讲，"与他国人民进行文化交往是实施政治影响的一种途径，也是加速向其他社会进行经济渗透的催化剂。禁止或限制向其他社会输出本国文化的国家将使自己在争夺国际影响力的竞争中处于劣势。增加在国外的文化活动增强国家实力；反之，则削弱影响"①。只有实现不同文化之间的互动，才能获得更广泛的理解、信任和支持，才能推动世界文化的和谐发展。

改革开放以来，为尽快地消除我国文化与世界文化之间的差距，同时也为推进我国现代化建设提供智力支持，我国引进了大量的国外学术成果和先进技术，这对推动我国思想解放、观念更新、理论创新和文化现代化起到了积极的推动作用。尤其在文化产业领域，现代先进技术和文化产业理念的引进，不仅极大地丰富了我们对于文化的理解，而且在产业形态上迅速地建立起初具规模的文化产业体系，并且在消化、吸收、引进先进技术的过程中迅速地实现文化产品的规模化生产。但必须指出的是，此时中外文化的互动，主要是单向流入的。在我国与外来文化的交流互动中，存在着巨大的文化"逆差"。随着我国改革开放深入和综合国力的提高，推动中华文化迈出国门走向世界，实现由"逆差"向"顺差"的转变，日益成为推动中国文化发展的战略要求。江泽民在 1997 年 12 月召开的全国外资工作会议上，首次把"走出去"和"引进来"作为同等重要的战略问题提出来，强调"'引进来'和'走出去'，是我们对外开放基本国策两个

---

① 傅立民著，刘晓红译：《论实力：治国方略与外交艺术》，北京：清华大学出版社 2004 年版，第 34 页。

紧密联系、相互促进的方面，缺一不可"①。"走出去"，不仅经济要走出去，文化也要走出去。2010 年 8 月，胡锦涛在中共中央政治局第二十二次集体学习时突出强调，要精心打造中华民族文化品牌，提高我国文化产业国际竞争力，推动中华文化走向世界。2014 年 1 月，习近平在中共中央政治局第十二次集体学习时强调："提高国家文化软实力，要努力传播当代中国价值观念。当代中国价值观念，就是中国特色社会主义价值观念，代表了中国先进文化的前进方向。我国成功走出了一条中国特色社会主义道路，实践证明我们的道路、理论体系、制度是成功的。要加强提炼和阐释，拓展对外传播平台和载体，把当代中国价值观念贯穿于国际交流和传播方方面面。"② 中国文化发展实施"引进来"和"走出去"相结合的战略，不仅意味着中国可以更好地从全球吸收和借鉴优秀文化成果，更意味着中华文化开始再次走向世界，并成为影响世界文化发展走向的重要力量。此时的中国不仅是先进文明的"接收者"，也将自近代以来再次成为世界文明的"创造者"。

　　中国文化的"走出去"战略集中体现在中国传统文化不断走向世界。勤劳的中华民族曾创造了世界上最为辉煌的物质文明和精神文明，但鸦片战争以后，面对西方文化的进入，中国人对自身文化的评价越来越低，从感觉器物的不足到制度的不足，再到文化的不足，每一次对西方文化认识的深入都伴随着对自身文化否定的加深，每一次民族危机的加重也加剧了人们对自身文化的失望。中国人在屡遭顿挫中产生了对自身文化认知上的自卑。这种文化自卑心理在五四运动中就集中表现为对中国文化的彻底否定。中华文化似乎成了中国封闭落后的"原罪"。"在后来的一个世纪里，国人对于传统文化始终没有一个准确的定位，认同感也与日俱淡，对于优秀的传统文化也没有了自信。"③ 新中国成立后的数次"全面反传统"运动，以及不时泛起的文化虚无主义思潮，使本来就被边缘化的传统文化几乎走上绝境。尽管中国传统文化有许多糟粕，但更多的是精华。在五千多年的文明史上，我们的古人留下了浩如烟海的文化典籍，贡献了众多泽及

---

　　① 《江泽民文选》（第二卷），北京：人民出版社 2006 年版，第 92 页。

　　② 习近平：《建设社会主义文化强国　着力提高国家文化软实力》，《人民日报》，2014 年 1 月 1 日。

　　③ 孔寒冰：《中美正在分享全球化》，《环球时报》，2006 年 4 月 18 日。

人类、深刻改变世界面貌的发明创造。古代中国在天文历法、地学、数学、农学和人文科学的许多领域，都曾独步一时。直到 15 世纪以前，中国的科学技术在世界上保持了千年的领先地位。中国传统文化不仅对中国的经济和社会发展产生了巨大影响，为中国人的文化性格和行为方式的形成奠定了历史基础，而且对人类文明的发展已经产生并将继续产生重要影响。中国传统文化特别是其中优秀的基因绝不会随历史的流逝而淡去其具有的色彩，它是我们开展中外文化交流的重要资源，失去了中国传统文化的中外文化交流将缺乏与中国古代伟大心灵的对话，淡忘中国传统文化的中外文化交流将是不完整的、缺乏魅力的交流。

　　但与此同时，我们也要看到，在如何看待中国社会主义先进文化能否"走出去"的问题上，无论是政界还是学界大都讳莫如深。以马克思主义研究为例，随着我国对外开放的推进，有关西方学者对马克思主义研究的著作被大量引进来，并在一定程度上影响了中国政界、学界对马克思主义的理解；但与此同时，我国学者对马克思主义的最新理解，以及有关马克思主义中国化研究的成果却只能在中国的大地上开花结果，很少能够跨出国门。中华文化是一个复合体系，既包括几千年积淀下来的传统文化，也包括以马克思主义为指导的中国社会主义先进文化。"走出去"的中华文化，不应仅仅只是传统文化，也应包括中国社会主义先进文化。中国社会主义先进文化虽然根植于中国、从属于社会主义，但其所蕴含的和平共处五项原则、世界文明多样性思想、人类命运共同体理念等，不仅是推动当代中国社会发展的指导理论，也是解决当代世界发展困境的有益思想资源。正如习近平所言："国际社会对中国的关注度越来越高，他们想了解中国，想知道中国人的世界观、人生观、价值观，想知道中国人对自然、对世界、对历史、对未来的看法，想知道中国人的喜怒哀乐，想知道中国历史传统、风俗习惯、民族特性，等等。"① 当然，我们将中国社会主义先进文化推向世界，输出的是符合人类发展需要的文化精神，并不是"输出革命"。虽然由于意识形态的差异，世界对中国社会主义先进文化的广泛认识和接受，还存在一定困难。但是，只要是先进的、进步的、符合人类

---

① 中共中央文献研究室编：《习近平关于社会主义文化建设论述摘编》，北京：中央文献出版社 2017 年版，第 206 页。

社会根本利益的文化，终究会得到广泛认同。在推动中国社会主义先进文化"走出去"的过程中，要善于跨越以前认知障碍，注意着力打造先进文化独有的感染力和亲和力，共同树立人类公认的文化新标准。

在推动中华文化走出去的形式上，既要继承传统模式，也要不断创新寻求发展新模式。习近平指出："要加强对外话语体系建设，用中国理论阐释中国实践，用中国实践升华中国理论，更加鲜明地展现中国思想，更加响亮地提出中国主张。"① 要适应时代发展要求，创新对外宣传方式方法，积极稳妥地回应外部关切，展现文明、民主、进步的良好国家形象，增强我国在世界上的话语权；要拓宽中华文化走出去的渠道，继续办好孔子学院这一重要文化传播平台，向世界推广中华文化，继续主动举办、参与世界文化活动，向世界展示我国文化成果，扩大中华文化的全球影响；要借助我国迅速发展的文化产业，利用国际市场文化创意产品进出口迅速增长的形势，积极开拓国际文化市场。

---

① 中共中央文献研究室编：《习近平关于社会主义文化建设论述摘编》，北京：中央文献出版社 2017 年版，第 213 页。

第十一章　大力发展先进军事文化

注重用先进军事文化锻造部队，是我们党和军队的优良传统和特有政治优势。党的十八大以来，党中央和中央军委深入推进政治建军、改革强军、依法治军和科技兴军，开辟了当代中国军事实践发展的新境界，开启了向强军目标迈进、建设世界一流军队的新征程。"强军事业呼唤强军文化，要巩固部队思想文化阵地，坚定官兵革命意志、升华官兵思想境界、纯洁官兵道德情操，引导他们努力成长为有灵魂、有本事、有血性、有品德的新一代革命军人。"① 大力发展先进军事文化，是贯彻习近平强军思想的内在要求，是建设世界一流军队的客观需要，必须摆在战略位置并大力推进。

一、强军兴军的文化支撑和精神沃土

任何一项伟大事业的背后，一定有支撑这一事业的文化精神。以马克思主义为指导、具有我军特色的先进军事文化，是助推强军兴军的文化支撑，是培养有灵魂、有本事、有血性、有品德的新时代革命军人，锻造具有铁一般信仰、铁一般信念、铁一般纪律、铁一般担当部队的精神沃土。

（一）确保我军听党指挥的内在要求

保证党对军队绝对领导，关系我军性质和宗旨、关系社会主义前途命运、关系党和国家长治久安，是我军的立军之本和建军之魂。习近平指出，贯彻落实强军目标，要始终扭住听党指挥这个强军之魂，以积极主动的工作占领部队思想阵地、文化阵地、舆论阵地，确保部队绝对忠诚、绝对纯洁、绝对可靠。拥有政治优势，才能拥有战争胜势。人民军队自其诞

---

① 习近平：《习近平论强军兴军》，北京：解放军出版社 2017 年版，第 317 页。

生之日起就形成了自己独有的三大政治优势：一是拥有先进政党——中国共产党的领导；二是拥有科学理论——马克思主义的指导；三是拥有最广大人民群众的支持。拥有中国共产党的领导，是首要政治优势，也是最根本优势。正是依靠并发挥这一首要政治优势，我军才创造了一系列以弱胜强的战争奇迹。今天，坚持党对军队绝对领导面临诸多挑战，应对这些挑战既需要科学制度的保障，也需要先进军事文化的引导。

进入 21 世纪以来，在美国的策动下，世界已经发生了一系列"颜色革命"，从中亚到西亚、北非，20 多个国家政权发生了更迭。美国前国务卿希拉里曾放言，要把"阿拉伯之春"引入中国。今天的中国，正面临着"颜色革命"的现实威胁。在"颜色革命"问题上，军队历来是西方国家关注的重点。被称为"颜色革命精神教父"的吉恩·夏普就曾再三告诫那些所谓的反政府民主精英：反抗运动的策略家应当记住，如果警察、官僚和军队始终全力支持独裁政权并在执行其命令时完全服从，那么要瓦解独裁政权是非常困难或不可能的。习近平深刻指出："从这些年思想政治领域的斗争形势看，要不要坚持党对军队的绝对领导，始终是我们同各种敌对势力斗争的一个焦点。他们极力鼓吹'军队非党化、非政治化'和'军队国家化'，妄图改变我军性质，把我军从党的旗帜下拉出去。"① 如何瓦解军队？靠军事的、暴力的手段是没有用的，因为这正是军队的长处和优势。思想的、心理的、文化的等非军事手段必然会被放在优先考虑的位置。明枪易躲，暗箭难防。历史已经证明，拿枪的敌人我们不怕，但"香风靡音"则要高度警惕。应对文化"进攻"的最有效手段只能是文化。我们只有大力加强新时代先进军事文化建设，坚持不懈用马克思主义特别是习近平新时代中国特色社会主义思想武装官兵，持续培育当代革命军人核心价值观，才能确保部队永葆人民军队政治本色，确保我军坚定不移听党的话、永远跟党走。

先进军事文化是应对社会多元文化思潮冲击最坚硬的精神盾牌。新的时代条件下，不同文化交流交融交锋更加频繁，社会思潮更加多样，人们思想观念更加多变，社会价值取向更加多元。包括老"左"派思潮、新"左"派思潮、民主社会主义思潮、自由主义思潮、民族主义思潮、民粹

---

① 习近平：《习近平论强军兴军》，北京：解放军出版社 2017 年版，第 9 页。

主义思潮、新儒家在内的各种社会思潮围绕社会主义与资本主义的关系、当代社会主义与传统社会主义的关系、当代中国与古代中国的关系、中国与世界的关系，给出了不同的答案。一些反主流社会思潮乘机大行其道，大肆攻击党对军队绝对领导的根本原则和制度，鼓吹"军队非党化、非政治化"和"军队国家化"，恶意炒作涉军敏感问题。当前我军官兵成分结构发生了很大变化，官兵思想观念、价值取向趋于多样。军队不是生活在真空中，社会上形形色色的思想观念包括一些极端错误的观点，会通过各种渠道传播到部队中来，总是会在官兵中有所反映的。怎么办呢？一是加强法律约束，二是加强思想教育引导。文化不仅具有滋养人、提升人的功能，还具有塑造人、引导人的功能。坚持用爱国主义、集体主义和革命英雄主义鼓舞斗志，坚持用健康向上的精神文化引领风尚，对于官兵坚定理想信念、端正价值追求、纯洁道德情操、保持正确政治立场可以起到"润物细无声"的巨大效果。

（二）保证我军能打胜仗的战略举措

军队战斗力，是军队在一定条件下担负作战任务的实际能力。从根本上讲，战斗力取决于人、武器装备、编制体制及三者的协调融合程度。提升人的素质，改善武器装备水平，构建科学合理的编制体制，都离不开军事文化的影响。

18世纪的德国哲学家、诗人赫尔德说，每一种文明都有自己独特的精神，这种精神创造一切、理解一切。历史地看，我军在长期的战争实践中，之所以能以劣势装备战胜优势装备之敌，其"秘诀"不在于我军的装备怎么样，而在于我们党从创建人民军队那天起，就把我军的性质、宗旨、理想、使命写在先进军事文化的大旗上，用先进的知识、理念、信仰和军事智慧塑造官兵的心灵。特别是在艰苦卓绝的革命战争年代，党把文化大转型积聚的精神力量释放于军事，以"土地革命"为指向，重构、改造农民思想，使马克思主义军事文化的精髓及中华传统中富于奋斗进取、自由解放的优秀成分在以农民为主体的人民军队中释放，形成全新的军事文化，催生了全新的人民战争。应该说，古今中外的军队都注重文化的作用，但没有一支军队能像我们这支军队这样，把文化作用发挥到极致，形成如此强大的精神力量。

今天，我们迎来了一个文化竞争的时代，一个知识和信息的占有和运用将对战争胜负产生决定性影响的时代。世界各国都在调整自己的军事发展战略，将其关注的重心逐渐从以武器装备和人员多少等"硬实力"领域向以军事文化为核心的"软实力"领域延伸。在阿富汗战争、伊拉克战争等几场战争的实践中，美军的基层指挥官和高层的军事专家人员发现，在面对大规模战争结束以后的"非常规"战斗中，了解敌方的作战动机、战术意图和文化背景，要比应用精确制导武器、无人机等高科技含量的武器技术系统有效得多。美国陆军退役少将罗伯特·斯科尔斯作为这种认识的代表之一，在总结战场经验后提出了"文化中心战"理论，认为现代战争正在发生深刻变化，能否更快地适应陌生的、充满不确定性的文化氛围，将是决定未来战争胜负的决定因素；强调一支军队必须具有很强的文化感知能力，以及对战争特性有更深的理解，掌握包括战争历史、战争心理、社会人文学等知识。对于我军来说，经过多年的努力奋斗，战斗力水平有了很大的提高，但同强军目标的客观要求相比，与国家安全需求相比，与世界先进军事水平相比差距还很大。这个差距主要体现在战斗力方面，特别是体现在打赢信息化战争能力方面。解决这个问题，既要靠不断地深化体制机制改革，不断地加强硬件设施建设，也要靠不断地加强文化软实力建设。习近平曾指出，提高部队战斗力，一方面要有好的物质条件，确保战斗力的生成；另一方面要有好的精神力量，它也是战斗力的重要方面。打赢信息化战争的时代呼唤，培育战斗精神的时代诉求，内在要求既要夯实武器装备、后勤保障等硬实力根基，也要靠官兵军事素养、战斗精神等这些军事文化内在要素支撑。只有不断丰富军事文化内容、改善军事文化品质、打造文化软实力优势，才能更有效地实现人和武器的最佳结合。

（三）加强部队作风建设的客观需要

一支革命军队，必须有好的作风，才能保持政治本色，才能不断壮大自己，才能树立良好形象。优良作风，形成于历史积淀，作用于现在未来。今天的中国，急剧的社会转型、多样的社会思潮，在给人民军队带来巨大活力的同时，也带来了前所未有的挑战。形式主义、官僚主义、享乐主义、奢靡之风，在刺痛人们眼睛的同时，也在不停地侵蚀着人民军队的健康肌肤。解决作风问题，既要靠法治纪律，也要靠文化伦理，前者治标，后者治本。

先进军事文化是规范引导官兵思想行为的灯塔。在改革开放不断深入发展、多元文化不断交流碰撞的形势下，官兵思想活动的独立性、选择性、多变性和差异性明显增强。如何在思想多元的背景下，进一步统一官兵思想使其更加符合我军性质、宗旨、要求，就成为新的历史条件下加强思想政治建设必须解决的问题。任何文化都具有规范和引导的功能：一是对军人个体的欲望和要求进行调节抑制；二是对军人个体的外在行为进行规范指导；三是对个体和集体的关系进行协调和规范。规范官兵的思想和行为，需要发挥军事文化的规范和引导功能。以马克思主义为指导、具有我军特色的先进军事文化，以其所蕴含的坚定理想信念、崇高价值追求和优良传统作风，不仅为我军发展壮大、克敌制胜提供了强大的思想保证和重要力量源泉，也为官兵正确人生观、价值观和世界观的形成提供了强大的规范力和引导力。通过打造强军文化，大力弘扬我军所主张和倡导的主流价值观，可以引导官兵正确处理好最高理想、共同理想与个人理想的关系，树立崇高的革命理想；正确看待个人得失，处理好金钱与精神的关系；正确看待军人的价值，处理好自我价值与军队利益的关系，树立乐于奉献的思想；正确看待奉献与索取的关系，自觉发扬艰苦奋斗精神，抵制拜金主义、享乐主义的影响，在生活上崇尚节俭，在思想上坚定立场，在工作上追求卓越。

先进军事文化是培育战斗作风的温床。战斗作风最能体现作风面貌，而军事文化则最能影响战斗作风。中国军人在传统"舍生取义""宁死不屈"思想的激励下，与坚定的战斗意志相结合，形成了不怕一切艰难困苦、不怕流血牺牲的革命英雄主义精神。而美军对于英雄主义的理解则更侧重对生命的珍视，认为个体的奋斗意识和创新精神，对于战斗任务的胜利完成是非常重要的。在战争恶劣而残酷的环境下，崇尚精神追求与重视物质享受、奋不顾身与珍惜生命，两种不同的军事文化所激发出的战斗力也必然是完全不同的。习近平曾指出，我军素以有强大的战斗精神闻名于世，我军能够用"小米加步枪"打败美式装备的国民党军队，能够在朝鲜战场上打败武装到牙齿的美国军队，靠的就是强大的战斗精神。今天，长期和平环境使得我军战斗作风出现了一定程度的弱化倾向，为此必须加强战斗精神培育，教育引导官兵继承和发扬我军大无畏的英雄气概和英勇顽强的战斗作风，时刻准备为祖国和人民去战斗。

二、大力发展先进军事文化的根本要求

就发展先进军事文化的根本要求而言，主要体现在"五个坚持"上：坚持我军重视文化建设的优良传统，坚持走具有我军特色的军事文化发展路子，坚持把培育当代革命军人核心价值观作为发展先进军事文化的根本任务，坚持把保持我军高度团结统一作为发展先进军事文化的重要着力点，坚持紧贴时代要求创新发展先进军事文化。这"五个坚持"，深刻回答了先进军事文化建设走什么道路、怎样发展的基本问题，明确了发展先进军事文化的根本要求。

（一）坚持我军重视文化建设的优良传统

我们党历来重视军事文化建设。作为党和军队的最高领导人，毛泽东、邓小平、江泽民、胡锦涛、习近平分别在不同时期对先进军事文化建设做出了一系列重要指示，并身体力行推动，为发展先进军事文化注入了强大的动力。

毛泽东作为一名思想文化大家，深刻洞悉文化对建军治军和赢得战争胜利的极端重要性，1942 年 5 月，毛泽东在延安杨家岭与文艺工作者座谈时讲到，我们要战胜敌人，首先要依靠手中拿枪的军队，但是仅仅有这种军队是不够的，我们还需要有文化的军队。他风趣地说，我们这支军队不仅有一个"朱总司令"，还有一个"鲁总司令"（即鲁迅），革命必须依靠"枪杆子"和"笔杆子"才能取得成功。他在缔造和领导人民军队实践中，始终注重用先进军事文化去教育官兵、武装部队。在井冈山斗争时期，毛泽东针对官兵成分异常复杂的问题，亲自为红军制定三大纪律六项注意（后为八项注意），谱写《红军纪律歌》，要求凡是参加红军的新战士，必须先学会唱这首歌。延安时期，毛泽东亲自领导全党的整风运动，要求用"马列主义的理论来武装我们的头脑"；领导制定新民主主义文化发展纲领，要求发展民族的科学的大众的文化。新中国成立后，毛泽东亲自领导开展学雷锋、学习好八连活动，使人民军队的优良传统和作风得到发扬光大。毛泽东既是我军先进军事文化的缔造者、引领者，更是伟大的实践

者。他在长期的革命生涯中，撰写了《矛盾论》《实践论》《论持久战》等军事理论著作，成为世界军事文化的瑰宝。

作为我国改革开放的总设计师，邓小平也十分重视先进军事文化建设。1975年9月，邓小平专门审看总政话剧团话剧《万水千山》剧本，并根据毛泽东指示，对该剧加工修改提出重要意见。1979年，根据邓小平指示，全军开始把科学文化教育列入教育训练计划，1981年开展"四有、三讲、两不怕"活动，1983年开展"坚持四项基本原则、抵制精神污染"教育，1987年开展"坚持四项基本原则、反对资产阶级自由化"教育，1986、1987年连续开展正确看待军人"得与失"大讨论。邓小平关于发展先进军事文化的重要论述和实践活动，是在改革开放和社会主义现代化建设的大背景下展开的，为建设巩固国防和强大军队奠定了重要基础。

经过40年的改革开放，中国特色社会主义进入了新时代，包括先进军事文化在内的各项建设事业也进入了新时代。面对建设社会主义文化强国的内在要求，面对强军目标和建设世界一流军队的文化需求，习近平在继承和弘扬我们党历代领导人重视军事文化建设的基础上，提出了打造强军文化的新时代要求。2014年11月，习近平在全军政治工作会议上，首次提出"打造强军文化"的战略思想，强调要结合各部队传统和任务特点，加强军事文化建设，打造强军文化，培养部队大无畏的英雄气概和英勇顽强的战斗作风。这既赋予了先进军事文化建设新的时代内涵，也赋予了军事文化新的使命担当。全军政治工作会议结束后，习近平视察部队时又多次和官兵们谈起"强军文化"："要打造强军文化，巩固部队思想文化阵地，坚定官兵革命意志、升华官兵思想境界、纯洁官兵道德情操，引导他们努力成长为有灵魂、有本事、有血性、有品德的新一代革命军人。"[1]"推进强军文化建设，激励官兵争当训练尖子、技术能手、精武标兵，引导官兵争做有灵魂、有本事、有血性、有品德的革命军人。"[2]这些明确指示，充分体现了习近平对军事文化建设高度重视，"打造强军文化"已经成为习近平治军方略的重要组成部分。在提出打造强军文化这个军事文化

① 习近平：《贯彻全军政治工作会议精神　扎实推进依法治军从严治军》，《解放军报》，2014年12月16日。
② 习近平：《着力推动强军目标在基层落地生根》，《解放军报》，2015年1月23日。

建设总目标的基础上，习近平又提出了具体的文化建设要求，如"培养有灵魂、有本事、有血性、有品德的新一代革命军人"，"锻造具有铁一般信仰、铁一般信念、铁一般纪律、铁一般担当的过硬部队"，深刻回答了新形势下培养什么样的军人、怎样培养新一代革命军人的重大问题，为培养堪当强军重任的新时代革命军人提供了根本遵循。

可以看出，重视军事文化建设一直是我们党的优良传统。在这个优良传统形成的过程中，我军的文化建设也积累了极为宝贵的历史经验：第一，要充分认识发展先进军事文化的战略价值；第二，要始终坚持科学理论的指导地位；第三，要始终坚持谋求打得赢的最终目标；第四，要切实加强军队思想道德建设；第五，要努力提升官兵科学文化素质。这些经验，既是历史的总结，也是未来实践的遵循。

（二）坚持走具有我军特色的军事文化发展道路

发展先进军事文化，要坚持中国特色社会主义文化发展道路，学习地方文化建设有益经验，同时积极吸收我国传统军事文化精华，借鉴外军文化建设优秀成果。但要看到，我军的性质宗旨、职能使命、历史传统等决定了我们不仅要把握文化建设的一般规律，还要把握军事文化建设的特殊规律。

第一，要始终把保持我军政治本色放在第一位。普鲁士军事理论家克劳塞维茨曾说过，战争是政治交往的继续，是政治交往的另一种手段。毛泽东考察战争时，不仅运用了这一原理，而且说得更加简洁明了："政治是不流血的战争，战争是流血的政治。"① 政治性是军队的首要属性。拥有政治优势，才能拥有战争胜势。作为执行党政治任务的武装集团，必须把永葆我军政治本色放在发展先进军事文化的第一位。

第二，要始终把提高部队战斗力作为根本着眼点，紧紧围绕军队职能使命和中心工作来展开。军队的一切工作，都是围绕着战斗力的保持、释放和提高而展开的。早在新中国成立前夕，毛泽东就强调，人民解放军永远是一个战斗队。邓小平要求"必须把提高战斗力作为军队改革和建设的出发点和落脚点，作为检验军队各项工作的根本标准"。习近平更是强调，

---

① 《毛泽东选集》（第二卷），北京：人民出版社1991年版，第479页。

"要把战斗力标准在全军牢固立起来，把战斗力标准作为军队建设唯一的根本的标准，聚焦能打仗、打胜仗"①。在新的历史条件下，加强军事文化建设，必须树立"抓文化是为了抓战斗力"理念，把"全面提升部队战斗力"作为加强军事文化建设的最高目标。

第三，要始终紧贴当代革命军人特殊要求，体现军事职业特点，继承发扬我军大无畏的革命英雄主义精神，不断深化"爱军精武"的时代内涵，把爱护官兵与培育战斗精神、从严治军、确保一切行动听指挥统一起来。长期以来，我军素以英勇善战闻名于世，形成了一不怕苦、二不怕死的英雄形象。然而，长期的和平环境，使得一些官兵战争意识有所懈怠，战斗精神有所消弭。大力发展先进军事文化，必须把不断强化官兵爱军精武意识、培养官兵战斗精神作为重要任务贯穿始终。

第四，要始终坚持高标准严要求。《中央军委关于大力发展先进军事文化的意见》指出，创作精神文化产品必须坚持弘扬时代主旋律，旗帜鲜明地唱响共产党好、社会主义好、改革开放好、伟大祖国好、人民军队好、各族人民好的时代强音。邓小平说过，历来毛主席倡导的好思想、好作风，都是军队来带头的。在思想文化日益多元化的今天，发展军事文化必须按照《中央军委关于大力发展先进军事文化的意见》要求的那样，坚持文化创作生产的高品位高格调，始终突出爱国主义、集体主义和革命英雄主义，坚决抵制庸俗、低俗、媚俗之风。

这四个"始终"，是我军特色军事文化发展道路的具体展开，反映了军事文化发展的特点规律。

（三）坚持把培育当代革命军人核心价值观作为发展先进军事文化的根本任务

价值观建设是文化建设的核心，直接决定着文化建设的性质和方向。对于一支军队来说，唯有确立起核心价值观，军事文化建设尤其是精神创造才有了骨干和建设的基础，才会成为巍峨的大厦，而非文化的碎片。也正因为此，世界各国特别是军事大国都把军人核心价值观建设作为军事文

---

① 习近平：《发挥政治工作对强军兴军的生命线作用　为实现党在新形势下的强军目标而奋斗》，《解放军报》，2014 年 11 月 2 日。

化建设的重要内容。美军在《2010年联合构想》中把军人价值观建设放在非常突出的位置，指出无论是复杂的战斗决心还是简单的日常工作，都包括道德因素；道德因素的核心问题是价值观，军人价值观是军人的精神支柱，是军人完成其所肩负使命的根本保证，是强化部队战斗力的思想基础，是养成军人性格的前提条件。美军如此，俄军、英军、德军、印军都是如此，他们都通过条令、纪念碑、雕塑、挂像、命名等形式进行军人价值观的渗透教育，以便更好地凝聚军心，增强战斗力。

对于如何进行价值观培育，《中央军委关于大力发展先进军事文化的意见》指出，培育当代革命军人核心价值观，"要坚持'内化于心'和'外化于形'相统一，引导官兵牢固树立坚定理想信念，端正价值追求，强化文化品格养成，培养当代革命军人的'精气神'"。长期以来，我们已经形成了一套以灌输为主的培育方式，历史地看，这种方式有其合理性和必要性，但我们也要看到，强行地说教、灌输是不符合文化本质要求的。从某种意义上讲，一种价值观形成、兴起、发展，往往是其提倡者、传播者靠言行一致"播种"下来的，不仅靠工整的言语，更靠感人的行动，使之深深植入人心里。如雷锋精神的诞生，既源于其自身的修养和追求，也源自于雷锋身边领导"言传身教"的表率作用，如果没有当年珍惜几个螺丝钉的县委书记，就很难有养成艰苦朴素作风的雷锋；如果没有当年默默无闻捐助灾区的团政委，就很难有养成助人为乐品行的雷锋。因此，培育当代革命军人核心价值观，上级领导和机关要带头打牢信仰和道德基石，把"言传"和"身教"贯穿于工作和生活始终。上级的理论与实践，下级都看在眼里。如果理论与实践不统一、说法和做法不一致，那么，我们思想文化的先进性、真理性和正义性就得不到有力的印证，培育当代革命军人核心价值观就会成为空中楼阁。

（四）坚持把保持我军高度团结统一作为发展先进军事文化的重要着力点

战争从来就是暴力集团之间的整体较量。一支军队要想取得战争胜利，必须保持内部的团结统一，着眼于整体力量的有效发挥。在土地革命时期，毛泽东曾说："红军物质生活如此菲薄，战斗如此频繁，仍能维持不断，除党的作用外，就是靠实行军队内部、军民之间高度的团结统一。"① 国民党军队之所以在武器装备占优势的情况下，兵败如山倒，一个重要原因就是国民党军队内部党派林立、将领不团结、官兵不和谐，相互倾轧、相互拆台现象频繁发生。

新的历史条件下，我军内部关系总体上是好的。但我们也要看到，长期的和平环境、市场经济的负面效应以及官兵构成的新变化，我军内部关系还存在着一些不容忽视的现象和问题。例如，"好人主义、自由主义、个人主义"抬头，"批评与自我批评"的优良传统逐渐淡化，庸俗功利化倾向出现，一些人热衷于"礼"尚往来，搞实用主义，人情风、关系学腐蚀部队风气。这些现象严重影响了我军高度团结统一的内部关系。

建立和维护我军高度团结统一的内部关系，是新形势下治军的一项重要任务，也是发展先进军事文化的重要着力点。第一，要发挥先进军事文化统一官兵思想、凝聚军心士气、协调内部关系的重要作用，增强官兵对部队的认同感、归属感和集体荣誉感。对于一个国家而言，民族文化是强化民族认同的精神纽带。对于一支军队来说，军事文化是凝聚军心士气、增强归属感的精神支柱。列宁曾高度赞扬《国际歌》的作者欧仁·鲍狄埃，说他"是一位最伟大的用歌作为工具的宣传家"，人们"可以凭《国际歌》的熟悉的腔调，给自己找到同志和朋友"②。《国际歌》所展现的力量就是文化的力量。

第二，要大力挖掘先进军事文化蕴含的重视团结的精神资源。无论是我国传统军事文化，还是我军先进军事文化都蕴含着大量的重视团结的精神资源。从《周易》的"二人同心，其利断金"，到孟子的"天时不如地利，地利不如人和"，再到吴起的"不和于军，不可以出阵"，彰显的都是"和合"文化理念；从60年前上甘岭战役中"一个苹果"传递的温暖，到高原官兵的同甘共苦，再到抗震救灾的共同奋战，彰显的都是上下一心、团结奋战的热血情怀。加强先进军事文化建设，就要把这些思想挖掘出来，把其中的精神继承下来。

第三，着力培养情同手足、亲如兄弟的革命情谊。在革命战争年代，

① 《毛泽东选集》(第一卷)，北京：人民出版社1991年版，第65页。
② 《列宁选集》(第二卷)，北京：人民出版社1995年版，第302－303页。

共同的革命目标、理想信念以及生死与共的经历，容易培养官兵亲如兄弟的革命情谊。在和平发展年代，价值追求的多样化使得要培养出情同手足、亲如兄弟的革命情谊必须付出更多的努力，既要用高尚的理想信念加强教育引导，也要在日常生活、训练工作和完成重大任务中不断升华，还要在事关官兵切身利益的送学、士官改选、评功授奖、晋职晋级中创造公平、公开、公正的环境，构筑起高度集中统一的坚实的信赖和信任基础。

（五）坚持紧贴时代要求创新发展先进军事文化

文化需要传承，更需要创新。要不断拓宽文化视野，大力推进军事文化内容形式、体制机制、传播手段创新，不断赋予先进军事文化新的时代内涵，始终保持先进军事文化的时代性和创造性。

创新发展先进军事文化，第一，要推进军事文化内容形式的创新。有些单位或部门，一说要发展先进军事文化，就以为挂几个灯箱、贴几条标语、演几台节目、搞几次思想教育或文体活动就够了。应该说，发展先进文化，的确离不开这些表现形式，但如果只停留于形式，不注意解决内容与形式的统一问题，就会造成两者相脱节、相割裂，无法体现军事文化的本质。大力发展先进军事文化的本质在于巩固信仰、升华精神、张扬道德。人们常常讲到"占领思想文化阵地"，但这个"占领"，并不是占领挂灯箱的柱子，不是占领刷标语的墙壁，不是占领演节目的舞台，甚至也不是占领多少新闻媒体。这个占领，从根本上说是占领时代进步最高点、占领官兵灵魂最深处、占领军事发展最前沿。为此，大力发展先进军事文化，一要着力强化入脑入心的信仰、精神和道德；二要体现基层官兵的呼声和需要；三要构建立足中国特色军事实践、反映世界军事发展潮流的新思想、新观念、新思维。

第二，要推进军事文化发展体制机制的创新。党的十九大报告从全局和战略的高度，对文化体制机制创新提出了明确要求。发展社会主义文化需要文化体制机制的创新，发展先进军事文化，也要突破阻碍军事文化发展的体制机制障碍，营造一种有利于支撑、促进军队精神文化发展繁荣的良性制度机制和环境氛围。要进一步深化文化产品创作与生产体制改革，抓好理论宣传教育、文艺表演体制改革，健全军营文化法规制度，完善文化考评机制，把先进军事文化创新发展成效纳入科学发展考核评价体系，把"软指标"变成"硬杠杠",从而形成科学的文化发展体制机制。

第三,要推进军事文化传播手段的创新。推动军事文化的创新发展,离不开媒介手段。面对官兵巨大的文化需求,我们既要充分利用已有的报纸、杂志、广播、电视、电影等资源,也要根据需要逐步创造条件,有计划地设立专门的军队电台、电视台,有重点地扶持一些军队报纸、期刊和出版社,并将其做大做强。同时,更要善于运用现代科技发展的最新成果,积极建设网络传播媒介,使先进军事文化的传播更加立体化和现代化。

三、全面推进军事理论现代化

军事理论是军事文化的典型和高级形式,军事理论的发展水平反映了国防和军队现代化建设的整体水平,是一个国家军事能力的重要体现。习近平指出:"科学的军事理论就是战斗力,一支强大的军队必须有科学理论作指导。"① 要"大力推进马克思主义军事理论创新,加快形成具有时代性、引领性、独特性的军事理论体系,为强军兴军实践提供科学理论支撑"②。这一论断,不仅点出了战斗力的生成机理,也点出了军事理论在军队现代化建设中的重要地位;既是对军事发展规律的科学揭示,也是对军事文化发展规律的揭示。

(一)全面推进国防和军队现代化的首要任务

国防和军队现代化是一项宏大的系统工程。党的十九大报告提出,要"同国家现代化进程相一致,全面推进军事理论现代化、军队组织形态现代化、军事人员现代化、武器装备现代化,力争到 2035 年基本实现国防和军队现代化,到 21 世纪中叶把人民军队全面建成世界一流军队"③。全面

---

① 习近平:《全面实施创新驱动发展战略　推动国防和军队建设实现新跨越》,《解放军报》,2016 年 3 月 14 日。
② 习近平:《习近平论强军兴军》,北京:解放军出版社 2017 年版,第 452 页。
③ 习近平:《决胜全面建成小康社会　夺取新时代中国特色社会主义伟大胜利——在中国共产党第十九次全国代表大会上的报告》,北京:人民出版社 2017 年版,第 53 页。

推进军事理论现代化，是全面推进国防和军队现代化的首要任务，是加强强军文化建设的重要内容，必须加快形成具有时代性、引领性、独特性的现代化军事理论体系，从而为强军实践提供科学理论支撑。

所谓军事理论现代化，总体而言是指能运用正确的立场、方法和科学的思想、理论对国防和军队现代化过程中所出现的新情况、新问题做合乎实际、合乎逻辑的阐述和回答。具体而言包含三个方面的含义：其一，是指决策者所提供的能够科学指导军队迈向现代化的建军治军理念与战略方针；其二，是指官兵具有的军事政治理论素养所达到的水平；其三，是指作为前两者基础的一定的理论与思想文化传统。军事理论现代化丝毫不否认以科学技术进步为前提的人的现代化和武器装备现代化，以及随之而来的组织形态现代化，乃是包括军队指导思想、战争指导理论等在内的国防和军队现代化得以推进的思想理论基础。按照马克思主义经典作家们的看法，精神和思想因素对物质过程历来具有能动的反作用，有时甚至还具有决定性的作用，因此对于任何一支试图有作为的军队来说，理论的作用是绝不能忽视的。

纵览近代以来的国际军事竞争，有太多的事实证明，战略与思想理论路线的合理选择会推进一国军事实力由弱变强；相反战略与思想理论路线的偏差则会导致军力的衰弱乃至国家的倾覆。在拿破仑战争中，曾经逢法军必败的普鲁士军队以杰哈德·沙恩霍斯特的"速成兵理论"为依据进行变革，最终打败了强大的法军，使普军在几十年间成为欧洲最强大的军队。也正是在此期间，克劳塞维茨写出了世界军事史上著名的军事著作《战争论》。而曾经是热兵器军事变革故乡的古代中国，却在工业革命的浪潮下仍固守封建军事理论，不思进取，最后在西方坚船利炮的轰击下，不得不签下一个个丧权辱国的"城下盟约"。可以说，军事装备的落后并不是最可怕的，军事理论、军事观念的落后才是最可怕的。

毛泽东曾指出："两军敌对的一切问题依靠战争去解决，中国的存亡系于战争的胜负。因此研究军事的理论，研究战略和战术，研究军队政治工作，不可或缓。"[①] 剑不如人，剑术一定要强于人。人民军队在发展壮大

① 《毛泽东军事文集》（第二卷），北京：军事科学出版社、中央文献出版社1993年版，第428－429页。

过程中所遭遇的对手，就硬实力而言，大都强于自身，但胜利的天平却最终倒向己方，其中一个重要的原因就是人民军队拥有与时俱进的军事指导思想、战争指导理论。在革命战争年代，以毛泽东为核心的第一代中国共产党人立足中国具体国情，坚持用马克思主义立场观点方法考察中国问题，揭示了农民在革命中的历史作用，确立了以农村包围城市、最后夺取全国胜利的革命道路，建立了党对军队绝对领导、"支部建在连上"的建军制度，探索出人民战争、游击战争、持久战等战略思想。全新的"主义"和全新的理论，使人民军队在党的领导下愈挫愈坚，在苦难中不断创造辉煌。

改革开放以来，国际战略格局不断调整，世界新军事革命加速发展，战争形态深刻演变。在这样的大背景下，军事理论的地位作用愈加突出，军事理论研究领域的竞争日益激烈，新的军事理论和作战思想层出不穷，创新军事理论已成为谋求战略主动、夺占军事竞争制高点的重要途径和战场。我们党立足国情军情变化，把握世界军事发展脉搏，在邓小平新时期军队建设思想、江泽民国防和军队建设思想、胡锦涛关于新形势下国防和军队建设重要论述和习近平强军思想的指导下，科学回答和解决了人民军队发展壮大面临的一系列重大现实课题，不断加快中国特色军事变革，积极推进军事理论、军事技术、军事组织、军事管理创新，引领国防和军队建设不断迈向新的历史台阶，显示出了人民军队在新的历史条件下发展壮大的蓬勃生机。经过几十年持续不断地推进，当前我军现代化建设正处在关键阶段。与此同时，我们也必须看到，当前我军的现代化建设所面临的机遇是前所未有的，但矛盾挑战也是前所未有的，我们不可能找到现成的教科书。应对和化解现代化进程中出现的新情况、新问题，迫切需要首先从理论上予以回答。

（二）坚持理论联系实际，大力推进军事理论创新

习近平指出，推动军事理论创新，"要坚持理论联系实际，既开阔视野又不跟在别人后面亦步亦趋，既开动脑筋又不脱离实际好高骛远，大力推进马克思主义军事理论创新，加快形成具有时代性、引领性、独特性的军事理论体系，为强军兴军实践提供科学理论支撑"①。坚持理论联系实际，不仅是我党我军的优良作风，也是推动军事理论创新发展的根本要求。

坚持马克思主义指导地位。习近平曾指出："坚持以马克思主义为指导，是当代中国哲学社会科学区别于其他哲学社会科学的根本标志，必须旗帜鲜明地加以坚持。"② 这既是对创新发展中国哲学社会科学的根本要求，也是对创新发展中国特色军事理论的根本要求。马克思主义尽管诞生在一个半世纪以前，但历史和现实都证明它是科学的理论，迄今依然有着强大的生命力。马克思主义经典作家眼界开阔、知识丰富，马克思主义理论体系和知识体系博大精深，涉及历史、经济、政治、文化、社会、生态、科技、军事、党建各个方面，既揭示了人类社会发展规律、社会主义建设规律、共产党执政规律，也揭示了军事发展规律、国防建设规律。回顾我们党的军事指导理论形成和发展的历程，不难发现，无论是人民战争理论、游击战理论、持久战理论，还是政治建军思想、改革强军思想、依法治军思想、科技兴军思想，都离不开马克思主义军事理论的指导。坚持马克思主义军事理论的指导地位，要反对三种倾向。一是马克思主义军事理论过时论，认为马克思主义军事理论诞生于一个半世纪前，已经不适应今天的信息化战争。这个说法不仅是武断的，也是错误的。马克思主义军事理论对战争和政治、科技发展与战争形态演变等关系的分析，对人民战争、正义战争的分析在今天仍然具有真理的光芒。二是教条主义倾向，就是把马克思主义经典作家的个别论断奉为金科玉律，用书本、条文来生硬"裁减"活生生的军事实践发展和创新。三是实用主义倾向，就是根据需要到马克思主义经典作家、领袖的思想和理论中寻找词句，来说明所做事情的政治正确性、思想合理性，用现实需要来割裂思想和理论。这些都不是马克思主义的态度。

立足中国军事实践。党的十九大报告指出，时代是思想之母，实践是理论之源；实践没有止境，理论创新也没有止境。正确地把握、回答和解

---

① 习近平：《全面实施创新驱动发展战略　推动国防和军队建设实现新跨越》，《人民日报》，2016 年 3 月 14 日。

② 习近平：《在哲学社会科学工作座谈会上的讲话》，北京：人民出版社 2016 年版，第 20 页。

决军事实践发展中产生、发现的问题，就成为军事理论不断创新和发展的根本前提。当代中国的军事实践，不是简单延续我军历史实践的母版，不是简单套用马克思主义经典作家设想的模板，不是其他国家军事实践的再版，也不是国外军事发展的翻版，不可能找到现成的教科书。我国军事理论应该以我们正在做的事情为中心，从我军改革发展的实践中挖掘新材料、发现新问题、提出新观点、构建新理念，加强对我军改革和革命化、现代化、正规化建设实践经验的系统总结，加强对政治建军、改革强军、依法治军、科技兴军的分析研究，提炼出有学理性的新理论，概括出有规律性的新实践。这是构建中国特色军事理论的着力点、着重点。离开当代中国的军事实践，一切刻舟求剑、照猫画虎、生搬硬套、依样画葫芦的做法都是无济于事的。

保持开放状态。当今世界是开放的世界，开放的世界需要开放的视野。推动军事理论创新，"我们既要立足本国实际，又要开门搞研究"①。我们要善于融通古今中外各种资源，特别是要把握好三方面资源：一是马克思主义军事理论的资源，这是中国特色军事理论的主题内容，也是中国特色军事理论创新发展的最大增量；二是中华优秀军事理论的资源，这是中国特色军事理论创新发展十分宝贵、不可多得的资源；三是国外军事理论特别是西方军事理论的资源，这是中国特色军事理论创新发展的有益滋养。而在这之中，如何处理好与西方军事理论的关系最为关键。近代以来，与西方军事现代化的历史进程相随，西方在军事理论构建方面也建立起了自己的优势。对于这种优势，我们曾一度视若未见。改革开放40年来，我们在军事理论研究领域的一个显著变化就是能够客观地认识和评价西方军事理论，从而为中西军事理论的深层对话交流奠定了基础。但在这个过程中，也出现了一种值得警惕的现象，就是一些人把军事理论创新看作是对西方军事理论的复制，"言必称希腊"式的"西式教条主义"还在一定范围内存在。习近平指出："对人类创造的有益的理论观点和学术成果，我们应该吸收借鉴，但不能把一种理论观点和学术成果当成'唯一准则'，不能企图用一种模式来改造整个世界，否则就容易滑入机械论的泥

---

①　习近平：《在哲学社会科学工作座谈会上的讲话》，北京：人民出版社2016年版，第18页。

坑。""对国外的理论、概念、话语、方法，要有分析、有鉴别，适用的就拿来用，不适用的就不要生搬硬套。"① 哲学社会科学研究要有批判精神，军事理论研究也要有批判精神。在吸收借鉴西方军事理论的过程中，必须坚持"以我为主，为我所用"的原则，绝不能生搬硬套、死拉硬拽。

（三）解放思想、转变观念

习近平指出，军事创新同其他领域创新相比，要求更高、难度也更大，必须坚持解放思想、转变观念。恩格斯也曾指出："每一个时代的理论思维，从而我们时代的理论思维，都是一种历史的产物，在不同的时代具有非常不同的形式。"② 军事理论创新本质上是一种思维方式、理论视野转换。历史也证明，军事理论的本质与功能，它所肩负的历史使命，要求其必须立足时代，为解决当下的军事问题捕捉到全新视角。

对于法国来说，拿破仑是一个骄傲的名字，他所拥有的理性探求精神和广泛的军事经验，使其成为欧洲军事改革的先驱，他所创立的集"师"成"军"的编制体制及大兵团作战理论使法国的军队一度称雄欧亚大陆。然而，在第一次世界大战后，僵化的思维、落后的观念和曾经的胜利经验使得法国对阵地防御战情有独钟，却对机械化战争时代的到来熟视无睹，他们宁愿耗时 12 年、花费 2 000 亿法郎去修筑毫无用处、不堪一击的马其诺防御阵地，也不愿推动军事变革，其结果就是，在"二战"中由欧洲老牌强国一下子沦为法西斯德国统治下的傀儡。美国海军研究生院教授约翰·阿奎拉将体制内的思想僵化，称作影响美军军事现代化的"顽敌"；而为了消除这种"顽敌"，俄罗斯在军事改革中甚至采取"不换思想就换人"的激烈手段。毫无疑问，推进我军的现代化步伐，在思想、理论领域同样存在进步与保守的角力。为了尽可能地把更多领导者转变为危机认知者和变革驱动者，中国军事现代化必须优先追求思想和理论的现代化，积极塑造以"反思进取"为基本特征的思想观念，尽快放下那些曾经获得巨大成功但现在已经明显过时的经验、思想和理论，为推进中国军事现代化

---

① 习近平：《在哲学社会科学工作座谈会上的讲话》，北京：人民出版社 2016 年版，第 18 页。

② 《马克思恩格斯选集》（第四卷），北京：人民出版社 1995 年版，第 284 页。

设计正确的方向和科学的路径。

近年来，我军对军事理论研究工作高度重视、抓得很紧，做了大量工作，出了不少有价值的研究成果，但与军队现代化建设和军事斗争准备需要相比还有明显差距。尤其要看到，当前我军建设发展正处在关键阶段，军事斗争准备任务艰巨繁重，如何解决面临的大量新情况、新问题，迫切需要首先从理论上予以回答。当代中国军事理论的创新发展，发生在经济全球化、社会信息化、文化多样化的时代条件下，发生在国际体系进入加速演变和深度调整、世界新军事革命加速发展、维护国家政治安全和社会稳定更加艰巨的时代条件下，发生在军事技术正在发生革命性变化、战争形态正在向信息化战争演变的时代条件下，发生在我军领导指挥体制、规模结构和力量编成正在发生历史性变革的时代条件下。这些时代内容反映在军事理论研究模式上，无不要求我们从传统的旧体系中挣脱出来，确立一种全新的研究视野。

解决一个人的理论认识和思想观念需要因人而异，但是推进一支军队的理论现代化，需要培育共同文化，这就是以信息化为标志的现代军事理论体系。首先，要营造互信合作的氛围。信息化建设是一次伟大的群体性探索，需要众多智慧相互碰撞才能取得胜利。要想获得军事理论创新发展的井喷效应，需要有一个相互信任、共同创作的文化氛围，实现将军与士兵之间、指挥员与研究员之间无障碍的信息沟通、思想沟通、理论沟通。其次，要培育创新的勇气。任何创新包括理论创新是一次对未知世界的探险历程，否则就永远步别人的后尘。在机械化向信息化让渡主导地位的形势下，需要有超越当前、触摸未来的胆识，需要有允许试错、包容犯错的环境。此外，军事理论创新发展离不开求真务实的作风。理论创新不是挂在墙上、喊在嘴里就能实现的，也不是架起计算机、装上应用软件、连接网络就能成功，任何形式主义到头来只能误国误军。

四、大力培养战斗精神

战斗精神是军人信念、勇气、意志和精神状态的集中反映，我军特有的"一不怕苦、二不怕死"战斗精神是克敌制胜的重要法宝，是先进军事文化的鲜明属性。建设先进军事文化，必须把培养战斗精神作为一项核心工作抓紧抓好。

（一）战斗精神是我军克敌制胜的特有优势

战斗精神，我军克敌制胜的特有优势，也是我们这支新型人民军队的一个本质规定。习近平指出："战斗精神，毛泽东同志说的最概括、最生动，就是一不怕苦、二不怕死。毛泽东同志还说过：'这个军队具有一往无前的精神，它要压倒一切敌人，而决不被敌人所屈服。不论在任何艰难困苦的场合，只要还有一个人，这个人就要继续战斗下去。'无论什么时候，一不怕苦、二不怕死的战斗精神千万不能丢。在党、国家、人民需要的时刻，军队就要有这股劲、这种精神。军队讲崇尚荣誉，首先就是在关键时刻英勇无畏战斗得到的荣誉。我们要加强战斗精神培育，教育引导官兵继承和发扬我军大无畏的英雄气概和英勇顽强的战斗作风，时刻准备为祖国和人民去战斗。"[1] 作为一支从艰难险阻中拼杀出来的新型人民军队，我军从创建之日起，就同视死如归的战斗精神结下了不解之缘，就靠战斗精神不断铸就苦难辉煌。

在古田全军政治工作会议上，习近平在谈到政治工作的重要地位和重大作用时，举了红三十四师和师长陈树湘英雄事迹的例子。1934 年，在红军长征期间，由闽西 6 000 子弟组成的红三十四师作为红军的后卫部队，为了掩护红军主力部队突围而最终全部壮烈牺牲的故事。红三十四师担任后卫师后，他们明知凶多吉少，但仍然义无反顾、前赴后继。他们是在长征途中唯一被敌人"吃掉"的整建制部队，也是唯一没有渡过湘江的整建制部队，而他们唯一的目标就是要保证中央纵队的安全。师长陈树湘身负重伤不幸被俘，但他并没有屈服，最终，他掏出自己湿热的肠子，绞肠就义，实现了"为苏维埃新中国流尽最后一滴血"的誓言。在长期的革命斗争中，我军数以百万计的将士献出了生命，涌现出了无数英模人物和英雄群体。仅牺牲在长征路上的营以上干部就达 432 人，其中师以上干部 80 多人。"革命不怕死，怕死不革命"，只要还有一个人在，就要同敌人血战到底，这是人民军队的信条，也是人民军队之所以能够从胜利走向胜利的

---

[1] 中国人民解放军总政治部编印：《习近平关于国防和军队建设重要论述选编》，北京：解放军出版社 2014 年版，第 58 页。

密码。

毛泽东在谈到抗美援朝战争中我国志愿军打败美军的奥妙时指出，美军"钢多气少"，而我国志愿军"钢少气多"。毛泽东所言的"气"，就是战斗精神。这种"气"在美国著名作家约翰·托兰的著作《漫长的战斗——美国人眼中的朝鲜战争》中可以找到，在这部著作中有着这样的记载：联军士兵最害怕听到中国志愿军的冲锋号响，一位英军士兵形容道，听到这号声，我感觉到这分明是中国式的葬礼。联军总司令李奇微也回忆说，这是一种铜制的乐器，能发出一种特别刺耳的声音，在战场上它仿佛是非洲的女巫，在战场上只要它一响，共产党的军队就如同着了魔法一般，全部不要命地扑向我军，每当这时，我军总被打得如潮水般溃退。习近平在谈到朝鲜战争时也深刻指出："美国人一开始看不起黄种人，自以为黄种人最强大的军队——日本军队都被他们打败了。中国人民志愿军在朝鲜战场上的英勇表现，让美国人不得不对我们这个对手肃然起敬。"①"这除了我们的部队身经百战外，主要靠坚强的战斗意志。"② 事实上，我军其他方面的优势，比如灵活机动的战略战术、群众路线的工作方法、严密的组织纪律等，都与战斗精神密不可分。离开了视死如归的战斗精神和将命令坚决执行到底的顽强战斗意志，其他一切优势都难以充分发挥，再灵活、再正确的战略战术也难以实施。

（二）我军始终面临着战斗精神懈怠的危险

在一个长期处于相对和平环境的国家，人们比较容易产生精神懈怠，丧失必要的防卫观念和尚武精神，其军队也最容易沉溺于和平幻象，淡化甚至丧失忧患尚武、舍身报国的战斗精神。在相对和平环境中，我军始终面临精神懈怠的危险，一些官兵容易滋生松懈麻痹思想。

实现和平是军人价值的最高体现，但长期的和平环境也会对官兵战斗精神产生巨大的侵蚀。一是对国家安全面临威胁认识模糊不清。一些官兵片面地认为，我国一直奉行和平发展的对外政策，只要中国与外国不出现大的争端，就不会出现战事。还有的认为，虽然我国与周边国家存在领土

---

① 习近平：《习近平论强军兴军》，北京：解放军出版社 2017 年版，第 266 页。
② 习近平：《习近平论强军兴军》，北京：解放军出版社 2017 年版，第 25 页。

主权、海洋权益摩擦，但远远没有发展到不得不诉诸武力的地步，存在当"和平兵""和平官"的思想。二是随时打仗的精神准备不足。一些官兵认为，虽然世界奉行"丛林法则"，那种"化剑为犁"的时代还远未到来，但中国正日益强大起来，"狼"越来越不敢欺负咱们，仗一时半时还真打不起来。由此，一些官兵职能使命意识日趋淡薄，缺少"执干戈以卫社稷"的从军志向，甚至把当兵看成是到部队谋出路；有的干部用不打仗的心态做打仗的准备，缺乏"明天就要上战场"的使命感、责任感。三是实战化训练动力不足。一些部队在训练中存在"练为看""演为看"现象，不愿意下真功夫练战术、练本领、练作风。所有这些，对保持和弘扬战斗精神都会产生一种后拉力。

　　战斗精神作为一支军队作风优良的集中体现，它要靠风清气正的政治生态来涵养、来培植、来扶持。对任何军队来说，风气正，战斗精神就旺；风气歪，战斗精神就衰。这几乎是一个铁的法则。当年，国民党八百万军队之所以缺乏战斗精神，之所以在短短三年之内就被打得落花流水，一个根本的原因，就在于国民党军队肌体烂了，风气坏了，人心散了，不仅在我军进攻面前兵败如山倒，而且还成批地倒戈反水。类似情况，无论在中国更早的历史上，还是在当今世界的一些国家，都不乏其例。可以看到，前几年在郭伯雄、徐才厚的影响下，我军在风气建设上问题相当突出，思想不纯、组织软弱、作风懈怠现象严重存在，一些错误思想行为滋长，一些歪风邪气蔓延，一些领域腐败现象多发，一些好的传统作风丢失，一些单位和部门已经形成一种不良政治生态，给部队战斗精神造成极大伤害。现实警示我们，部队不良风气通常以三种方式挫伤战斗精神：一是以催生信任危机的方式挫伤战斗精神。不良风气严重损害了各级党组织和领导干部在官兵中的形象和威信，使后者对组织产生了信任危机，因而不大可能以忠诚意识、感恩之情去自觉弘扬战斗精神。二是以损害官兵关系的方式挫伤战斗精神。特别是发生在官兵身边的不正之风，对官兵关系伤害极大，导致少数官兵以抵触情绪来对待领导，因而他们不可能严守纪律、严格训练、严格要求，不可能使战斗精神在自己身上充分展示出来。三是以涣散革命斗志的方式挫伤战斗精神。不正之风往往助长官兵中的享乐情绪、懈怠情绪、萎靡情绪，使一些人变得目光短浅、意志衰退，逐渐丧失军人的阳刚之气和战斗精神。对此，我们要有非常清醒的认识，绝不能掉以轻心。可以说，在相对和平的环境中，弘扬和培育战斗精神，将是一个充满艰巨性和复杂性的时代课题。这就要求我们适应新的时代变化，全面分析掌握社会和部队思想政治状况，深入思考战斗精神培育所面临的现实挑战，从而制定出正确有效的应对之策。

（三）健全完善战斗精神培育长效机制

面对官兵中存在的战斗精神懈怠的危险，习近平强调指出，必须大力加强战斗精神培育，教育引导广大官兵自觉发扬我军大无畏的英雄气概和英勇顽强的战斗作风，保持旺盛革命热情和高昂战斗意志。战斗精神培育是一个复杂的系统工程，必须综合施策、多管齐下、常抓不懈，努力形成实在管用的长效机制。

强化思想教育的引导作用。真正的战斗精神是一种自觉意识，必须从思想上解决好苦得其所、死得其所的问题。习近平指出："培养战斗精神，要从思想上入手。"① 要加强马克思主义战争观教育，解决好官兵为谁扛枪、为谁打仗，当兵干什么、练兵为什么等根本性问题。要联系国家战略环境变化和世界新军事革命发展态势，通过职能使命教育，引导官兵增强忧患意识和使命感责任感。要强化牺牲奉献精神，引导官兵树立正确的生死观、苦乐观、得失观。要重视研究现代战争特点规律，切实把过硬战斗精神建立在思想进步和科学认知基础上。要着力发挥军事文艺的精神引领作用，多讲军队"铁马秋风、战地黄花、楼船夜雪、边关冷月"的故事，让广大官兵在文艺熏陶中铸牢战斗精神之"钙"。总之，"要结合各部队传统和任务特点，加强军事文化建设，打造强军文化，培养官兵大无畏的英雄气概和英勇顽强的战斗作风"②。

强化训练管理的磨砺作用。战斗精神培育，本质上是一个实践过程，是在长期实践和不懈磨砺中铸就的，这就要求要把战斗精神培育融入训练管理，用军事实践砥砺血性胆气。一要严格训练。严格训练是战斗精神培育的基本途径。习近平指出："要在全军形成大抓军事训练的鲜明导向，从实战出发从难从严训练部队，着力提高军事训练实战化水平，使部队练

---

① 习近平：《习近平论强军兴军》，北京：解放军出版社 2017 年版，第 293 页。
② 习近平：《习近平论强军兴军》，北京：解放军出版社 2017 年版，第 294 页。

就过硬的打赢本领。"① 在军事训练中要贴近实战，把战斗精神培育同展开作战行动结合起来，同进行战前动员、宣传鼓动、评战评奖和开展立功创模活动结合起来，按照打仗的要求，检验战斗精神培育的质量，做到"打一仗"，战斗精神提高一步。二要严格管理。就是以严格的管理和铁的纪律，养成军人的精气神。一日教百日养，坚持从一点一滴抓起，从一言一行做起，从一招一式严起，大力整顿作风、整肃军纪，靠严明的军风法纪，把官兵培养成能打敢拼、生龙活虎的血性军人，把部队打造成雄师劲旅。三要在完成急难险重任务中严格摔打。重大任务是砥砺血性胆气、培育和检验战斗精神的重要途径。要充分发挥战略战役演习、野外驻训特别是遂行抗灾、反恐等多样化军事任务淬火战斗精神的作用，利用每一次军事行动，磨炼军人顽强的战斗意志，锻造军人过硬的作风，让打赢"刀锋"越磨越亮，越淬越锐。

强化政策制度的激励作用。激发军人战斗精神，既要强调牺牲奉献，又要注重发挥政策制度的调节作用，增强军事职业吸引力和军人使命感、荣誉感。现在，军人收入不高、军人家属随军就业难、军人转业退伍安置难、伤病残军人移交难、退休干部安置难等问题依然突出。这些问题不解决，就无法从根本上解决战斗精神培育问题。面对客观存在的问题，一要提升军人地位。加快推动军人权益保障立法，从国家层面完善军人荣誉制度，健全涉及官兵切身利益的法规体系，制定军人及家属受到社会尊重的优待措施，真正提高军人的政治地位、经济地位、社会地位，让军人成为全社会尊崇的职业。二是加强奖惩激励。要建立完善奖励忠诚精武、惩戒忘战懈怠的措施办法，按照好干部"五条标准"选贤任能，按照对打赢的贡献率奖优罚劣，引领部队把主要心思和精力用在真打实备上，使闻战则喜、胜战则荣蔚成风气。三是尊崇宣扬典型。设立关爱英模和伤残军人基金，搞好烈士陵园和纪念场馆建设，经常化组织瞻仰和公祭活动，在社会公共场所树立更多的英雄雕像，做到在全社会树立崇尚英雄、缅怀烈士的良好风尚和制度机制。

强化社会风尚的推崇作用。军人战斗精神不是无源之水，从根本上说

---

① 中国人民解放军总政治部编印：《习近平关于国防和军队建设重要论述选编》，北京：解放军出版社 2014 年版，第 92 页。

要基于清明的国家政治生态、合理的社会制度和阳刚尚武的社会氛围。因此，战斗精神培育应当是一种民族行为、一种国家行为。如果一个国家和民族文恬武嬉，对军人职业不够尊重，对国防和军队建设不够关心，那么，这个国家的军人就很难有强烈的爱国主义情怀和战斗精神。对为国牺牲、为民牺牲的英雄烈士，我们要永远怀念他们，给予他们极大的荣誉和敬仰，不然谁愿意为国家和人民牺牲呢？这个问题确实值得深思。政府、社会和民众都要自觉组织和行动起来，共同致力于培养、增强尚武精神，关心支持国防事业。要大力宣传英雄人物，既要宣传岳飞、戚继光、张自忠等民族英雄，又要宣传董存瑞、黄继光等革命英雄，还要宣传狼牙山五壮士、八女投江等英雄群体；既要宣传战争故事、优良传统，又要宣传长征精神、"两弹一星"精神等时代精神，让英雄人物和事迹耳熟能详、深入人心，在全社会形成崇尚英雄的共识，形成崇尚英雄的基本导向和浓厚氛围。

五、着力培养"四有"新时代革命军人

党的十九大报告指出："要加强军队党的建设，开展'传承红色基因、担当强军重任'主题教育，推进军人荣誉体系建设，培养有灵魂、有本事、有血性、有品德的新时代革命军人，永葆人民军队性质、宗旨本色。"[1] 建设先进军事文化，必须加强革命军人的价值引导工作，筑牢官兵的精神支柱，把官兵培养成有灵魂、有本事、有血性、有品德的新时代革命军人。

（一）新时代革命军人的价值追求

价值追求，对军人思想道德和行为方式起着重要的引导作用。培养崇高的价值追求，是培育当代革命军人核心价值观的重要方面，是发展先进军事文化的现实需要。做"四有"新时代革命军人，是官兵实现个人价值

---

① 习近平：《决胜全面建成小康社会　夺取新时代中国特色社会主义伟大胜利——在中国共产党第十九次全国代表大会上的报告》，北京：人民出版社2017年版，第53-54页。

与社会价值共振的必然选择，是联通中国梦、强军梦与每位官兵成才梦的桥梁。

90 多年来，尽管革命军人所追求的具体价值观随着时代与使命的变化而不断变化，但这种变化不是忽东忽西地随波逐流，也不是忽好忽坏地变幻莫测，而是革命军人核心价值观在内容上的不断充实、在表述上的不断明晰，并由此铸就了中国军人特有的价值追求。从毛泽东提出"德才兼备""智勇双全""红专统一"，到邓小平明确要求把官兵培养成为有理想、有道德、有文化、有纪律的革命军人，再到习近平提出"培养有灵魂、有本事、有血性、有品德的新时代革命军人"，无不体现了时代发展对革命军人的价值要求。今天，当中华民族正处在追逐中国梦的关键时刻，习近平向全体官兵提出的"四有"新一代革命军人的价值标准，把个人奋斗目标与党对军队的强军目标高度统一起来，把个人利益与人民利益高度统一起来，把官兵成长进步与军队建设发展高度统一起来，引导官兵把人生价值与社会价值、民族价值结合起来，为官兵提供源源不断的前进动力，必将成为广大官兵价值追求的时代强音。

"四有"是一个不可拆分的有机整体，是对新一代革命军人从政治、能力、精神、修养四个维度的观察和揭示，也是对革命军人灵魂、本事、血性、品德四个最基本、最核心要素的提炼和描述。有灵魂就是要坚定信念、听党指挥；有本事就是要素质过硬、能打胜仗；有血性就是要英勇顽强、不怕牺牲；有品德就是要情趣高尚、品行端正。有灵魂决定新一代革命军人的政治命脉，有本事撑起新一代革命军人的使命担当，有血性彰显新一代革命军人的职业特质，有品德匡正新一代革命军人的行为准则。其中，灵魂是统领，本事是核心，血性是关键，品德是基础。这四个方面构成一个有机整体，一体多面，互为存在的前提和保证，不可分割，哪一方面都不能缺、不能弱，若一个方面出现缺项、弱项，不仅这个方面不达标，而且会影响其他方面和整体实力。

（二）坚持文化育人

"国民之魂，文以化之；国家之神，文以铸之。"对于一支军队来说，军事文化是提高战斗力的重要因素，也是塑造官兵心灵的精神沃土。培养"四有"新时代革命军人，必须借助文化的无形力量。

历史上，我军创造的许多奇迹令人"困惑"不已：同样一个人，为什么在"国军"这边畏首畏尾、贪生怕死，而一到"共军"那边就如猛虎下山、毫无畏惧？关键在哪里？蒋介石的反思给出了答案："国军"内部腐败，无法支撑军民坚定信仰，而"共军"成功的一个重要因素，是反映人民呼声的文化和强大的政治教育。没有先进军事文化的滋养，就没有灵魂的彻底洗礼，就没有精神力量的充分迸发。正是依托先进军事文化的涤荡滋养，才使人旧貌换新颜。今天，随着社会日益信息化和国家不断加大对外开放力度，社会上各种思想观念泥沙俱下、鱼龙混杂，不可避免地对官兵产生消极影响。现在，有的官兵追逐流行时髦，沉迷于五光十色，对我们的英雄人物、红色文化反而淡忘了，甚至不屑一顾。"随风潜入夜，润物细无声。"文化的影响力是无形的。面对加速发展的世界新军事变革浪潮，面对社会思想文化价值的深刻变化，面对广大官兵日益增长的精神文化需求，人民军队必须心向时代、把握时代，以更大决心、毅力和科学举措，繁荣发展先进军事文化，以文化的力量感染人、塑造人，让每一个革命军人在先进军事文化的熏陶引导下投身强军实践，做出无愧于时代、无愧于使命的伟大业绩。

要发挥红色资源优势，丰富"红色基因代代传"工程内涵，把红色资源利用好、把红色传统发扬好、把红色基因传承好，教育引导官兵从中汲取强军报国的精神力量。要加强党史、军史和光荣传统教育，发扬我党我军在长期实践中培育的革命精神，永远保持革命战争时期那么一股劲、那么一股革命热情、那么一股拼命精神。"天地英雄气，千秋尚凛然。"一个有希望的民族不能没有英雄，一个有前途的国家不能没有先锋。要崇尚英雄、捍卫英雄、学习英雄、关爱英雄，坚决防止和有力驳斥歪曲历史事实、抹黑革命领袖、诋毁英雄人物等错误思潮和奇谈怪论，正本清源，扶正祛邪。

要充分发挥优秀传统文化特别是优秀传统军事文化教化人、培育人的作用。习近平曾深刻指出："中国传统文化博大精深，学习和掌握其中的各种思想精华，对树立正确的世界观、人生观、价值观很有益处。学史可以看成败、鉴得失、知兴替；学诗可以情飞扬、志高昂、人灵秀；学伦理可以知廉耻、懂荣辱、辨是非。"① 传统军事文化是传统文化的重要组成部分，对于军人品行的养成有着更为直接的作用。"我国古代有很多赞扬和弘扬军队英勇精神的优秀文化，如唐代王昌龄的诗句'黄沙百战穿金甲，不破楼兰终不还'，唐代戴叔伦的诗句'愿得此身长报国，何须生入玉门关'，宋代苏轼的'会挽雕弓如满月，西北望，射天狼'，宋代文天祥的'人生自古谁无死，留取丹心照汗青'，等等。可以结合培育当代革命军人核心价值观，选编一些这方面的材料提供给官兵学习，既砥砺品质，又结合军队特点弘扬民族精神。"② 传统军事文化从一个独特视角，展现并传承着中华民族深刻而丰富的文化内涵，有着极其深厚的民族根基、鲜明的大众特色、丰厚的文明底蕴，是塑造伟大民族品格和文明人格的阳刚文化。科学认识中华传统军事文化的历史价值和时代价值，坚持创造性转化、创新性发展，对于培养有灵魂、有本事、有血性、有品德的新时代革命军人具有非常重要的意义。

（三）最关键的是要抓好高级干部

培养"四有"新时代革命军人，既是一个文化立人的过程，也是一个行为引导的过程。抓理想信念，最关键的是要抓好高级干部，我们面临的很大的一个问题是基层官兵对一些领导干部特别是高级干部产生了不信任感。从一定意义上讲，信仰危机折射的是信任危机，根子在上面。

社会心理学研究表明，在一个组织的行为活动中有个正效应递减、负效应递增现象。所谓正效应递减，就是领导层和下属的每一阶层，由于职责、视野、经验、信息量的不同，他们在执行某项任务时，活动效应会呈现递减现象，如果说在领导层的效应是十分，那么层级每下一级，效应就会递减；所谓负效应递增，就是如果领导层执行活动任务走样，那么每下一级，就会走样得更厉害。这也是古人所说的："政者，正也，子帅以正，孰敢不正？""其身正，不令而行；其身不正，虽令不从。"

革命年代，人民群众之所以信共产党、愿意跟共产党走，既在于我们

① 习近平：《在中央党校建校 80 周年庆祝大会暨 2013 年春季学期开学典礼上的讲话》，《人民日报》，2013 年 3 月 8 日。
② 中国人民解放军总政治部编印：《习近平关于国防和军队建设重要论述选编》，北京：解放军出版社 2014 年版，第 58 页。

党有感人的社会理想，更在于有无数真诚信仰并为之奋斗牺牲的践行者；社会主义建设时期，我们通过引用语录就能在群众中引起共鸣、取得共识，一个重要前提是群众相信领导言行一致。现在，之所以出现信仰危机，除了客观环境的影响之外，一个重要原因就是一些领导干部的败德行为。领导干部不讲党性原则，没有责任担当，专思特权享受，怎么给官兵讲崇高信仰？如何让下属坚定理想信念？培养有灵魂、有本事、有血性、有品德的新时代革命军人，必须强化领导干部的示范作用。发动灵魂深处的革命，必须坚持自上而下，以上率下，一级带一级，一级影响一级，勇于刀口向内，勇于自我清洗，勇于自我刮骨疗伤。

结束语　新时代推动社会主义文化繁荣兴盛的科学指南

党的十八大以来，以习近平为核心的党中央着眼实现中华民族伟大复兴的中国梦，立足国家发展战略全局，围绕社会主义文化建设提出了一系列新思想新观念新论断新要求。这些新思想新观念新论断新要求，立意高远，内涵丰富，思想深刻，是习近平新时代中国特色社会主义思想的"文化篇"，是党的文化建设指导理论创新发展的最新成果，为在新的时代条件下加快推进社会主义文化强国建设提供了科学指南。

一、习近平新时代中国特色社会主义文化思想形成的背景

习近平新时代中国特色社会主义文化思想的孕育、创立和发展，是在国际战略格局进入深度调整期和中国特色社会主义进入新时代的大背景下实现的。它展现了当代中国共产党人坚持在实践中探索中国特色社会主义发展道路、建设社会主义文化强国的宏大视野和创新活力。

（一）国际背景：国际文化软实力竞争不断加剧

当今世界正处于大发展大变革大调整时期，文化多样化深入推进，国际战略格局和国际文化格局加速演变，各种思想文化交流交融交锋更加频繁，文化在综合国力竞争中的地位作用更加凸显。有效应对全球文化大博弈尤其是西方发达国家文化霸权的不断扩张成为广大发展中国家面临的严峻挑战。尤其是对于社会主义中国来说，中国的崛起不仅意味着经济的崛起，也意味着一种文化、一种发展道路的崛起，中西之间的竞争不仅仅是经济、军事的竞争，更是不同性质文化、政治、发展道路的竞争。历史上守成大国和崛起大国之间的竞争，在今天因为有了中国因素也就有了更多的文化内涵。所以习近平深刻指出："各种敌对势力绝对不会让我们顺顺

利利实现中华民族伟大复兴，这就是为什么我们要郑重提醒全党必须准备进行具有许多新的历史特点的伟大斗争的一个原因。这场斗争既包括硬实力的斗争，也包括软实力的较量。"①

（二）时代背景：当代中国正处于快速崛起的历史进程之中

习近平在总结大国崛起历史时曾指出："古往今来，任何一个大国的发展进程，既是经济总量、军事力量等硬实力提高的进程，也是价值观念、思想文化等软实力提高的进程。"② 历史也确是如此。美国在当今世界的地位，离不开美元和美军的支撑，但也离不开美国文化的支撑。德国《时代周刊》主编约瑟夫·约弗曾经评论说，美国的软实力远远超出其经济和军事资产的规模，"美国文化，无论雅俗，其对外传播的力度是自罗马帝国以来从未有过的，况且其中还颇有新意。罗马和苏联的文化影响止步于军事边界，而美国软实力统治着整个世界"③。相对于历史上曾经的大国，中国具有更多的"身份"，也包含着更多的文化诉求：中国是一个具有五千年历史的文明大国，文化昌明是它的精神品质；中国是一个遭受过巨大屈辱的大国，恢复文化盛世是它的历史夙愿；中国是一个仍走在现代化路上的发展中大国，实现文化繁荣兴盛是它的内在要求；中国是一个社会主义大国，实现文明进步是它的价值追求。可以说，当代中国的崛起已经超越单一的经济崛起而迈向包括经济、政治、文化、军事等的整体性崛起。没有文化的崛起，就没有中国的崛起。

（三）社会背景：提高中国发展起来以后的社会文明水平

今天中国发展的成就举世瞩目，但今天中国的社会文明水平亟须提高。习近平在文艺工作座谈会上指出："我国社会正处在思想大活跃、观念大碰撞、文化大交融的时代，出现了不少问题。其中比较突出的一个问题就是一些人价值观缺失，观念没有善恶，行为没有底线，什么违反党纪

① 中共中央文献研究室编：《习近平关于社会主义文化建设论述摘编》，北京：中央文献出版社2017年版，第208页。
② 中共中央文献研究室编：《习近平关于社会主义文化建设论述摘编》，北京：中央文献出版社2017年版，第198页。
③ 约瑟夫·约弗：《谁害怕"大块头先生"》，《国家利益》2001年夏季刊。

国法的事情都敢干，什么缺德的勾当都敢做，没有国家观念、集体观念、家庭观念，不讲对错，不问是非，不知美丑，不辨香臭，浑浑噩噩，穷奢极欲。现在社会上出现的种种问题病根都在这里。"① 马丁·路德曾指出：一个国家的兴盛，不在于国库的殷实、城堡的坚固或是公共设施的华丽，而根本在于公民的文明素养。对于中国来说，经济发展了，但精神失落了，那国家也不能够称为强大。今天的中国已经走出物质贫乏的困境，绝不能再掉进精神贫乏的陷阱。加快建设健康、向上的人民精神家园，成为必须从国家文化战略层面予以解决的重大战略问题。

（四）个人背景：习近平特殊的成长环境和从政经历

18 世纪法国哲学家爱尔维修曾说过："我们在人与人之间所见到的精神上的差异，是由于他们所处的不同的环境，由于他们所受的不同的教育所致。"② 马克思、恩格斯合理继承并完善了这一思想："思想、观念、意识的生产最初是直接与人们的物质活动，与人们的物质交往，与现实生活的语言交织在一起的。"③ 人创造了环境，环境也创造了人。习近平红色家庭的成长环境、七年的插队经历、从村支部书记做起的从政经历，以及主政福建、浙江、上海这些中国发展最前沿地区的经历，使得他对红色文化、传统文化、世界文化有着更为深刻和独特的认识。所以，习近平在河北正定工作时结识的至交作家贾大山评价他为儒生。习近平的儒生气质，最直接的表现就是善于立言：为追思焦裕禄而填词，为表达拥军情义而作七律，在浙江当省委书记期间写了大量反映个人思考的专栏著述。这在我们党的领导人当中是不多见的。

二、习近平新时代中国特色社会主义文化思想的主要内容

习近平新时代中国特色社会主义文化思想内涵丰富、思想深邃，涵盖

---

① 　中共中央文献研究室编：《习近平关于社会主义文化建设论述摘编》，北京：中央文献出版社 2017 年版，第 8 页。

② 　北京大学哲学系外国哲学史教研室编译：《十八世纪法国哲学》，北京：商务印书馆 2010 年版，第 467－468 页。

③ 　《马克思恩格斯文集》（第 1 卷），北京：人民出版社 2009 年版，第 524 页。

新时代文化建设方方面面，构成了一个系统完整、逻辑严密、相互贯通的科学体系。

（一）以建设社会主义文化强国为引领的奋斗目标论

目标决定方向、任务和道路。以战略目标引领战略统筹谋划，是习近平治国理政的鲜明特色。习近平主持中央和中央军委工作后不久，就先后提出了实现中华民族伟大复兴中国梦这个强国目标，和建设一支听党指挥、能打胜仗、作风优良的人民军队这个强军目标。这两个目标的制定，极大地引领了经济社会和国防军队建设的发展。在文化领域，习近平则旗帜鲜明地提出了建设社会主义文化强国的目标，强调"要继续推进文化体制改革，推动文化事业全面繁荣和文化产业快速发展，建设社会主义文化强国"①。

围绕建设社会主义文化强国这个目标，习近平强调"一个国家、一个民族的兴盛，总是以文化繁荣兴盛为支撑的，中华民族伟大复兴需要以中华文化发展繁荣为条件"②，揭示了建设文化强国与民族复兴的关系；强调"提高国家文化软实力，不仅关系我国在世界文化格局中定位，而且关系我国国际地位和国际影响力"③，揭示了提高国家文化软实力与文化强国的关系；强调"文化自信，是更基础、更广泛、更深厚的自信，是更基本、更深沉、更持久的力量。坚定文化自信，是事关国运兴衰、事关文化安全、事关民族精神独立性的大问题"④，揭示了文化自信与文化强国的关系；强调"要弘扬社会主义先进文化，深化文化体制改革，推动社会主义文化大发展大繁荣，增强全民族文化创造活力，推动文化事业全面繁荣、文化产业快速发展，不断丰富人民精神世界、增强人民精神力量，不断增

---

① 习近平：《胸怀大局把握大势着眼大事　努力把宣传思想工作做得更好》，《人民日报》，2013 年 8 月 21 日。

② 中共中央文献研究室编：《习近平关于社会主义文化建设论述摘编》，北京：中央文献出版社 2017 年版，第 3 - 4 页。

③ 中共中央文献研究室编：《习近平关于社会主义文化建设论述摘编》，北京：中央文献出版社 2017 年版，第 198 页。

④ 中共中央文献研究室编：《习近平关于社会主义文化建设论述摘编》，北京：中央文献出版社 2017 年版，第 16 页。

强文化整体实力和竞争力，朝着建设社会主义文化强国的目标不断前进"①，揭示了建设文化强国的战略抓手；强调"要围绕我国和世界发展面临的重大问题，着力提出能够体现中国立场、中国智慧、中国价值的理念、主张、方案"②，揭示了建设社会主义文化强国的世界意义。习近平关于建设社会主义文化强国的重要思想，拎起了十八大以来文化建设的总纲。6 年来，在文化强国目标引领下，我国思想文化领域掀起了建设新高潮，取得了重大进展。

（二）以坚持和发展中国特色社会主义文化为指向的发展道路论

实现文化强国目标，必须选择确立科学的文化发展道路。近代以来，中国人为了实现民族复兴和文化复兴，先后尝试了"全盘西化""中学为体、西学为用"等文化发展道路，虽然不同程度推动了文化发展，但最终都以失败而告终。中国共产党在马克思主义的指导下，成功走出了新民主主义文化发展道路，并在改革开放伟大实践中开拓出了中国特色社会主义文化发展道路，推动中华文化走向了复兴之路。

围绕坚持和发展中国特色社会主义文化发展道路，习近平深刻阐述"中国特色社会主义文化，源自于中华民族五千多年文明历史所孕育的中华优秀传统文化，熔铸于党领导人民在革命、建设、改革中创造的革命文化和社会主义先进文化，植根于中国特色社会主义伟大实践"③，揭示了这条道路的深刻内涵和实践基础；深刻阐述"中国特色社会主义文化积淀着中华民族最深层的精神追求，代表着中华民族独特的精神标识，是中国人民胜利前行的强大精神力量"④，揭示了坚持和发展这条道路的极端重要性；深刻阐述"中国特色社会主义文化是激励全党全国各族人民奋勇前进

---

① 习近平：《建设社会主义文化强国　着力提高国家文化软实力》，《人民日报》，2014 年 1 月 1 日。

② 中共中央文献研究室编：《习近平关于社会主义文化建设论述摘编》，北京：中央文献出版社 2017 年版，第 214 页。

③ 习近平：《决胜全面建成小康社会　夺取新时代中国特色社会主义伟大胜利——在中国共产党第十九次全国代表大会上的报告》，北京：人民出版社 2017 年版，第 41 页。

④ 习近平：《在纪念红军长征胜利 80 周年大会上的讲话》，《人民日报》，2016 年 10 月 22 日。

的强大精神力量。全党要更加自觉地增强道路自信、理论自信、制度自信、文化自信，既不走封闭僵化的老路，也不走改旗易帜的邪路，保持政治定力，坚持实干兴邦，始终坚持和发展中国特色社会主义"①，揭示了坚持这条道路的极端必要性；深刻阐述"发展中国特色社会主义文化，就是以马克思主义为指导，坚守中华文化立场，立足当代中国现实，结合当今时代条件，发展面向现代化、面向世界、面向未来的，民族的科学的大众的社会主义文化，推动社会主义物质文明和精神文明协调发展"②，揭示了这条道路的本质属性和实践要求；深刻阐述要继续坚持走中国特色社会主义文化发展道路，推动社会主义文化大发展大繁荣，深化文化体制改革，提高国家文化软实力，加强社会主义核心价值体系建设，丰富人民群众精神文化生活，增强人民精神力量，揭示了坚持和发展这条道路的主要着力点。坚持和发展中国特色社会主义文化，是贯穿社会主义文化强国建设实践，也是贯穿习近平新时代中国特色社会主义文化思想的鲜明主题。

（三）以全面深化文化体制改革为关键的发展动力论

改革开放是决定当代中国命运的关键一招，也是决定实现"两个一百年"奋斗目标、实现中华民族伟大复兴的关键一招。党的十八大以来，习近平以强烈的使命担当，围绕全面深化改革做了一系列战略决策和战略部署，推动改革事业全面迈向"深水区"，开启了中国改革的 2.0 时代。当代中国的改革是全面的改革，既包括经济、政治、生态文明、社会、国防和军队领域的改革，也包括文化领域的改革。"经济、政治、文化、社会、生态文明各领域改革和党的建设改革紧密联系、相互交融，任何一个领域的改革都会牵动其他领域，同时也需要其他领域改革密切配合。"③ 没有文

---

① 习近平：《决胜全面建成小康社会　夺取新时代中国特色社会主义伟大胜利——在中国共产党第十九次全国代表大会上的报告》，北京：人民出版社 2017 年版，第 17 页。

② 习近平：《决胜全面建成小康社会　夺取新时代中国特色社会主义伟大胜利——在中国共产党第十九次全国代表大会上的报告》，北京：人民出版社 2017 年版，第 41 页。

③ 习近平：《关于〈中共中央关于全面深化改革若干重大问题的决定〉的说明》，《人民日报》，2013 年 11 月 16 日。

化领域的体制改革，就没有全面深化改革的推进，也没有文化的繁荣兴盛。

围绕全面深化文化体制改革，习近平深刻阐述"深化文化体制改革，推动社会主义文化大发展大繁荣，增强全民族文化创造活力，让一切文化创造源泉充分涌现"①，揭示了文化体制改革的目标要求；深刻阐述"健全现代文化产业体系和市场体系，创新生产经营机制，完善文化经济政策，培育新型文化业态"②，揭示了文化体制改革的着力点；深刻阐述"全面深化改革必须着眼创造更加公平正义的社会环境，不断克服各种有违公平正义的现象，使改革发展成果更多更公平惠及全体人民"③，揭示了文化体制改革的出发点和落脚点；深刻阐述"要在继续大胆推进改革、推动文化事业全面繁荣和文化产业快速发展、建设社会主义文化强国的同时，把握好意识形态属性和产业属性、社会效益和经济效益的关系，始终坚持社会主义先进文化前进方向，始终把社会效益放在首位。无论改什么、怎么改，导向不能改，阵地不能丢"④，揭示了文化体制改革必须坚持的方向。为了推动文化体制改革，中央全面深化改革领导小组专门分设文化体制改革专项小组，专职负责协调文化体制改革重点工作，党和国家也制订了《深化文化体制改革实施方案》，编制了《国家"十三五"时期文化发展改革规划纲要》。截至 2017 年 7 月，党的十八届三中、四中、五中、六中全会确定的 104 项文化体制改革任务已经完成 97 项。文化体制改革的全面推进和深化，极大地激发了文化创新创造活力，极大地促进了文化事业文化产业蓬勃发展，也极大地增强了人民群众的文化获得感和幸福感。

---

① 中共中央文献研究室编：《习近平关于社会主义文化建设论述摘编》，北京：中央文献出版社 2017 年版，第 186 页。

② 习近平：《决胜全面建成小康社会　夺取新时代中国特色社会主义伟大胜利——在中国共产党第十九次全国代表大会上的报告》，北京：人民出版社 2017 年版，第 44 页。

③ 中共中央文献研究室编：《习近平关于全面深化改革论述摘编》，北京：中央文献出版社 2014 年版，第 96 页。

④ 中共中央文献研究室编：《习近平关于社会主义文化建设论述摘编》，北京：中央文献出版社 2017 年版，第 185 页。

（四）以打赢意识形态斗争、维护意识形态安全为核心的文化安全保障论

安全与发展是辩证统一的关系，发展是安全的前提，安全是发展的保障。国家安全内涵丰富、外延宽广、要素众多，意识形态安全是文化安全的核心，并渗透于政治安全、军事安全、社会安全、信息安全等诸多安全要素之中。高度重视文化安全特别是意识形态安全，是习近平新时代中国特色社会主义文化思想的突出亮点和治国理政实践的鲜明特点。

围绕打赢意识形态斗争、维护意识形态安全，习近平深刻阐述"能否做好意识形态工作，事关党的前途命运，事关国家长治久安，事关民族凝聚力和向心力"[①]，揭示了打赢意识形态斗争的重大意义；深刻阐述"我们在社会制度、意识形态等方面都与西方国家完全不同，这就决定了我们同西方国家的斗争和较量是不可调和的，因而必然是长期的、复杂的，有时甚至是十分尖锐的。西方国家不论从国际战略格局上，还是从意识形态上，都绝不希望看到我们这样一个社会主义大国顺利实现和平发展。我们越是发展壮大，他们就会越焦虑，就越要加大对我国实施西化、分化战略的力度"[②]，揭示了打赢意识形态斗争的紧迫性；深刻阐述"宣传思想文化工作必须把握巩固马克思主义在意识形态领域指导地位、巩固全党全国人民团结奋斗共同思想基础的根本任务"[③]，揭示了意识形态斗争的根本任务；深刻阐述"互联网已经成为舆论斗争的主战场。在互联网这个战场上，我们能否顶得住、打得赢，直接关系我国意识形态安全和政权安全"[④]，揭示了打赢意识形态斗争新的时代要求；深刻阐述"各级党委要负起政治责任和领导责任，加强对宣传思想领域重大问题的分析研判和重大

①　中共中央宣传部：《习近平总书记系列重要讲话读本》，北京：学习出版社、人民出版社 2016 年版，第 193 页。

②　中国人民解放军总政治部编印：《习近平关于国防和军队建设重要论述选编》，北京：解放军出版社 2014 年版，第 51 页。

③　中共中央文献研究室编：《习近平关于社会主义文化建设论述摘编》，北京：中央文献出版社 2017 年版，第 52 页。

④　中共中央文献研究室编：《习近平关于社会主义文化建设论述摘编》，北京：中央文献出版社 2017 年版，第 29 页。

战略性任务的统筹指导，不断提高领导宣传思想工作能力和水平"①，揭示了打赢意识形态斗争的主体责任。可以说，意识形态斗争是新时代伟大斗争的重要组成部分，能否打赢这场斗争，既事关国家长治久安、党的执政安全，也事关文化安全发展。习近平围绕打赢意识形态斗争、维护意识形态安全所形成的新理念新思想新战略，是马克思主义意识形态理论的新发展，也是国家安全理论的新发展。

上述"四论"，涵盖我国文化建设的各方面和各领域，其中"建设社会主义文化强国"是战略目标，"坚持和发展中国特色社会主义文化发展道路"是实现路径，"深化文化体制改革"是根本动力，"打赢意识形态斗争"是安全保障，它们相互联系、相互作用、相互支撑，回答了"新时代建设和发展什么样的中国特色社会主义文化、怎样建设和发展中国特色社会主义文化"这一新时代文化课题，构成了一个完整的科学理论体系，为在新的时代条件下建设社会主义文化提供了根本遵循。

三、习近平新时代中国特色社会主义文化思想的鲜明特色

习近平新时代中国特色社会主义文化思想，运用辩证唯物主义和历史唯物主义的世界观和方法论，特别注重从实现中华民族伟大复兴宏大事业，从当代世界发展大势特别是世界文化发展大势出发，谋划建设文化强国之大计，体现出坚定的文化立场、强烈的文化问题意识、浓厚的文化情怀、宽阔的文化视野。

（一）坚定的文化立场

这个立场就是党的十九大报告提出的"中华文化立场"。在习近平看来，中华文化不仅是中国特色社会主义道路的历史文化渊源，也是社会主义核心价值观的根和本，是中国特色国家治理体系形成和发展的基础，是中国特色哲学社会科学成长发展的深厚基础。他多次指出："独特的文化传统，独特的历史命运，独特的基本国情，注定了我们必然要走适合自己

---

① 中共中央文献研究室编：《习近平关于社会主义文化建设论述摘编》，北京：中央文献出版社 2017 年版，第 33 页。

特点的发展道路。"① "培养和弘扬社会主义核心价值观必须立足中华优秀传统文化。"② "我国今天的国家治理体系，是在我国历史传承、文化传统、经济社会发展的基础上长期发展、渐进改进、内生性演化的结果。"③ 习近平不仅是这样说的，更是这样做的，用他自己的话说就是，"我每次出访，不论是会谈、交流还是演讲，都要讲中国道路的历史渊源和现实基础，讲中国梦的背景和内涵，讲中国和平发展的理念和主张"④。对此，熊玠在《习近平时代》曾对习近平做出这样的评价：对于传统文化，他并未止步于在文化态度上的致敬，在其执政实践中，更是自觉地把中华历史文化精华与中国特色社会主义紧密对接，在"中国梦"以及内政外交的各个方面，都将传统文化当作"根"和"魂"。

（二）强烈的文化问题意识

问题是时代的声音，问题是时代的口号。习近平指出："理论创新只能从问题开始。从某种意义上说，理论创新的过程就是发现问题、筛选问题、研究问题、解决问题的过程。"⑤ 改革开放特别是党的十八大以来，我国文化建设取得了重大进展。但也要看到，与文化强国的要求相比，与人民群众的文化生活要求相比，我国的文化发展仍然面临着一些亟须解决的矛盾问题。比如，在哲学社会科学领域，存在着马克思主义被边缘化、空泛化、标签化，在一些学科中"失语"、教材中"失踪"、论坛上"失声"的问题；在文艺创作方面，存在着有数量缺质量、有"高原"缺"高峰"的现象，存在着抄袭模仿、千篇一律的问题，存在着机械化生产、快餐式消费的问题；在网络空间，还存在着利用网络进行欺诈活动、散布色情材料、进行人身攻击、兜售非法物品等言行。这些问题都是我国文化发展中

---

① 习近平：《习近平谈治国理政》，北京：外文出版社 2014 年版，第 156 页。

② 中共中央文献研究室编：《习近平关于社会主义文化建设论述摘编》，北京：中央文献出版社 2017 年版，第 107 页。

③ 习近平：《习近平谈治国理政》，北京：外文出版社 2014 年版，第 105 页。

④ 中共中央文献研究室编：《习近平关于社会主义文化建设论述摘编》，北京：中央文献出版社 2017 年版，第 210 页。

⑤ 习近平：《在哲学社会科学工作座谈会上的讲话》，北京：人民出版社 2016 年版，第 20 页。

存在的突出问题，也是干部群众普遍关注的热点问题。对此，习近平并不避讳。在全国宣传思想工作座谈会、哲学社会科学工作座谈会、文艺工作座谈会、新闻舆论工作座谈会、网络安全和信息化工作座谈会上，习主席无不以问题为导向，着力探索破解问题之道，体现了一种强烈的问题意识和鲜明的问题工作导向。

（三）浓厚的文化情怀

伟大的政治家，无不具有"苟利国家生死以，岂因祸福避趋之"的历史担当和家国情怀。文化最有情怀，文化最能反映情怀。习近平新时代中国特色社会主义文化思想中始终贯穿着一股浓厚的文化情怀。他曾引用一位老领导的话说："五千年的优秀文化不要搞丢了，老前辈确立的正确政治制度不要搞坏了，老祖宗留下来的地盘不要搞小了。"[1] 还特别强调指出，中国共产党人不是历史虚无主义者，也不是文化虚无主义者，不能数典忘祖、妄自菲薄。面对西方文化的渗透，旗帜鲜明地指出，在意识形态领域斗争上，我们没有任何妥协、退让的余地，必须取得全胜；面对人民的精神文化需求，又深情指出，文艺要热爱人民，对人民要爱得真挚、爱得彻底、爱得长久，要懂得人民需要文艺、文艺也需要人民。习近平在文艺工作座谈会上的讲话有 14 000 多字，其中"人民"二字提到了 112 次。习近平的所言所行，充满着浓浓的家国情怀、民族情怀、爱国情怀、人民情怀。

（四）宽阔的文化视野

小视野是写不出大文章的，大文章需要大视野。对于世界文化发展大势，习近平强调，经济全球化不等于西方化，更不等于文化一元化，"对待不同文明，我们需要比天空更宽阔的胸怀。我们应该推动不同文明相互尊重、和谐共处，让文明交流互鉴成为增进各国人民友谊的桥梁、推动人类社会进步的动力、维护世界和平的纽带"[2]。对于世界优秀文化成果，强

---

① 中国人民解放军总政治部编印：《习近平关于国防和军队建设重要论述选编》，北京：解放军出版社 2014 年版，第 50 页。

② 习近平：《在联合国教科文组织总部的演讲》，《人民日报》，2014 年 3 月 28 日。

调"他山之石，可以攻玉"，必须更加注重学习吸收世界各国人民创造的优秀文明成果，同世界各国相互借鉴、取长补短；对于中华优秀传统文化和社会主义先进文化，强调要坚定价值观自信和文化自信，努力传播当代中国价值观念，"不仅要让世界知道'舌尖上的中国'，还要让世界知道'学术中的中国''理论中的中国''哲学社会科学中的中国'，让世界知道'发展中的中国''开放中的中国''为人类文明做贡献的中国'"①。正是这宽阔的文化视野，使得习近平在论述有关文化建设问题时，既扎根于中华民族探索现代化的伟大实践，也积极面向人类创造的一切优秀文化成果，体现出了海纳百川的文化胸怀和文化视野。

四、习近平新时代中国特色社会主义文化思想的重大意义

习近平新时代中国特色社会主义文化思想，是在党的历代领导集体领导文化建设取得辉煌成就的基础上创新发展的，是立足当今世界发展新格局和我国发展新阶段所形成的理论结晶，对于指导我国社会主义文化建设攀登新的时代高峰，对于中华民族实现文化强国夙愿具有重大而深远的理论和实践意义。

（一）党的文化建设指导理论宝库的崭新篇章

我们党历来重视文化建设问题，在领导文化建设的漫长历史进程中，逐渐形成了具有鲜明中国特色的文化建设指导理论。其中始终贯穿一条主线：发展社会主义先进文化，建设社会主义文化强国。为了这个目标，党的历代领导集体付出了艰辛的努力，相继提出"努力建立民族的科学的大众的新民主主义文化""不断推动物质文明和精神文明的协调发展""党要始终代表中国先进文化的前进方向""推动社会主义文化建设科学发展"等重大的理论创新成果，顺应了不同的时代要求，解决了"什么是社会主义文化，怎样建设社会主义文化""什么是社会主义先进文化，怎样建设社会主义先进文化""以什么样的视角认识文化、以什么样的态度对待文

---

① 中共中央文献研究室编：《习近平关于社会主义文化建设论述摘编》，北京：中央文献出版社 2017 年版，第 214 页。

化、以什么样的思路发展文化"等方向性战略性文化问题。习近平主持中央工作以后，世情、国情、党情、社情都发生了前所未有的重大变化。国际体系进入了加速演变和深刻调整的时期，中国特色社会主义进入了新的发展阶段。在这个前所未有的大变局和历史新方位中，文化领域发展变化广泛而深刻，是世界大发展大变革大调整的重要内容之一。在这种形势下，习近平创造性提出了一系列重要文化思想，回答了"新时代坚持和发展什么样的中国特色社会主义文化、怎样坚持和发展中国特色社会主义文化"的重大战略性问题，为党的文化建设指导理论宝库注入了丰富的时代内涵和科学的新篇章。

（二）建设社会主义文化强国的科学指导

作为一种特殊的社会实践活动，文化建设须臾离不开理论指导。习近平新时代中国特色社会主义文化思想之所以具有科学指导地位，根本在于它直面社会主义文化强国建设面临的时代之问、复兴之问、创新之问，对文化强国建设的根本性、全局性、长远性问题做出了科学回答。面对国际战略格局的深刻调整和日益激烈的大国文化之争，强调没有中华文化繁荣兴盛，就没有中华民族伟大复兴，必须提高国家文化软实力；面对民族复兴进程中的文化安全风险和意识形态挑战，强调必须牢牢掌握意识形态工作的领导权；面对诚信缺失、道德滑坡等社会文明问题，强调必须大力加强思想道德建设，积极培育和弘扬社会主义核心价值观；面对文化领域存在的有专家缺大师、有数量缺质量、有"高原"缺"高峰"的问题，强调必须全面深化文化体制改革，增强全民族文化创造创新活力。习近平新时代中国特色社会主义文化思想，正是针对我国文化发展新阶段所面临的问题和挑战提出来的，具有极强的现实指导性，是我们攻坚克难、建设文化强国的科学指南。可以坚信，习近平新时代中国特色社会主义文化思想指导下的文化强国实践，必将使中华文化以崭新的面貌出现在世界文化舞台上，也必然成为我国文化建设和发展进程中的历史丰碑。

（三）中华民族百年文化夙愿的圆梦之笔

中国是一个在近代遭受过巨大屈辱的大国，恢复文化盛世是它的历史夙愿。毛泽东曾说："我们不但要把一个政治上受压迫、经济上受剥削的中国，变为一个政治上自由和经济上繁荣的中国，而且要把一个被旧文化统治因而愚昧落后的中国，变为一个被新文化统治因而文明先进的中国。"① 新中国成立以来，在中国共产党的领导下，在马克思主义指导下，中华文化焕然一新。党的十八大以来，习近平站在中华民族发展历史长河的高度，将文化强国建设纳入社会主义现代化建设整体进程之中，突出强调文化发展既是建成社会主义现代化强国的战略支撑，也是建成社会主义现代化强国的内在要义，并对文化强国建设做出了清晰完整的战略部署。久久为功。正是在习近平的亲力亲为下，"中国风"才刮遍全球，才彻底改变了中国近代以来"文化输入者"的角色，而成为世界文明发展的重要推动者。从这个意义上讲，习近平关于建设社会主义文化强国的宏伟蓝图和战略部署，是对历史的深刻反思，是对人民的郑重承诺，必将成为中华民族百年来文化强国夙愿的圆梦之笔。

文化是民族复兴的重要战略支撑，没有文化的繁荣兴盛，就没有民族的伟大复兴。在新的时代条件下，我们必须坚持以习近平新时代中国特色社会主义思想为指导，坚定文化自信，推进文化创新，维护文化安全，努力建设社会主义文化强国，为实现中华民族伟大复兴提供强大的文化支撑。

五、学习贯彻习近平新时代中国特色社会主义文化思想的实践要求

科学理论每前进一步，理论武装就要跟进一步，这是我们党加强自身建设的重要经验。学习贯彻习近平新时代中国特色社会主义文化思想，最根本的就是要大力弘扬理论联系实际的优良学风，坚持用这个思想武装头脑、指导文化实践、推动文化工作，做到真学、真懂、真信、真用，不断开拓新时代文化发展新境界。

（一）在学习科学理论体系和把握方法要义上下功夫

"人才有高下，知物由学。学之乃知，不问不识。"学习贯彻习近平新

---

① 《毛泽东选集》（第二卷），北京：人民出版社1991年版，第663页。

时代中国特色社会主义文化思想，首先要解决真知真懂的问题，这是基础。习近平新时代中国特色社会主义文化思想立意高远、内涵丰富，是一个完整的科学理论体系。深入学习这一科学理论体系，必须突出整体性、系统性要求，全面准确领会思想精髓、核心要义。要联系习近平新时代中国特色社会主义思想的学习贯彻，结合世界文化发展大势和我国文化发展现状，原汁原味地学习习近平新时代中国特色社会主义文化思想的基本观点，深刻领会文化思想在整个习近平新时代中国特色社会主义思想中的理论定位，系统把握习近平在领导文化建设中的新理念新思想新战略，增强贯彻落实的自觉性和坚定性。要着重掌握这一科学理论体系蕴含的世界观、方法论，深刻领会贯穿其中的坚定文化立场、宽阔文化视野、浓厚家国情怀、真挚为民意识和科学思想方法。"为学之道，必本于思。思则得之，不思则不得也。"学习领会习近平新时代中国特色社会主义文化思想及其所蕴含的世界观、方法论，既是相互衔接、相互促进的统一的学习过程，也是一个深入思考、深刻体悟的消化内化过程。这就需要我们从整体上有机统一地把握习近平新时代中国特色社会主义文化思想，全面系统地学、融会贯通地学，真正学懂、学透、学通，努力把零散的感性认识上升为理性认识，真正在深层次上提高思想认识水平和文化决策水平。

（二）在指导文化工作、建设文化强国上下功夫

"凡贵通者，贵其能用也。"学习的目的，最终要落实到指导实践上来。学习贯彻习近平新时代中国特色社会主义文化思想，最重要的是把学习和贯彻结合起来，要通过学习把蕴含其中的立场、观点、方法转化为自身的认识水平、价值追求、工作方法和实践热情，紧密结合工作实际，大胆谋划发展大局，科学规划工作思路，建立起既符合党和国家文化方针政策和文化强国战略部署，又符合本地区本部门实际的路线图，真正把习近平新时代中国特色社会主义文化思想贯彻落实到文化建设的全过程和各方面。要强化问题意识、树立问题导向，以习近平新时代中国特色社会主义文化思想为思想武器，提高发现问题、分析问题、解决问题的能力，着力破解我国文化发展的文化创新创造能力不强、文化管理体制机制滞后、文化法律法规不够健全、文化发展不平衡不协调等突出矛盾，积极面对主导意识形态彰显不够、社会文明程度不高、文化安全形势依然复杂严峻等突

出挑战，在化解矛盾、应对挑战中实现新突破、取得新成就。

（三）在坚定文化立场、构筑精神高地上下功夫

"道德当身，故不以物祸。"心有道德，就不会被外界事物所迷惑。领导干部学习党的理论、接受党性教育，必须把坚定政治立场和提升思想境界放在首位。改革开放以来，我们党坚持"两手抓、两手硬"的政策方针，在思想文化领域形成了马克思主义指导地位鲜明，社会主义核心价值观和中华优秀传统文化广泛弘扬的繁荣图景。但与此同时也出现了多元文化思潮冲击加剧，文化虚无主义泛滥，一些社会成员价值观缺失、观念没有善恶，行为没有底线的严峻局面，特别是一些党员干部所表现出来的信仰缺失、信念动摇等问题，更是引起了整个社会的深思。"国民之魂，文以化之；国家之神，文以铸之。"对马克思主义的坚定信仰，对中华文化立场的坚定守护，对人生崇高境界的追求，是共产党人经受住任何考验的精神支柱，也是习近平新时代中国特色社会主义文化思想的灵魂。学习习近平新时代中国特色社会主义文化思想，核心的要求就是要把握这个体系所体现出来的坚定文化立场、崇高理论境界，把马克思主义信仰牢固立起来，把中华优秀传统文化、革命文化、社会主义先进文化弘扬起来，使主旋律更加响亮，正能量更加强劲，文化自信更加彰显，全党、全社会思想上的团结统一更加巩固。

文化兴则国运兴，文化强则民族强。在新的时代条件下，我们必须坚持以习近平新时代中国特色社会主义思想为指导，坚定文化自信，推进文化创新，维护文化安全，努力建设社会主义文化强国，为实现中华民族伟大复兴提供强大的文化支撑。

参考文献

[1]《马克思恩格斯文集》（第 1－10 卷），北京：人民出版社 2009 年版。

[2]《马克思恩格斯选集》（第一至四卷），北京：人民出版社 2012 年版。

[3]《列宁选集》（第一至四卷），北京：人民出版社 2012 年版。

[4]《毛泽东选集》（第一至四卷），北京：人民出版社 1991 年版。

[5]《毛泽东文集》（第一至八卷），北京：人民出版社 1993、1996、1999 年版。

[6]《邓小平文选》（第一至三卷），北京：人民出版社 1993、1994 年版。

[7]《习近平谈治国理政》，北京：外文出版社 2014 年版。

[8]《习近平谈治国理政》（第二卷），北京：外文出版社 2017 年版。

[9] 习近平:《之江新语》，杭州：浙江人民出版社 2013 年版。

[10] 习近平:《决胜全面建成小康社会 夺取新时代中国特色社会主义伟大胜利——在中国共产党第十九次全国代表大会上的报告》，北京：人民出版社 2017 年版。

[11] 中共中央文献研究室编:《十八大以来重要文献选编》（上、中、下），北京：中央文献出版社 2014、2016、2018 年版。

[12] 中共中央文献研究室编:《习近平关于社会主义文化建设论述摘编》，北京：中央文献出版社 2017 年版。

[13] 秦基伟:《秦基伟回忆录》，北京：解放军出版社 2007 年版。

[14] 汪澍白:《二十世纪中国文化史论》，北京：中国青年出版社 1999 年版。

[15] 张岱年、程宜山:《中国文化与文化论争》，北京：中国人民大学出版社 1990 年版。

［16］费孝通：《中国文化的重建》，上海：华东师范大学出版社 2014 年版。

［17］夏兴有主编：《中国道路的文化基因》，南宁：广西人民出版社 2017 年版。

［18］高国庆：《2012—2017 历史性跨越——文化改革发展这五年》，北京：中国言实出版社 2017 年版。

［19］郑永年：《再塑意识形态》，北京：东方出版社 2016 年版。

［20］蒯正明：《中国共产党维护意识形态安全研究》，北京：中央文献出版社 2016 年版。

［21］罗荣渠：《现代化新论——中国的现代化之路》（增订本），上海：华东师范大学出版社 2013 年版。

［22］罗荣渠主编：《从"西化"到现代化——五四以来有关中国的文化趋向和发展道路论争文选》（上、中、下），合肥：黄山书社 2008 年版。

［23］马树德：《中外文化交流史》，北京：北京语言文化大学出版社 2000 年版。

［24］徐长安：《中国传统文化与现代化》，北京：海潮出版社 1997 版。

［25］冷成金：《文学与文化的张力》，上海：学林出版社 2002 年版。

［26］陈筠泉：《文明发展战略》，福州：福建教育出版社 2010 年版。

［27］陈乐民：《欧洲文明扩张史》，上海：东方出版中心 1999 年版。

［28］王晓德：《美国文化与外交》，北京：世界知识出版社 2000 年版。

［29］沈福伟：《中西文化交流史》（第 2 版），上海：上海人民出版社 2006 年版。

［30］苏国勋、张旅平、夏光：《全球化：文化冲突与共生》，北京：社会科学文献出版社 2006 年版。

［31］马启民主编：《国外邓小平理论研究评析》，济南：山东人民出版社 1999 年版。

［32］张晓明、王家新、章建刚主编：《中国文化产业发展报告（2015—2016)》，北京：社会科学文献出版社 2016 年版。

［33］费正清、赖肖尔著，陈仲丹等译：《中国：传统与变革》，南京：江苏人民出版社 1996 年版。

［34］费正清著，张理京译：《美国与中国》，北京：世界知识出版社

2000 年版。

　　[35] 迈克尔·巴尔著，石竹芳译：《中国软实力：谁在害怕中国》，北京：中信出版社 2013 年版。

　　[36] 马丁·阿尔布劳著，高湘泽、冯玲译：《全球时代——超越现代性之外的国家和社会》，北京：商务印书馆 2001 年版。

　　[37] 斯塔夫里阿诺斯著，吴象婴等译：《全球通史：1500 年以后的世界》，上海：上海人民出版社 1992 年版。

　　[38] 黑格尔著，贺麟、王太庆译：《哲学史讲演录》第一卷，北京：商务印书馆 1981 年版。

　　[39] 阿历克斯·英格尔斯著，殷陆君译：《人的现代化》，成都：四川人民出版社 1985 年版。

　　[40] 保罗·肯尼迪著，王保存等译：《大国的兴衰——1500—2000 年的经济变革与军事冲突》，北京：中信出版社 2013 年版。

　　[41] 约瑟夫·奈著，马娟娟译：《软实力》，北京：中信出版社 2013 年版。

　　[42] 塞缪尔·亨廷顿著，周琪、刘绯、张立平、王圆译：《文明的冲突与世界秩序的重建》，北京：新华出版社 2010 年版。

　　[43] 塞缪尔·亨廷顿著，王冠华、刘为等译：《变化社会中的政治秩序》，上海：上海人民出版社 2008 年版。

　　[44] 熊玠著，李芳译：《大国复兴》，武汉：湖北教育出版社 2016 年版。

　　[45] 马克斯·韦伯著，彭强、黄晓京译：《新教伦理与资本主义精神》，西安：陕西师范大学出版社 2002 年版。

　　[46] 兹比格涅夫·布热津斯基著，潘嘉玢、刘瑞祥译：《大失控与大混乱》，北京：中国社会科学出版社 1995 年版。

　　[47] 吉尔伯特·罗兹曼著，国家社会科学基金"比较现代化"课题组译：《中国的现代化》，南京：江苏人民出版社 1995 年版。

　　[48] 巴林顿·摩尔著，拓夫等译：《民主和专制的社会起源》，北京：华夏出版社 1987 年版。

　　[49] 克罗齐著，田时纲译：《作为思想与行动的历史》，北京：中国社会科学出版社 2005 年版。

［50］格·阿·阿尔巴托夫著，徐葵等译：《苏联政治内幕：知情者的见证》，北京：新华出版社1998年版。

［51］瓦·博尔金著，李永全等译：《戈尔巴乔夫沉浮录》，北京：中央编译出版社1996年版。